MASADA
Der letzte Kampf um die Festung des Herodes

Vorsatz: Kupferstich der Südseite Masadas von W. Tipping

YIGAEL YADIN

Professor der Archäologie, Hebräische Universität Jerusalem
und Direktor der Archäologischen Masada-Expedition

MASADA

Der letzte Kampf um die Festung des Herodes

Hoffmann und Campe

Titel der Originalausgabe:
MASADA, Herod's Fortress and the Zealots' Last Stand
Erschienen bei Weidenfeld and Nicolson Ltd, London
© 1966 by Yigael Yadin
Translated from the Hebrew by Moshe Pearlman
Designed by John Wallis for George Weidenfeld and Nicolson Ltd

Dem freiwilligen Helfer

6. Auflage, 46. bis 50. Tausend 1975
© 1967 Hoffmann und Campe Verlag, Hamburg
Übersetzung aus dem Englischen
nach dem Text der 3. Auflage, März 1967
Eva und Arne Eggebrecht
Gesetzt aus der Linotype Janson-Antiqua
Satz Gerhard Stalling AG, Oldenburg
Druck Damaschke + Co., Büchen/Lauenb.
Bindung Großbuchbinderei Schübelin, Brucken/Teck
ISBN 3-455-08700-0 · Printed in Germany

Inhaltsverzeichnis

Der Expeditionsstab

Y. Yadin, M. A., Dr. phil. — Expeditionsleiter
D. Bahat, B. A. — Grabungsinspizient
Malka Batyevsky, B. A. — verantwortlich für das Grabungstagebuch
M. Ben-Dov, B. A. — Assistent des Grabungsinspizienten*
A. Ben-Tor, M. A. — Grabungsinspizient
Obermaat M. Cohen — verantwortlich für die Arbeitssicherheit*
Y. Cohen — Assistent des Grabungsinspizienten*
Deborah Dov-Menzel — Keramikrestauratorin*
Capt. A. Drori, B. A. — Grabungsinspizient*
I. Dunayevsky — Architekt
A. Eitan, B. A. — Grabungsinspizient*
Oberstleutnant Y. Eran — verantwortlich für Verwaltungsaufgaben (erste Grabungskampagne)
A. Fagin — Assistent des Grabungsinspizienten, verantwortlich für die freiwilligen Mitarbeiter
G. Foerster, M. A. — Assistent des Expeditionsleiters und Grabungsinspizient
Oberstleutnant D. Gelmond — verantwortlich für Verwaltungsaufgaben (zweite Grabungskampagne)
S. Guttman — Grabungsinspizient
Rachel Hachlili, M. A. — Grabungsinspizient*
A. Kempinski, B. A. — Grabungsinspizient*
M. Kochavi, M. A. — Grabungsinspizient*
M. Livneh — Grabungsinspizient*
M. Magen — Assistent des Grabungsinspizienten*
E. Menczel — Architekt
Z. Meshel, M. A. — Grabungsinspizient*
Aviva Rosen — Grabungssekretärin*
Johanna Salajan-Lamm — Zeichnerin
C. Slack — Keramikrestaurator
Y. Shiloh, B. A. — Grabungsinspizient*
D. Ussishkin, M. A. — Grabungsinspizient*
A. Volk — Photograph
J. Voskuil — Restaurator
Swisan Williams — Zeichnerin
Capt. Y. Yefet — verantwortlich für das Lager
Esther Yuval, B. A. — Grabungsinspizient*
Y. Zafrir, B. A. — Grabungsinspizient*

* Nahmen nur zeitweise an der Expedition teil

Vorwort

In die sorgfältige Vorbereitung und Durchführung der Masada-Expedition teilten sich zahlreiche Mitarbeiter, Organisationen und wissenschaftliche Institutionen. Sie alle werden in der abschließenden wissenschaftlichen Publikation über die Ausgrabungen von Masada gebührende Erwähnung finden.

Über die Hilfe der freiwilligen Mitarbeiter und der Streitkräfte von Israel wird im Verlaufe des Buches berichtet werden. An dieser Stelle möchte ich den Förderern der Expedition meinen aufrichtigen Dank aussprechen. Sie haben das Unternehmen nicht nur finanziert, sondern darüber hinaus uns allen durch ihre Begeisterung und ihre lebhafte Anteilnahme immer wieder Mut gemacht: Miriam und Harry Sacher, die verstorbene Mathilda Kennedy, Leonard Wolfson und die *Wolfson Foundation* und der *Observer* mit seinem Herausgeber David Astor.

Es ist unmöglich, all die Menschen zu nennen, die mit dieser Expedition auf die eine oder andere Weise in Verbindung stehen und denen ich großen Dank schulde. Ebenso unmöglich aber ist es, diese Zeilen niederzuschreiben, ohne Lajos Lederers und Ronald Harkers vom *Observer* zu gedenken. Lajos Lederer hat mir gerade in den Anfangsstadien der Planung entscheidend geholfen und mir sein ständiges Interesse bewahrt, Ronald Harker aber war zwei Jahre lang wirklich ›unser Mann in London‹, der uns in all den Fragen klug beraten hat, welche unsere Expedition in ihrem Verhältnis zur Öffentlichkeit betrafen. Mein persönlicher Dank gilt Mr. Harker für die Durchsicht des Manuskriptes zum vorliegenden Buch und für seine wertvollen Ratschläge.

Die Expedition wurde im Namen der Hebräischen Universität Jerusalem, der *Israel Exploration Society* und der Altertümer-Verwaltung der Regierung von Israel unternommen. Meinen besonderen Dank möchte ich meinem Freund J. Aviram aussprechen, dem Ehrenvorsitzenden der *Israel Exploration Society;* ohne seinen Unternehmungsgeist und sein beharrliches Zureden hätte ich wohl kaum die gewaltige Aufgabe übernommen. Die Bedeutung seiner immerwährenden, nie versagenden Hilfsbereitschaft kann ich nicht genug unterstreichen.

Das umfangreiche Werk der Restaurierung und Konservierung der antiken Funde wurde vom Amt für Landschaftsgestaltung und Denkmalspflege und von der Behörde der Nationalparks unter der Oberleitung von Y. Yannai durchgeführt. Meine besondere Wertschätzung gilt den Leistungen J. Gaskos, der für den Gesamtkomplex der Restaurierung verantwortlich zeichnete, und M. Yoffes, der die Maurerarbeiten leitete. Die Rekonstruktion als Ganzes wurde nach den Anweisungen eines Spezialkomitees vorgenommen, welchem I. Dunayevsky, S. Guttman, M. Livneh, E. Menczel, A. Sharon, Y. Yannai und ich angehörten.

Keine archäologische Ausgrabung kann ohne kundige Anleitung erfolgreich durchgeführt werden; dies gilt um so mehr, wenn die Bedingungen so schwierig sind wie in Masada. Ich hatte das Glück, eine Anzahl ausgezeichneter Assistenten um mich zu haben, deren hervorragender Gemeinschaftsgeist im Verein mit ihrem Sinn für Humor, Unterordnung und Zusammenarbeit es uns ermöglichte, unser Ziel zu erreichen.

Während der vergangenen zwei Jahre haben sich Tausende zu den Lichtbildvorträgen über Masada gedrängt. Dieses beispiellose Interesse der Öffentlichkeit an unseren Entdeckungen mag den Anstoß dazu gegeben haben, das Buch überhaupt zu schreiben und in seiner jetzigen Gestalt herauszubringen.

Die meisten Schwarzweißphotos wurden vom Expeditionsphotographen A. Volk, einige von Angehörigen der israelitischen Luftwaffe aufgenommen, denen ich zu Dank verpflichtet bin. Die meisten Farbphotos stammen von mir; die Bilder der Seiten 28, 40, 60–61, 71, 98 und 110 (unten) verdanke ich E. Elisofon; einige Aufnahmen von Fundgegenständen stammen von D. Harris.

Die intime Kenntnis von Masada ermöglichte es meinem guten Freund M. Pearlman, mehr als nur eine wörtliche Übersetzung meines hebräischen Manuskriptes zu liefern; sein Text vermittelt zugleich dessen Geist. Die Auszüge aus Josephus sind in der englischen Ausgabe des Buches der bekannten Übersetzung Whistons entnommen; ihr in gewisser Weise archaischer Stil scheint mir recht angemessen.

Zum Schluß möchte ich noch meiner Frau Carmella danken. Ganz allein blieb sie damals in unserem ›Büro‹ in Jerusalem zurück, um mit unserer gesamten Korrespondenz und den Tausenden von Bewerbungsschreiben freiwilliger Mitarbeiter fertig zu werden. Ihrer Hilfe ist es zu verdanken, daß dieses Buch in der vorliegenden Fassung besser ist als mein ursprüngliches Manuskript.

YIGAEL YADIN
Jerusalem 1966

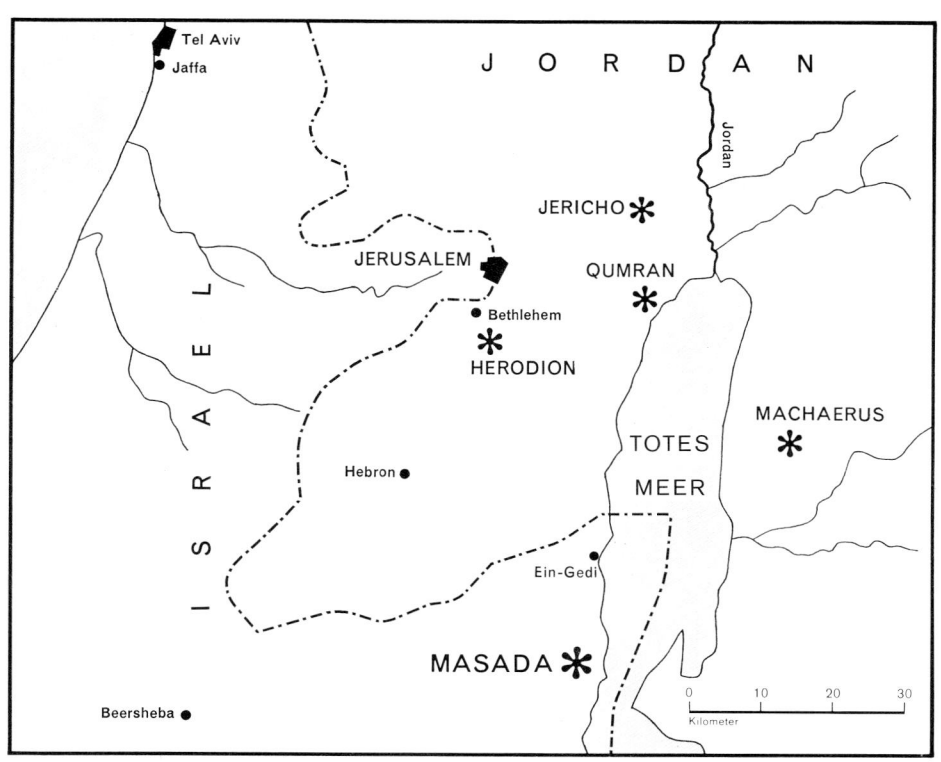

1 Die Herausforderung

Der Fels von Masada beherrscht in seiner düsteren und majestätischen Schönheit die Landschaft am Ostrand der judäischen Wüste. Seine Ostflanke stürzt zum Toten Meer hin 400 m in die Tiefe. Dieser Ort war der Schauplatz eines der bewegtesten Abschnitte jüdischer Geschichte.

Im ersten Jahrhundert n. Chr. wurde Palästina von den Römern besetzt, nachdem sie das jüdisch-makkabäische Königreich im voraufgegangenen Jahrhundert niedergerungen hatten. Periodisch wiederkehrende Aufstände der Einwohner, die ihre Freiheit und Unabhängigkeit zu erhalten trachteten, waren schnell unterdrückt worden. Aber im Jahre 66 n. Chr. weitete sich die jüdische Rebellion zu einem regelrechten, das ganze Land erfassenden Krieg aus. Die unerbittliche Härte des Kampfes zwang die Römer, Legion um Legion zur Verstärkung heranzuziehen. Im Jahre 70 n. Chr. eroberte der römische General Titus Jerusalem, plünderte die Stadt, zerstörte den Tempel und trieb einen großen Teil der überlebenden Juden aus dem Lande.

Nur ein einziger abgelegener Stützpunkt hielt sich bis 73 n. Chr. — die Festung Masada. Nach Flavius Josephus, einem Geschichtsschreiber des ersten Jahrhunderts n. Chr., hatte ›Jonathan der Hohepriester‹ als erster diese natürliche Verteidigungsstellung befestigt. Unter den Wissenschaftlern entspann sich später eine Kontroverse um die Frage, welchen Jonathan er gemeint habe. Dagegen wurde nie bezweifelt, daß erst Herodes der Große Masada in das spätere gewaltige Fort umwandelte.

In den Jahren 36 bis 30 v. Chr. errichtete Herodes eine Kasematten-Mauer um den Gipfel, er baute Verteidigungstürme, Vorratshäuser, große Zisternen, Truppenunterkünfte, Arsenale und Paläste. Mehr als fünfundsiebzig Jahre nach dem Tode des Herodes benützte eine kleine Schar jüdischer Freiheitskämpfer diese Festung als Bastion gegen die Römer.

Zu Beginn der Rebellion im Jahre 66 n. Chr. hatte eine Gruppe jüdischer Zeloten die römische Garnison in Masada zerstört und sie während des Krieges gehalten. Ihnen schlossen sich nach dem Fall von Jerusalem die wenigen überlebenden Patrioten der Hauptstadt an. Der Gefangenschaft entgangen, nahmen sie die Mühsal eines Trecks durch die jüdische Wüste auf sich, um den Freiheitskampf fortzusetzen. Von Masada aus überfielen die Zeloten zwei Jahre lang immer wieder die Römer, bis der römische Statthalter Flavius Silva im Jahre 72 n. Chr. die Vernichtung des Widerstandsnestes beschloß. Mit seiner zehnten Legion, Hilfstruppen und Tausenden von Kriegsgefange-

Gegenüber: Der Masadafels von Norden.

nen, die Wasser, Holz und Vorräte herantransportierten, zog er gegen Masada. Unter dem Kommando von Eleazar ben Yair bereiteten sich die Juden auf dem Gipfel des Felsens auf die Verteidigung vor. Sie nützten die natürlichen und die von Menschenhand errichteten Befestigungen und rationierten ihre Vorräte in den Speichern und Zisternen.

Silvas Männer stellten sich auf eine lange Belagerung ein. Am Fuße des Felsens legten sie Lager an, umgaben die Bergfeste mit einem Wall und errichteten am westlichen Zugang von Masada eine Rampe aus Erde und großen Steinen. Darauf bauten sie einen Belagerungsturm, von dem aus sie die Festung unter Beschuß nahmen, während sie zugleich mit einem Rammbock gegen die Mauern vorgingen. Schließlich gelang es ihnen, eine Bresche zu schlagen.

Damit begann für die Belagerten der Untergang. In jener Nacht gab sich Eleazar ben Yair auf dem Gipfel von Masada Rechenschaft über die schicksalhafte Lage. Die vom Feuer zerstörte Verteidigungsmauer würde dem Ansturm der Römer am nächsten Morgen nicht mehr standhalten. Es bestand weder Hoffnung auf Entsatz noch auf Flucht. Nur zwei Alternativen blieben: Übergabe oder Tod. Eleazar entschied, ›daß ein ruhmvoller Tod einem Leben in Schande vorzuziehen sei. Der hochherzigste Entschluß sei der, auf ein Weiterleben nach dem Verlust der Freiheit zu verzichten.‹ Um nicht als Sklaven der Eroberer leben zu müssen, setzten die Verteidiger – 960 Männer, Frauen und Kinder – ihrem Leben selbst ein Ende. Als die Römer am nächsten Morgen den Gipfel des Hügels betraten, herrschte ringsum Stille. Hören wir Josephus:

Sie fanden schließlich die vielen Toten, aber obgleich es ihre Feinde gewesen waren, kam kein Gefühl des Triumphes auf. Sie konnten nicht anders, als die Entschlußkraft und kalte Todesverachtung bewundern, die diese Menschen bei ihrer Tat gezeigt hatten.

Hier nun hatte ich die ehrenvolle Aufgabe, in zwei Grabungskampagnen archäologische Ausgrabungen zu leiten: von Oktober 1963 bis Mai 1964 und erneut von November 1964 bis April 1965. Bewußt sage ich ›ehrenvolle Auf-

Einer der freiwilligen
Helfer aus England...
natürlich mit
Regenschirm.

Fast 400 m über dem Abgrund –
ein israelischer Freiwilliger.
Zur Sicherheit
ist er angeseilt.

Die einzelnen Grabungsabschnitte
waren durch Feldtelefon
miteinander verbunden, hier von
einem Mädchen aus Israel bedient.

gabe‹, weil es seit jeher der Traum aller israelischen Archäologen gewesen war, die Geheimnisse von Masada zu erforschen; denn hier ging es um mehr als an anderen Stätten des Altertums. Über die wissenschaftliche Bedeutung hinaus ist Masada für uns in Israel und für andere Menschen auf der Welt, Archäologen und Laien, ein Symbol der Tapferkeit und ein Denkmal für unsere großen Nationalhelden, die den Tod einem Leben in körperlicher und seelischer Unfreiheit vorgezogen haben.

Bedeutung der Ausgrabungen

Mit Begeisterung nahm ich daher das Angebot der Hebräischen Universität von Jerusalem, der *Israel Exploration Society* und der Altertümerverwaltung der Regierung an, die archäologische Expedition von Masada zu leiten.

Die große Bedeutung von Masada einerseits, die ungewöhnlichen Geländeschwierigkeiten, die Abgelegenheit des Ortes und das harte Klima andererseits veranlaßten uns von allem Anfang an, über die üblichen Vorkehrungen bei archäologischen Expeditionen hinauszugehen. Es kam uns der Gedanke, zusätzlich zu einem Team besoldeter Arbeiter freiwillige Helfer unter Masada-Enthusiasten in Israel und im Ausland einzuladen. Die darauf eingehenden Zuschriften bereiteten uns die erste große Überraschung bei der Unternehmung, lange bevor der erste Spatenstich getan war. Eine kurze Anzeige in der lokalen Presse und im Londoner *Observer* sowie eine Reihe brillant geschriebener Artikel von Patrick O'Donovan brachten Tausende von Anfragen freiwilliger Helfer, von Juden und Nichtjuden aus achtundzwanzig Ländern, die darauf brannten, an der Grabung teilzunehmen. Das war um so bemerkenswerter, als wir in unserer Anzeige die Bedingungen angegeben hatten: die freiwilligen Helfer mußten ihr Fahrgeld nach Israel und zurück selbst aufbringen, sie mußten mindestens zwei Wochen bleiben, wobei sie in zehnbettigen Zelten untergebracht und sehr einfach verpflegt werden würden. (Ich möchte hier gleich einfügen, daß wir die Bedingungen auch eingehalten haben!) Dennoch wurden wir mit Anträgen überschüttet.

Anwerben der freiwilligen Helfer

Neben diesen Einzelpersonen aus Israel und dem Ausland nahmen wir auch Gruppen freiwilliger Helfer von den israelischen Streitkräften auf, die

Ein freiwilliger Helfer aus Irland auf der unteren Terrasse der Palastvilla.

Ein weiterer Freiwilliger aus England. Am Fundort des Silbersekelschatzes schüttet er Erde durch ein Sieb.

Unsere Krankenschwester aus Dänemark. Sie legte ganz allein das ›Schwimmbecken‹ frei.

Ein weiteres dänisches Expeditionsmitglied — in der Hand einen Besen zum Reinigen der Funde.

Die Zelte unserer
Expedition in der Nähe
der römischen Rampe.
Silvas Lager – nicht
mehr im Bild erfaßt –
liegt unmittelbar links
daneben.

alle zwei Wochen abgelöst wurden; ferner Oberschüler aus den höheren Klassen, die dem Jugendverband *Gadna* angehörten und Jugendliche aus den Kibbuzim (Dorfgemeinschaften mit kollektiver Bodenbewirtschaftung), die nur jeweils eine Woche kommen konnten.

Dieses Freiwilligensystem ermöglichte es uns, jeweils dreiundzwanzig Arbeitsgruppen einzusetzen, die sich während beider Grabungskampagnen alle vierzehn Tage ablösten. Mit Berufsarchäologen, Verwaltung und Restaurierungsteam – über die Restaurierungsarbeiten werde ich später berichten – nahmen ständig etwa 300 Personen an den Arbeiten teil. Wenn es heißt, daß der Idealismus auf der Welt allmählich aussterbe, so beweist die Masada-Expedition das Gegenteil.

Sammelplatz für
Keramikfunde.
Am Ende eines jeden
Arbeitstages wurden die
Gefäßscherben mit dem
Lastenaufzug nach unten
gebracht, gewaschen,
markiert und geordnet.

2 Die Aufgabe

Alles, was von Masadas dramatischer Vergangenheit bekannt war, verdanken wir einer einzigen Quelle: den Schriften des glänzenden Historikers und unglücklichen Juden Josephus Flavius (hebräisch: Yoseph ben Matatyahu). Zu Beginn des großen Aufstandes vom Jahre 66 n. Chr. war Josephus einer der jüdischen Befehlshaber von Galiläa. Später ging er zu den Römern über. Dennoch wäre kein anderer in der Lage gewesen, die Ereignisse auf dem Gipfel von Masada im Jahre 73 n. Chr. spannender zu beschreiben. Welche Gründe er auch gehabt haben mag, ob Gewissensqualen oder andere Motive: seine Schilderung ist so ausführlich und die Wiedergabe der Worte des Eleazar ben Yair so zwingend, daß man erkennt, wie tief erschüttert er von dem Heroismus der Menschen war, die er verlassen hatte. (Zwei Frauen in der Festung waren dem Beschluß des Eleazar ben Yair nicht gefolgt. Sie hatten sich versteckt, um erst beim Eintreffen der römischen Soldaten wieder aufzutauchen. Sie erzählten ihnen, was geschehen war, und Josephus erfuhr es zweifellos von den Römern, wenn er nicht sogar selbst die Überlebenden gesprochen hat.) Eine der Aufgaben unserer Expedition bestand nun darin, den archäologischen Beweis für den Bericht des Josephus zu erbringen.

Josephus, die einzige Quelle für die Geschichte Masadas

Bevor ich die Ausgrabungen und Entdeckungen beschreibe, muß ich noch zwei wesentliche Punkte klären, die für das Verständnis von Masada wichtig sind. Der erste betrifft den wichtigsten Bauherrn, Herodes. Wie bereits erwähnt, versichert Josephus, daß Jonathan der Hohepriester als erster Masada befestigt habe. Die Gelehrten sind unterschiedlicher Meinung darüber, ob er den Bruder des Judas Makkabäus (Mitte des 2. Jahrhunderts v. Chr.) oder einen anderen Jonathan meint: Alexander Jannäus (er regierte von 103 bis 76 v. Chr.), der im Hebräischen als Jonathan bekannt ist. Alle sind sich jedoch darin einig, daß die Hauptbauten und -befestigungen ein Werk des Herodes sind. Folgendes hat Josephus zu sagen:

Masada als königliche Zitadelle des Herodes

...denn es wird berichtet, wie Herodes auf diese Weise seine Festung nach eigenem Ermessen als eine Fluchtburg gegen zweierlei Gefahren ausbaute; die eine war die Furcht, die Juden könnten ihn vertreiben und ihre früheren Könige wieder zur Macht bringen. Die zweite Gefahr jedoch war größer. Sie ging von Kleopatra, der Königin Ägyptens, aus. Sie verhehlte Antonius gegenüber nicht den Wunsch, er möge Herodes fallenlassen und sie mit dem Königtum Judäas bekleiden. Und in der Tat ist es ein Wunder, daß Antonius sich ihr in dieser Hinsicht niemals fügte, da er doch so elendiglich in seine Leidenschaft zu ihr verstrickt war. Niemand wäre darob erstaunt gewesen, wenn er ihr den Wunsch erfüllt hätte. Diese Gefahren veranlaßten Herodes, Masada wieder aufzubauen.

Das ist ein besonders wichtiger Gesichtspunkt. Die Wissenschaftler haben die These des Josephus nicht immer gestützt, einige haben versucht, den Ausbau Masadas damit zu erklären, daß Herodes diese Feste einem allgemeinen Verteidigungssystem habe eingliedern wollen. Hier, glaube ich, zeigt das Ergebnis unserer Ausgrabungen klar, daß Josephus recht hatte. Sicher traf es zu, daß Masada nicht in eine gewöhnliche Befestigungsanlage, sondern in eine dem König und seiner Familie vorbehaltene Zitadelle umgewandelt wurde. Nur so ist es zu erklären, daß Masada neben Mauern und Vorratshäusern, wie sie zu jeder Zitadelle gehören, zwei Paläste erhielt, von denen einer prächtiger war als der andere. Es ist ein eindrucksvolles Bild, diese Paläste auf dem Gipfel des nackten Felsens, im Herzen der Wüste zu erblicken. Es besteht wohl kein Zweifel, daß Herodes Masada als Refugium für sich und seine Familie geplant hat. Entsprechend seinen Lebensgewohnheiten ließ er Gebäude größten Ausmaßes errichten. Für Herodes zumindest war Masada eine königliche Zitadelle, und unter dieser Voraussetzung müssen wir die Anlage sehen, wenn wir das Geheimnis ihrer Bauten ergründen wollen.

Verteidigung Masadas durch die Zeloten

Der zweite Punkt, der besondere Erwähnung verdient, betrifft die Periode der Verteidigung Masadas durch die Zeloten. Wir wußten aus den Quellen des Josephus, daß Masada nach dem Tode des Herodes Garnisonslager römischer Legionäre war und daß diese im Jahre 66 n. Chr. von Menahem, einem der Führer des Aufstandes, vernichtet wurden. Wir wußten auch, daß nach dem Fall von 73 n. Chr. Flavius Silva eine Garnison dort zurückgelassen hatte. Frühere Untersuchungen hatten weiterhin gezeigt, daß sich im 5. und 6. Jahrhundert n. Chr. eine kleine Mönchssiedlung dort befunden hatte. Die Mönche bauten eine bescheidene Kapelle und lebten in elenden Behausungen. Was würden wir also aus der Epoche der Zeloten finden? Was, außer der Asche des großen Brandes, den Josephus beschreibt, konnte erhalten sein?

Im Verlaufe der Grabung erwies sich die Entdeckung der letzten Spuren der Verteidiger Masadas als eines der eindrucksvollsten Erlebnisse. Sie hatten keine grandiosen Paläste, keine Mosaiken, keine Wandmalereien, sie hatten nicht einmal Bauten hinterlassen; denn sie hatten den Herodianischen Gebäuden nur einige primitive Anbauten hinzugefügt, um sie als Behausungen benutzen zu können. Wie wir feststellten, hatten sie dort ihre häuslichen Geräte, wie Lehmöfen und Wandbänke, untergebracht. Zutiefst erschüttert jedoch waren wir bei der Entdeckung kleiner zerrissener Kindersandalen und einiger zerbrochener Kosmetikbehälter unter der Aschenschicht in einem Raum der Zeloten. Wir konnten die Tragik ihrer letzten Stunden nachempfinden. Dieses Gefühl wurde verstärkt, als wir einen Raum des Palastes ausgruben, dessen römische Wandmalereien in einer Ecke vom Ruß eines Ofens geschwärzt waren.

Das zeigte deutlicher als alles andere den gewaltigen Kontrast zwischen dem Masada des Jahres 66 n. Chr. und dem Masada des Herodes. Die Zeloten und ihre Familien brauchten keine luxuriösen Paläste. Für sie ging es um

Masada von Westen: Im Hintergrund das Tote Meer
und die Berge von Moab.

Leben oder Tod, um die Existenz schlechthin, und herodianische Größe bedeutete ihnen nichts.

Die folgenden Seiten schildern unsere Entdeckungsergebnisse — sowohl die Überreste herodianischen materiellen Glanzes als auch die bewegenden Zeugnisse der Zeloten, durch die Masada zum Symbol geworden ist. Die Bilder, die den Text begleiten, wurden während der Grabung aufgenommen, die meisten im Augenblick der Entdeckung. Es ist nicht mein Anliegen, einen trockenen wissenschaftlichen Bericht zu liefern; der Leser soll vielmehr die Möglichkeit haben, an unseren einzigartigen Erlebnissen teilzunehmen.

3 Die Vorbereitungen

Die Wahl des Lagerplatzes

Lange vor Aufbruch der Expedition dachten wir darüber nach, welcher Platz sich für die Errichtung des Hauptlagers mit vierzig oder fünfzig Zelten am besten eignen würde. Sollten wir das Lager am östlichen Fuß des Masada-Felsens, auf dem Gipfel oder an der Westseite anlegen? Wir besuchten den Ort wiederholt mit Pionieren der Streitkräfte — die Armee hatte sich bereit erklärt, uns beim Einrichten des Lagers behilflich zu sein —, und wir entschieden uns schließlich für die Westseite. Auf dem Gipfel konnten wir uns auf keinen Fall niederlassen, denn dort sollten die Hauptgrabungen stattfinden. Auf den ersten Blick schien sich die Ostseite des Felsens als Lagerplatz anzubieten, da sich in der Nähe eine Jugendherberge mit ausreichendem Wasservorrat und Elektrizitätsanschluß befindet. Diese Herberge liegt außerdem an einer Asphaltstraße, die von Sodom nordwärts nach Ein Gedi führt. Auch konnten wir hier auf die Unterstützung von Yehuda Almog rechnen, der viele Jahre seines Lebens im Gebiet am Toten Meer gewirkt hatte. Er gehörte zu denen, die seit langem versucht hatten, mich zu Ausgrabungen in Masada zu überreden. Almog war zu dieser Zeit Vorsitzender der örtlichen Regionalratsversammlung.

Diesen zunächst überzeugenden Vorteilen standen jedoch gewichtige Nachteile gegenüber. Diese Stelle lag 360 m unter dem Gipfel. Für den Auf- und Abstieg hätten wir den schwierigen ›Schlangenpfad‹ benutzen müssen, der sich an den östlichen Befestigungsanlagen entlangwindet und dessen ›Stolper-Blöcke‹ Josephus so drastisch beschreibt. Den jüngeren Expeditionsteilnehmern hätte das wohl kaum etwas ausgemacht, aber für mich und einige andere wäre der fünfzig Minuten dauernde Aufstieg mit ziemlichen Strapazen verbunden gewesen. Was uns aber entscheidend gegen diesen Lagerplatz einnahm, war die außerordentliche Schwierigkeit, die für die Ausgrabung notwendige Ausrüstung von hier hinaufzuschaffen. So waren wir gezwungen, eine Anhöhe auf der Westseite zum Lagerplatz zu bestimmen. Auf dieser Seite verläuft auf der römischen Rampe, die Flavius Silvas Soldaten mit Hilfe tausender jüdischer Kriegsgefangener angelegt hatten, ein Pfad, auf dem der Gipfel von Masada in nur zehn Minuten zu erreichen ist. Warum sage ich dann ›gezwungen‹? Nun, die leichte Zugänglichkeit war der einzige Vorteil. Alle übrigen Umstände sprachen gegen diesen Platz. Es gab dort weder Wasser- noch Elektrizitätsversorgung, geschweige denn etwas, das auch nur annähernd als Straße hätte bezeichnet werden können. Der einzige Zugang war der von Westen

Gegenüber: Luftaufnahme Masadas von Süd nach Nord:
der Schlangenpfad im Osten, die römische Rampe im Westen.
Im Hintergrund die Oase Ein-Gedi und das Tote Meer.

heranführende ›Zeloten-Aufstieg‹, ein Pfad voller Geröll und tiefer Furchen.

Nachdem wir uns dann aber einmal entschlossen hatten, unser Lager an dieser Stelle einzurichten, statteten wir es nach Kräften mit den notwendigen Annehmlichkeiten aus. Die Pioniere sprengten von Süden her einen Weg, der sich jedoch als nur zeitweilig benutzbar erweisen sollte, denn er hielt den unvorhergesehenen schweren Regenfällen nicht stand. Wir mußten daher auf den alten ›Zeloten-Aufstieg‹ zurückkommen und erreichten Masada schließlich mit Fahrzeugen mit Allradantrieb, die jedoch unter diesen Bedingungen sehr litten. Elektrizität bekamen wir verhältnismäßig mühelos. Wir installierten Generatoren am Ort. Weit schwieriger war das Problem der Wasserversorgung zu lösen. Zunächst dachten wir daran, am Fuß des Berges Tanks aufzustellen. Kessel- oder schwere Lastwagen sollten täglich das Wasser von einem viele Kilometer entfernten Ort herbeischaffen, um die Tanks zu füllen. Der Zustand der Fahrrinnen macht jedoch solche regelmäßigen Fahrten unmöglich. Da entdeckten wir etwas mehr als sechs Kilometer westlich eine Pipeline der Naphta-Ölgesellschaft, die vor einigen Jahren in diesem Gebiet

Masada von Westen, im Vordergrund Silvas Lager,
rechts die römische Rampe, links das Tote Meer.

Bohrversuche unternommen hatte. Später war die Leitung aufgegeben worden. Jetzt kam uns die Staatliche Mekorot Wassergesellschaft zu Hilfe und verlegte neben der Naphta-Pipeline eine Wasserleitung, die uns dank ihres natürlichen Gefälles ständig Wasser lieferte. Unser Lager lag wesentlich tiefer als das Hochplateau im Westen, und selbst der Gipfel von Masada konnte noch mit Wasser versorgt werden.

Ein Problem war es auch, den genauen Standort des Lagers zu bestimmen. Zwar hatten wir die gesamte Fläche zur Auswahl, aber die beste Stelle hatte bereits Flavius Silva vor 1900 Jahren mit Beschlag belegt. Wir konnten nicht riskieren, die heute archäologisch interessante Stätte zu zerstören; wir mußten eine andere Stelle suchen. Das Gebiet südlich von Silvas Lager war von ausgetrockneten Flußbetten durchzogen und deshalb für ein Feldlager dieses Ausmaßes zunächst nicht geeignet. Hier kam uns der technische Fortschritt seit den Zeiten Silvas im Verein mit der Erfahrung und Energie unserer Pioniereinheiten zustatten, welche das Gelände mit Bulldozern soweit einebneten, daß es als Lagerplatz brauchbar war. Am südlichen Ende der Lagerfläche errichteten wir drei Baracken als Büro für die Expeditionsleitung und mehrere Zelte für den ständig anwesenden Stab. Ans nördliche Ende, dicht neben das römische Lager, verlegten wir die Zelte für die freiwilligen Helfer. Zwischen beiden Teilen stand die Speisehalle, während der ersten Kampagne ein großes Zelt, später ein etwas solideres Gebäude.

Die unmittelbare Nachbarschaft der beiden Lager war nicht ohne tiefere Symbolik. Weit stärker, als Erklärungen das vermochten, bezeugte sie das

Der Lagerplatz neben dem früheren römischen Lager

Freiwillige Helfer klettern im Morgengrauen
auf der römischen Rampe zum Gipfel hinauf.
Auf der Rampe verläuft die Wasserleitung; rechts unser Lastenaufzug.

Luftaufnahme Masadas von Westen. Links unten Silvas Lager (Lager F),
rechts auf der gleichen Höhe die Baracken der Expedition.
Umseitig: Blick vom Gipfel Masadas aus auf Silvas Lager.

Wunder der neuen Souveränität Israels. Seite an Seite die Lager der Zerstörer und jener, die Masada zu neuem Leben erweckten!

Unser Arbeitstag begann mit der Morgendämmerung. Unter einem Lastenaufzug für die schwere Ausrüstung, den die Pioniere angelegt hatten, kletterten wir nach Masada hinauf. Der Fels bietet sich von Westen her ganz anders dar als von Osten. Links liegt die nördliche Flanke mit ihren drei Terrassen, rechts das tiefe Wadi Masada. Bei unserem täglichen Aufstieg konnten wir zur Linken die Ruinen der mächtigen Bauten des Herodes sehen, die der Wasserversorgung dienen sollten. Wir sahen zwei übereinanderliegende Reihen dunkler Höhlen. Das waren die Öffnungen riesiger, aus dem Fels gehauener Zisternen, deren jede fast 4 000 000 Liter Wasser fassen konnte. Die gesamte Anlage hatte eine Kapazität von nahezu 40 000 000 Litern! Wie — so fragten wir uns — wollten Herodes und seine Ingenieure diese Zisternen auffüllen, wenn es damals ebensowenig wie heute eine Quelle gab und in diesem Gebiet doch nur äußerst selten Regen fällt? Die Lösung ist genial zu nennen. Ihr Plan beruhte auf der Existenz zweier kleiner Wadis, die sich nördlich und südlich von Masada hinziehen. In beiden Wadis legten sie Dämme an, die sie durch offene Kanäle mit den Zisternen verbanden. Vom südlichen Wadi führte der Aquädukt zur oberen Reihe der Zisternen, vom nördlichen zur unteren. Sie nahmen an, daß bei Regenfällen das Wasser in den Wadis durch die Dämme gestaut und dann durch die Aquädukte fließen würde, um so eine Zisterne nach der anderen zu füllen.

Auf dem Gipfel von Masada wurde dann eine weitere Gruppe von Zisternen angelegt. Mit Hilfe der ›elektrischen Energie‹ jener Tage — Tausenden von Sklaven und Lasttieren — sollten die oberen Zisternen mit dem Wasser der unteren gefüllt werden. Ein höchst einfacher Plan, der Plan eines Genies!

Ein Tor aus der byzantinischen Epoche auf dem Gipfel von Masada. Der Hubschrauber versorgte uns, wenn wir durch Unwetter vom übrigen Land abgeschnitten waren.
Gegenüber: Die Nordflanke Masadas, von Westen gesehen. In der Mitte des Bildes die beiden übereinanderliegenden Reihen von Zisternen, darüber der Pfad zur Palastvilla.

Kurz vor einem Sturm leuchtet die Rampe noch einmal in der Sonne auf.

Wenn man aber heutzutage in der glühenden Sonne von Masada steht, die Gegend umher nackt und ausgedörrt, die Wadis trocken und keine Quelle weit und breit, dann kommt einem dieser Plan illusorisch vor. Bald sollten wir aber eines Besseren belehrt werden.

Sowohl während der ersten als auch der zweiten Kampagne erlebten wir außerordentlich harte Winter. Nach mehreren Jahren der Dürre waren sie ein Segen für das Land, für uns in Masada aber waren sie verhängnisvoll. Häufig erreichte der Südwind eine Höchstgeschwindigkeit von 100 Kilometern in der Stunde und zerfetzte unsere Zelte. Regengüsse, die unerwartet vom Himmel herabstürzten, füllten in Sekundenschnelle die Risse im Berg, und sogar das Wadi zwischen unserer Speisehalle und den Zelten der freiwilligen Helfer wurde zum Fluß, der die beiden Abteilungen unseres Lagers voneinander isolierte. Alle Wadis westlich von Masada einschließlich derer, die die Berscheba-Arad-Straße kreuzen, traten über die Ufer, so daß die neue Autobahn nach Arad an einigen Stellen zerstört und wir vom übrigen Land abgeschnitten wurden. Es gab Tage, an denen wir unsere notwendigsten Vorräte nur durch Hubschrauber bekommen konnten. Zuzeiten konnten wir überhaupt nicht ausgraben, weil sich der Boden in Schlamm verwandelt hatte. All das war sehr nervenaufreibend; hinzu kam, daß die Zelte voll Wasser und die Kleider durchnäßt waren und keine Aussicht bestand, sie rasch trock-

Gegenüber: Eine der riesigen, aus dem Fels gehauenen Zisternen.
Ein Sonnenstrahl fällt durch ein Loch unterhalb der Decke, durch das die Zisternen mit Wasser gefüllt wurden. Rechts die Treppe, die bis zum Boden der Zisterne führt.

nen zu können. Aber trotz allem waren wir guten Mutes, gab es doch manchen Trost: so waren wir Zeugen eines seltenen Naturereignisses, als die beiden Wadis, die das Wasser in die Herodianischen Kanäle gebracht und so die Zisternen versorgt hatten, sich plötzlich füllten und ihre Ufer sprengten.

Die Aquädukte selbst sind schon lange zerstört; der südliche liegt unter einer großen Erdrampe begraben, die von den Römern errichtet wurde, während der nördliche Kanal im Laufe der Zeit an mehreren Stellen verfallen ist. So strömte das Wasser der Wadis ins Weite, und statt in Drainageröhren aufgefangen zu werden, ergoß es sich in atemberaubenden Wasserfällen in Richtung des Toten Meeres.

Die Mitglieder der Ausgrabungsleitung und die freiwilligen Helfer rannten bei strömendem Regen hinaus, um diese Wasserfälle und Naturwunder anzustaunen. Ebenso aufregend war es zu sehen, daß die Wasseranlage des Herodes wirklich funktioniert hatte: Wären die Aquädukte noch in Ordnung gewesen, so hätten sich alle Zisternen, die wir am Hang des Masada-Felsens ausgegraben hatten, in wenigen Stunden gefüllt.

Wir fanden den Bericht des Josephus noch in einem weiteren Punkt bestätigt, der vielen Wissenschaftlern bislang rein legendär erschienen war. Josephus schreibt, daß vor der Herrschaft des Herodes, Jahre vor der Befestigung Masadas, Herodes' Bruder Joseph mit Angehörigen seiner Familie in Masada Zuflucht gefunden habe. Während sie den Truppen des letzten Hasmoniden und seiner Verbündeten, der Parther, Widerstand leisteten, wären sie fast verdurstet; da öffneten sich die Schleusen des Himmels, und alle Mulden in Masada füllten sich mit Wasser. So wurden Joseph und die Seinen gerettet.

Die Auswirkungen des Regens bestätigen den Bericht des Josephus

Gegenüber:
Das sonst trockene Flußbett führt nach einem Wolkenbruch reißende Wasser. Dieses Wadi hatte die aus dem Fels gehauenen Zisternen einst mit Wasser versorgt.

Links:
Seltener Anblick in der Wüste — ein Wasserfall am Ende eines heute zerstörten Kanals, der in der Antike die Zisternen gespeist hatte.

Diesem Bericht des Josephus hatte man nicht recht glauben können, denn war es auch vorstellbar, daß die Wasser der Wadis anstiegen, um die Zisternen Masadas zu füllen — oder genauer gesagt, daß diese von dem westwärts abfließenden Regenwasser der judäischen Berge aufgefüllt wurden —, so schien es doch nicht faßbar, daß Regenfälle über dem Gipfel genügen könnten, um die Mulden zu füllen. Eines Tages aber mußten wir alle vor einem plötzlichen Regenguß Schutz suchen. Kaum war er vorüber, als ich mit Erstaunen bemerkte, daß sich die tiefer liegenden Teile des Gipfels in riesige Seen verwandelt hatten. Hätte ich diesen Anblick nicht selbst photographiert, so würde

ich einem solchen Bild von Masada niemals Glauben geschenkt haben. Auch hierin also beruhte der Bericht des Josephus auf Tatsachen.

Während ich bei den ungewöhnlichen Naturereignissen verweile, soll noch eines erwähnt werden, das sich buchstäblich während der allerletzten tragischen Augenblicke vor dem Fall Masadas zutrug, wie wir von Josephus wissen. Er beschreibt, daß die Zeloten eine hölzerne Mauer bauten, um die Bresche zu schließen, die die Römer geschlagen hatten. Als diese Feuer warfen und das Holz in Flammen aufging, änderte sich plötzlich die Windrichtung. Von Norden her trieb der Wind die Flammen gegen die Römer. Dann

Eine Bestätigung für den Bericht des Josephus: Wasserlachen auf dem Gipfel von Masada.

Nach dem Regen — ein Meer von Blüten auf dem Gipfel von Masada.

aber, wie auf göttlichen Einspruch, drehte er erneut, was die Römer der Hilfe ihrer Götter zuschrieben.

Eine weitere Geschichte des Josephus wird bestätigt Wieder eine unerklärliche, kaum glaubhafte Geschichte! Doch wir, die ersten Bewohner Masadas nach 1900 Jahren, die wir dort elf Monate lang zusammenlebten, erfuhren am eigenen Leibe, welche Launen das Wetter dort haben kann. Gewöhnlich bläst ein kräftiger Südwind, wie anscheinend auch damals, als die Römer ihre brennenden Fackeln an die hölzerne Mauer schleuderten. Wir selbst jedoch bemerkten öfters, wie dieser Wind plötzlich vollkommen umschlug und von Norden wehte, was auf die nahe gelegenen Berge zurückzuführen war. Ebenso plötzlich änderte er wiederum die Richtung und blies von Süden. Diejenigen von uns, die sich die Beschreibung des Josephus ins Gedächtnis riefen, fanden sich für die Belästigung durch die wechselnden Windböen und den aufgewirbelten Staub einigermaßen entschädigt.

Ich erwähnte bereits, daß es manchen tröstlichen Ausgleich für die rauhen Winter gab, die wir während unserer Grabung erduldeten. So entschädigte uns vor allem die zauberhafte Schönheit Masadas und der judäischen Wüste, wenn sie sich nach den Regengüssen in blühende Gärten verwandelten.

Diesen Anblick gibt eine weitere, für Masada ungewöhnliche Aufnahme wieder, die man leicht für einen Schnappschuß aus einem der Nationalparks unseres Landes halten könnte. Mit großem Vergnügen durchstreiften wir die mit Blüten übersäten Ruinen. Der rasche Pflanzenwuchs, Beweis für die Fruchtbarkeit des Bodens, bestätigt erneut Josephus:

Der König (Herodes) bestimmte die Kuppe des Hügels mit ihrem fruchtbaren Boden für die Landwirtschaft, damit jene, die sich der Aufgabe der Erhaltung dieser Festung widmeten, dort Nahrung finden konnten, sollten sie diese einmal von außerhalb nicht bekommen.

Damals hatten sie wahrscheinlich nur Gemüse angepflanzt, aber sicher konnten in Masada auch Bäume gedeihen. Für uns war es ein besonderes Ereignis, als anläßlich der festlichen Zeremonie des *Jüdischen Neujahrs der Bäume* (15. des hebräischen Monats *Schewat*) auf dem Gipfel von Masada Granatapfelbüsche gepflanzt wurden. Am Ende unserer Ausgrabungen waren sie prächtig gediehen.

Am meisten aber litten wir nicht einmal während der wenigen Wochen mit starken Windböen und Sturm, sondern während der langen Monate unter brennender Sonne mit den täglichen großen Temperaturunterschieden. Zumal die Europäer unter den freiwilligen Mitarbeitern störte weniger der Regen als vielmehr die Hitze, wofür das Bild unten beredtes Zeugnis ablegt. Es zeigt sie in ihrer üblichen ›Garderobe‹ in der prallen Sonne. Man wird schwerlich übersehen können, daß namentlich die Damen die Gegenwart für ebenso ›aufdeckenswert‹ hielten wie die Vergangenheit.

Nach kurzen Regenperioden folgte große Hitze, die für viele von uns zum Problem wurde. Eine der Lösungen war der Bikini.

4 Der Grabungsplatz

Der schmale Pfad auf der römischen Rampe, den wir jeden Morgen hinaufstiegen, führte nicht bis zum Gipfel des Masada-Felsens; denn, wie Josephus überliefert, endete auch die Rampe nicht auf der Bergkuppe. Den einstmals vorhandenen Weg bis zum Gipfel hatten Erdbeben zerstört; als Ersatz errichteten die Pioniere eine Treppe (hölzerne Stufen in einem Metallrahmen), die das Ende des Rampenpfades mit dem Gipfel verband und die mit Fug und Recht die Embleme des Kommandos Süd und der Pioniereinheit trug. Die Pioniere hatten Grund genug, auf ihre Leistung stolz zu sein, da sie nicht nur diese eine Treppe an der Steilwand erbauten, sondern schon 1963 unter großer Gefahr während der glühendheißen Sommermonate eine ähnliche Treppe zu dem an der Klippe hängenden nördlichen Palast angelegt hatten.

Als wir die Stufen über der Rampe erklommen und den westlichen Felsrand Masadas erreicht hatten, ließ sich zunächst keinerlei Bauwerk mit erkennbarem Grundriß ausmachen. Die gesamte Fläche war mit Geröll bedeckt, so daß ›wir die Bauten vor Steinen nicht sahen‹. Einen Eindruck vom Masada-Plateau und seinen Ruinen gibt die nebenstehende Aufnahme, die vor den Ausgrabungen gemacht wurde: rechts der gewundene ›Schlangenpfad‹ am Ostabhang, links die Erdrampe des westlichen Abhangs, oben das nördliche Ende des Bergplateaus, unten die südliche Spitze. Die Grabungsstätte gleicht einem schiffsförmigen Rhombus mit dem sehr schmalen ›Bug‹ im Norden, der breiten Mitte und dem stumpfen ›Heck‹. Sie erstreckt sich etwa 600 m von Nord nach Süd und 200 m von Ost nach West. Wie das Bild zeigt, wird Masada mit Ausnahme seiner nördlichen Spitze von einer Kasematten-Mauer umgeben, d. h. einer doppelten Mauer, die von Zwischenmauern in eine Reihe von Räumen oder Kasematten unterteilt wird. Die meisten Gebäude Masadas drängen sich auf der nördlichen Hälfte des Gipfels zusammen, die südliche, tiefer liegende, war größtenteils nicht bebaut. Zumindest zur Zeit des Herodes muß es so gewesen sein. Wahrscheinlich wurde hier Gemüse angepflanzt.

Einen klareren Eindruck der Grabungsstätte vermittelt das Photo auf Seite 10: diesmal links der ›Schlangenpfad‹, rechts die Rampe, vorn im Bild die Nordspitze mit dem auf drei übereinander liegenden Terrassen gebauten Palast, dahinter die Hauptgruppe der Bauten, die sich aus den besonders deutlich sichtbaren Vorratsräumen und anderen Gebäuden zusammensetzt. Das rechts in der Mitte des westlichen Felsrandes liegende Gebäude — das größte von Masada — wird noch ausführlich besprochen werden.

Die römische Rampe endet kurz unter dem Gipfel von Masada. Zum Überwinden der restlichen Steigung bauten Pioniereinheiten der israelischen Streitkräfte eine Treppe.

Gegenüber: Luftaufnahme von Masada vor der Ausgrabung, von Süden (unten) nach Norden (oben). Die Aufnahme zeigt deutlich, daß die meisten Bauten im Norden des schiffsförmigen Plateaus lagen. Links die römische Rampe, rechts die Kasematten-Mauer.

Der farbige Plan unten stimmt im wesentlichen mit der Luftaufnahme überein und stellt die Hauptbauten heraus. Vorläufig brauchen wir nur wenig Zeit auf Details zu verwenden. Jede Farbe bezeichnet einen bestimmten Gebäudetypus, so Vorratslager, Palast, Wohnraum usw. Obwohl es auf den ersten flüchtigen Blick scheint, als habe kein fester Plan für die Bauten vorgelegen und als sei auf die topographischen Gegebenheiten keine Rücksicht genommen worden, belehren uns die Fakten eines anderen. Die wichtigen Bauten liegen, wie bereits gesagt, im Norden auf der höchsten Erhebung, die sich leichter verteidigen ließ. Die übrigen, die Paläste, über das ganze Plateau

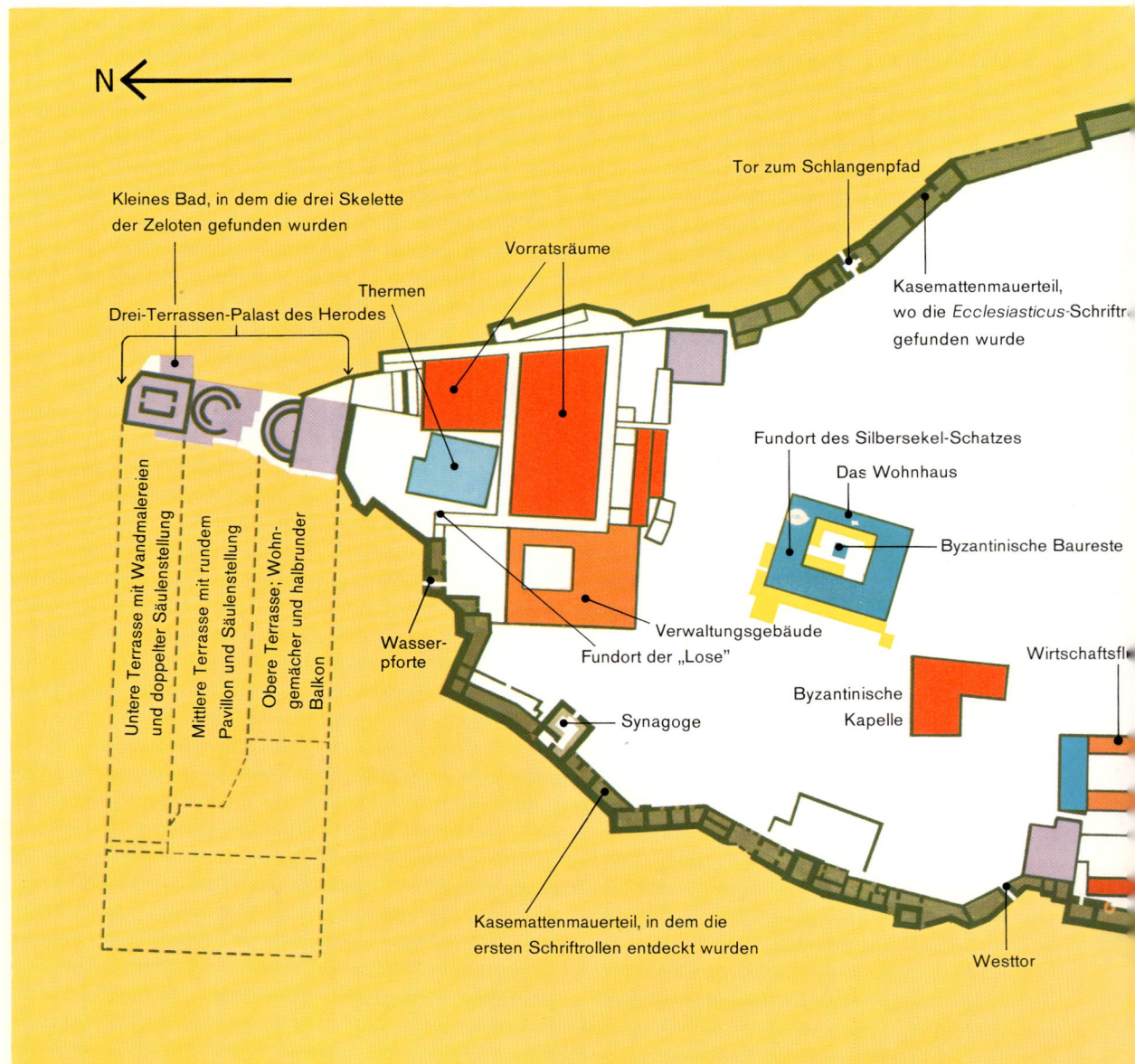

Allgemeine Lageskizze von Masada.

verstreut, standen auf höherem Niveau als ihre Umgebung. Auf den Luftaufnahmen macht sich die Unebenheit des Bodens nicht bemerkbar, tatsächlich aber gibt es dort Hügel und Senken.

In der Beschreibung beginnen wir mit den Bauten im Norden, um, nach Süden fortschreitend, mit der 1300 m langen Kasematten-Mauer, die rund um den Gipfel Masadas verläuft, zu schließen.

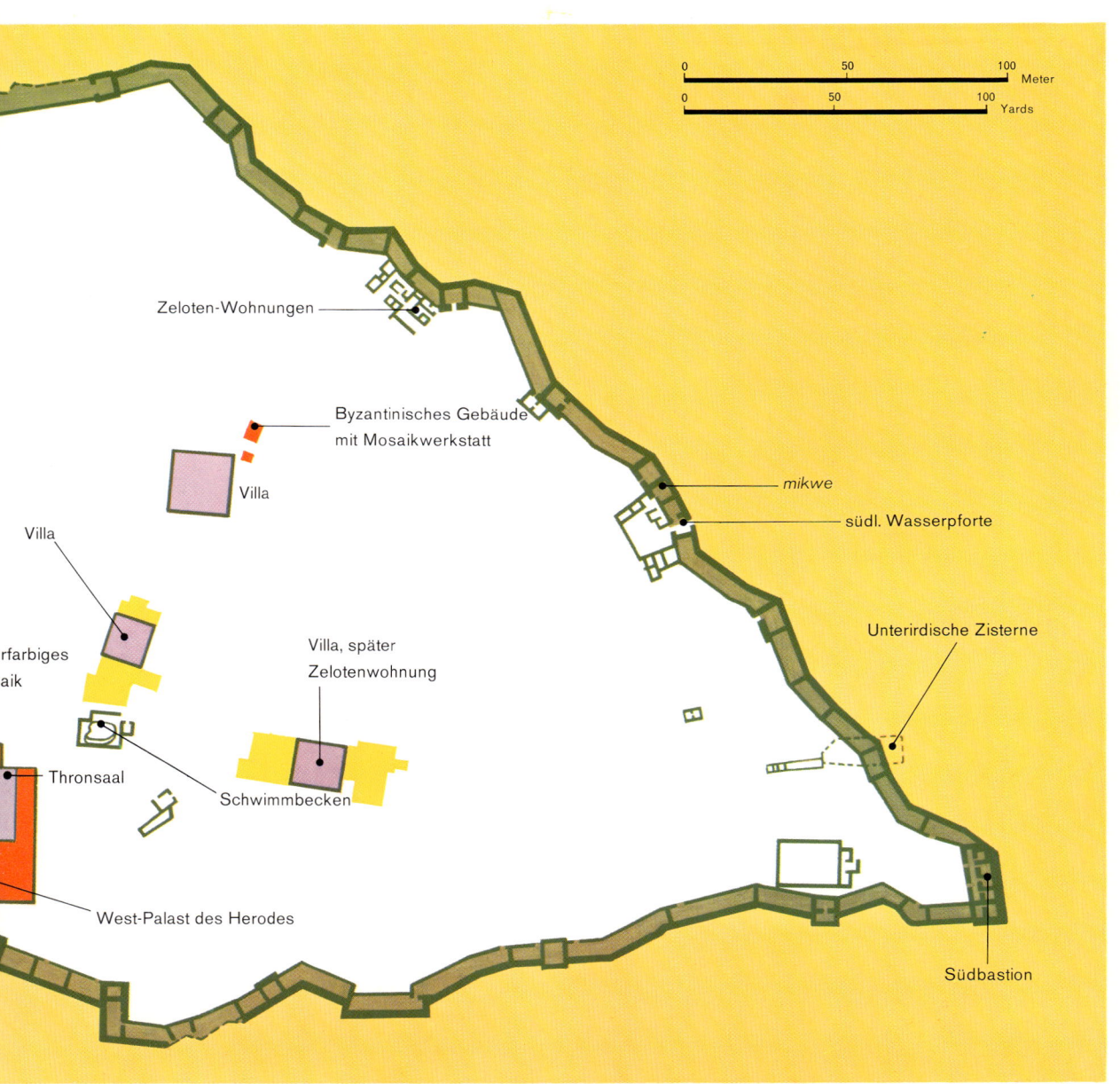

Zeloten-Wohnungen

Byzantinisches Gebäude
mit Mosaikwerkstatt

Villa

Villa

ırfarbiges
ısaik

Thronsaal

Villa, später
Zelotenwohnung

Schwimmbecken

West-Palast des Herodes

mikwe

südl. Wasserpforte

Unterirdische Zisterne

Südbastion

5 Die nördliche Palastvilla

Eines der Herodianischen Gebäude, das von Josephus ausführlich beschrieben wird und das die Neugier jener Wissenschaftler erregt hat, welche Masada während der letzten hundert Jahre besucht haben, ist der königliche Palast. Josephus sagt darüber folgendes:

*Josephus'
Beschreibung des
Herodianischen
Palastes*

> Darüber hinaus baute er einen Palast darin, auf der westlichen Anhöhe: er lag unterhalb der Mauer der Zitadelle, der Nordseite angeschmiegt. Die Mauer dieses Palastes jedoch war sehr hoch und stark und hatte an ihren vier Ecken Türme von 60 Ellen Höhe. Die Möbel, die Inneneinrichtung und die Bäder waren vielfältig und kostbar ausgestattet. Dazu wurden die Bauten an jeder Seite von Säulen getragen, die aus einem einzigen Stein gehauen waren; auch die Wände und die Fußböden waren mit Steinen in verschiedensten Farben ausgelegt. Außerdem hatte er bei jedem der bewohnten Paläste viele große Höhlen als Wasser-Reservoir aus dem Felsen hauen lassen; durch diesen klugen Einfall stand ihm Wasser für jeden Zweck zur Verfügung, genauso, als ob es dort Quellen gäbe. Es wurde hier auch eine Straße angelegt, die vom Palast zur höchsten Spitze des Berges führte. Jene, die sich außerhalb der Mauer befanden, konnten sie allerdings nicht wahrnehmen.

Wo aber lag dieser wunderbare Palast? Bis zu den fünfziger Jahren glaubte man, es sei der schon erwähnte große Bau am Westrand. Hauptvertreter dieser Ansicht war der deutsche Gelehrte Schulten, der das Bauwerk untersuchte und darüber wiederholt Abhandlungen verfaßte. Am Anfang der fünfziger Jahre, kurz nach der Gründung des Staates Israel, wurde Schultens Theorie ernsthaft in Frage gestellt. Der Ruhm, dieses Gebäude richtig identifiziert zu haben, gebührt israelischen Jugendlichen, die nach Masada auszogen, um seine Geheimnisse zu lüften. Soweit wir informiert sind, waren Micha Livne und Schmaryahu Guttman die ersten, die den Gipfel Masadas weder von Westen noch von Osten, sondern von Norden her erstiegen. Der schwierige Aufstieg ermöglichte es ihnen, die Ruinen jener seltsamen Gebäude zu prüfen, die lange aus der Ferne von allen wahrgenommen worden waren, die zu den drei Terrassen des Felsens hinaufgeblickt und sie für Teile der Befestigung gehalten hatten. Als sie den Gipfel erreichten, schlossen sie sofort, daß diese Gebäude, die an der schmalsten Stelle Masadas auf dem äußersten Ende der Befestigungen errichtet waren, nichts anderes sein konnten als die Ruinen des königlichen Palastes, wie er von Josephus beschrieben wird.

*Theorien über die
Lage des Palastes
des Herodes*

Nicht ohne Grund suchten wir nach der wahren Lage des von Josephus beschriebenen Palastes, obwohl die meisten Wissenschaftler das große Gebäude

Gegenüber: Luftaufnahme von den drei Terrassen der ›hängenden‹
Palastvilla des Herodes nach der Ausgrabung. Zu beachten ist die Stützmauer
für die untere Terrasse (Nahaufnahme auf Seite 43).

im Westen dafür gehalten hatten. Dieses war zwar das größte Bauwerk in Masada, doch entsprach es im einzelnen keineswegs der Beschreibung des Josephus. Wohl lag es im Westen, doch nicht unter-, sondern innerhalb der Mauer; auch blickte es nicht nach Norden. Ein in den Fels gehauener Zugang, der das unterschiedliche Niveau ausglich, schien ebenfalls zu fehlen. Diese Unstimmigkeiten waren natürlich auch den Wissenschaftlern aufgefallen, doch hatten sie hierfür allerlei Erklärungen gesucht und die Vermutung geäußert, Josephus habe sich wieder einmal geirrt.

Bestätigung der Angaben des Josephus

Die Ausgrabungen erwiesen, daß die Beschreibung des Josephus auch in diesen Punkten wahrheitsgetreu ist. Wie die entsprechende Aufnahme zeigt, sind die Bauwerke in drei Etagen errichtet. Die obere Terrasse ist lediglich eine Ausweitung der schmalen Gipfelstelle, die mittlere liegt 20 Meter tiefer und trägt die Reste eines Rundbaus. Die unterste schließlich, auf der sich Reste eines Bauwerks mit Säulen befinden, liegt nochmals 15 Meter tiefer.

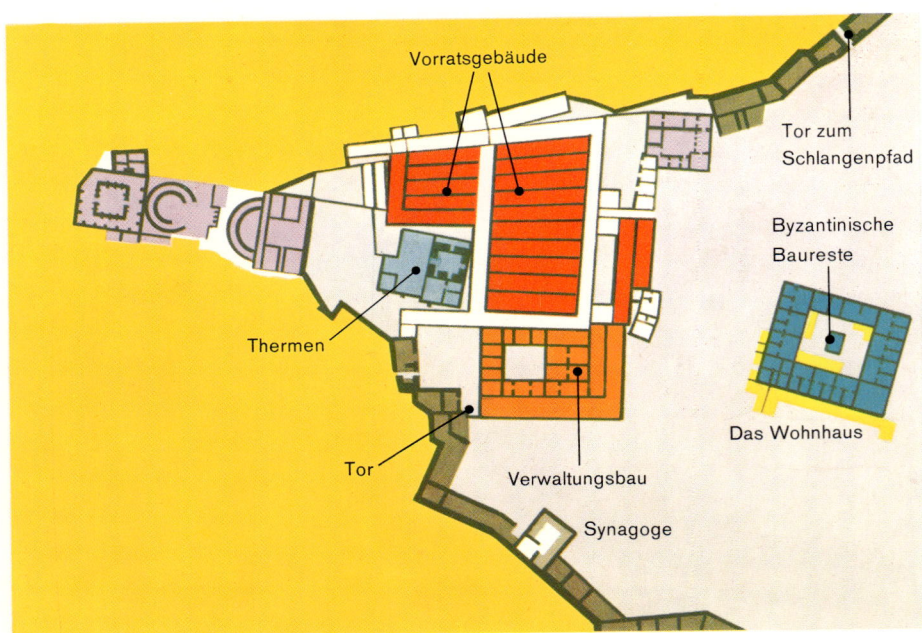

Lageskizze der Bauten im nördlichen Teil von Masada.
Die ›hängende‹ Palastvilla steht wie ein Schiffsschnabel vor.

Die untere Terrasse

Wir beginnen bei der Beschreibung dieses staunenswerten Bauwerks mit der untersten Terrasse. Der Masada-Felsen läuft spitz nach Norden zu und ist an dieser Stelle nicht mehr als einige Meter breit. Um überhaupt etwas darauf bauen zu können, mußten die Baumeister des Herodes mit Hilfe mächtiger, bis zu 25 m hoher Stützmauern eine Art künstlicher Plattform schaffen, die hoch über dem Abgrund hängt.

42

Bei der in den Jahren 1955—56 erfolgten Kampagne (siehe Kapitel 19) waren wichtige Teile des Palastes ausgegraben worden, und schon damals hatte sich gezeigt, daß die unteren Teile der Mauern dieser Terrasse Wandmalereien schmückten. Besonders an der Südwestecke hatten sie sich erhalten. Aus Zeitmangel konnte man damals jedoch nicht die gesamte Fläche aufdecken. So bangten wir, ob die Malereien auf allen Wänden erhalten geblieben seien, und wenn, in welchem Zustand sie sich befänden.

Um das herauszufinden, galt es, diese Stelle erst einmal zu erreichen; um auch die nötigen Werkzeuge heranschaffen zu können, bauten die Pioniere eine Holztreppe für den steilen Nordwesthang. Teile des Felsens mußten gesprengt werden.

Nachdem wir den Schutt weggeräumt hatten, erreichten wir den Grund, von dem aus (und unter dem) wir die Wandmalereien freizulegen hofften — wenn es dort überhaupt noch etwas aufzudecken gab. Die Spannung stieg. Eine

Die gewaltige Stützmauer für die untere Terrasse der ›hängenden‹ Palastvilla.

Die Fresken vom Südteil der unteren Terrasse. Im Vordergrund die aufgemalten
Paneele an den Basen der inneren Säulenreihe.
Im Hintergrund die Paneele und Säulen von der Aufnahme gegenüber.
Gegenüber: Unmittelbar vor Entdeckung der Fresken auf der unteren Terrasse.
Die stuckierten Säulen der Südwand sind bereits sichtbar.

Aufnahme, die einige Tage später gemacht wurde, zeigt diese Stelle der Terrasse, nachdem die Grabung abgeschlossen war. Die Wandmalereien haben sich die letzten 2000 Jahre hindurch gut gehalten. Sie mögen unserem künstlerischen Geschmack nicht entsprechen, aber sie repräsentieren den Stil, der im gesamten römischen Reich während jener Zeitspanne beliebt war. Ähnliche Malereien, obwohl schlechter erhalten, sind in anderen Bauten des Herodes entdeckt worden, so besonders in Samaria, Jericho, Caesarea und auch in Herodion, dem befestigten Grabmal des Herodes in der judäischen Wüste unweit Masadas. Es war das Hauptanliegen der Künstler, den unteren Teil des Mauerbewurfs echtem Marmor anzugleichen. Ihr nahezu verzweifelter Versuch, dieses Ziel zu erreichen, wird an jenen Wänden deutlich, die das Bild oben zeigt.

Gemalte Linien sollten Marmoradern vortäuschen. In dieser Art statteten die Künstler den gesamten unteren Teil der äußeren und der inneren Wand

*Entdeckung der
Wandmalereien*

Nahaufnahme von einer Ecke der inneren Säulenordnung mit der
für diese Epoche charakteristischen Marmorimitation.

aus, die einen rechteckigen Bezirk umgaben. Das Bemühen, Marmortafeln täu-
schend nachzuahmen, hatte offenbar Erfolg. Zumindest Josephus wurde überzeugt, der berichtet, die Wände dieses Gebäudes seien mit Marmorplatten
getäfelt gewesen.

Den Künstlern gelang es durch einen weiteren Trick, Besucher anzuführen,
Josephus eingeschlossen. Nur so konnte er schreiben, daß jede Säule aus
einem einzigen Stein gehauen sei. Leider mußten wir feststellen, daß es anders
war. Die Säulen setzten sich aus mehreren Trommeln eines weichen Steins
zusammen, waren mit Stuck beworfen und dann geriefelt worden, so daß sie
das Aussehen gigantischer, monolithischer Säulen erhielten. Sie waren von
korinthischen, ebenfalls bemalten Kapitellen gekrönt. Wir hatten das Glück,
eines davon wiederzufinden, ein sehr gut erhaltenes Exemplar mit der ursprünglichen Vergoldung.

Aber diese Terrasse war nicht für besonders wichtige Wohnräume angelegt
worden. Nur zu dem einen Zweck hatte man so gewaltige Energien auf ihre
Errichtung verwandt, um dort einen prächtigen Luxusbau aufzuführen, der

der Erholung und dem Vergnügen dienen sollte. Von hier aus konnte man die herrliche Aussicht nach Norden auf Ein Gedi, ostwärts auf das Tote Meer hinaus, auf die Berge von Moab und schließlich nach Westen auf die Hügel von Judäa genießen. Eine einzigartige Entdeckung ließ uns diese Absicht ganz klar erkennen. Wir waren gerade damit beschäftigt, die großen Schuttberge auf der Ostseite der Terrasse wegzuräumen und hatten eben begonnen, die unterirdischen Räume freizulegen, welche man bei ihrer Entdeckung während der Kampagne 1955—56 für Vorratskammern gehalten hatte, als uns plötzlich klar wurde: hier am Abhang des Steilfelsens, 350 m über dem Toten Meer, hatte Herodes ein privates Bad errichtet mit einem Kaltwasserbassin, einem lauwarmen und einem heißen Raum mit Warmluftheizung — einem doppelten Boden, dessen oberer von Säulchen getragen wurde. Einige dieser kleinen Säulen standen noch (wir werden dieses Heizungssystem beschreiben, wenn wir die Thermen, die Herodes im Süden seines Palastes errichten ließ, behandeln). Damit war der architektonische Plan der unteren Terrasse erforscht. Hier hatten Herodes und seine Gefährten ihre Mußestunden verbracht, sich im kleinen Badehaus erfrischt und danach getafelt. An eine der Säulen gelehnt, mochte Herodes die Aussicht genossen haben.

Die Wandmalereien und die übrigen Baureste dieser Terrasse sind gut erhalten. Der darüber liegende Schutt und das trockene Klima Masadas haben sie geschützt. Wir aber standen nun einem schwierigen Problem gegenüber: Wie konnten diese Funde vor Witterungseinflüssen und menschlichem Vandalismus geschützt werden? Während unserer Grabung sperrten wir die Grabungsstätte für Besucher trotz der bitteren Kritik, die diese Maßnahme in der breiten Öffentlichkeit hervorrief. Wir hatten dafür mehrere Gründe, aber der Hauptanlaß bestand darin, daß wir einfach nicht die Mittel besaßen, um geeignete Führer anzustellen. Andererseits konnten wir die Funde nicht un-

Detail: Stilisierte Palme —
in unserem Palast ein seltenes Motiv.

Umseitig:
Die Fresken werden
restauriert.

47

›Besucherinschriften‹,
die glücklicherweise
wieder entfernt
werden konnten.

*Schaden durch
Vandalismus*

bewacht lassen. Es wäre ein zu großes Risiko gewesen, sie auch nur einigen wenigen Besuchern zugänglich zu machen, die vielleicht nicht zur Achtung vor der Antike erzogen sein mochten und ihren Drang, sich ›zu verewigen‹, nicht zügeln konnten. Am 1. Mai 1964, nach Abschluß unserer ersten Kampagne, verließen wir Masada, als gleichzeitig eine Gruppe von Arbeitern eintraf, die das Restaurierungswerk während der Sommermonate vorbereiten sollten. Man kann sich unseren Kummer vorstellen, als wir später feststellen mußten, daß einige von ihnen mit Namen und Datum in schwarzer Ölfarbe die antiken Malereien ›signiert‹ hatten. Diese Leute wußten nicht, daß sie hier etwas Tadelnswertes getan hatten. Sicherlich hätten sonst nicht einige ihre exakte Adresse hinzugefügt. Aber gerade dieser Fall beunruhigte uns besonders, und es war von nun an unsere Hauptsorge, uns gegen unwissentlichen Vandalismus zu schützen. Diesmal war der Schaden nicht schlimm; die Farbe war noch frisch, und ein bekannter Farbenhersteller sandte uns einen Experten, der diese ›Markierungen‹ erfolgreich beseitigte.

*Restaurierung und
Schutz der
Wandmalereien*

Schwieriger war das Problem, die Wände vor den Natureinwirkungen zu schützen. Der Mauerbewurf mit den Malereien war während der Jahrhunderte teilweise erodiert. Unser erster Versuch, die Malereien durch Leiminjektionen mit einer Spezialnadel zu erhalten, erwies sich als nicht zufriedenstellend. So wandten wir uns an das UNESCO-Department zur Erhaltung historischer Stätten in Rom und holten außerdem den Rat italienischer Fachleute ein. Diese empfahlen uns eine auch in Italien angewandte Methode, die unseren Umständen angemessen zu sein schien. Diese Methode besteht darin, daß die

Eine freiwillige Helferin aus Holland
behandelt die Fresken mit Leim.

Leiminjektion als ›erste Hilfe‹ für
die Fresken.

Malereien abgenommen werden und der Verputz bis auf einen Millimeter Dicke entfernt wird. Anschließend erhalten sie einen neuen, verstärkten Hintergrund, werden in einen Spezialrahmen gesetzt und schließlich wieder an ihrem ursprünglichen Platz eingelassen.

Das Vorhaben war schwierig und das Verfahren selbst kostspielig, aber große Teile der Malereien, die der heutige Besucher betrachten kann, wurden diesem Prozeß unterworfen. Wir hofften, sie so am besten erhalten zu können. Natürlich wäre es leichter gewesen, sie zu entfernen und im Museum auszustellen, wir meinten jedoch, daß die Wandmalereien von Masada an ihrem ursprünglichen Platz gesehen werden sollten. Nur hier unterstreichen sie die Pracht, mit welcher Herodes seinen prunkvollen Palast ausgestattet hatte.

Das also ist die Geschichte der Bauten des Herodes, eine Geschichte von verschwenderischem Luxus. Wenden wir uns nun dem anderen Leben in Masada

Oben: Das Abnehmen der von der Wand gelösten Fresken wird mit Spannung beobachtet. Salzablagerungen und zerbröckelter Mörtel wurden entfernt, danach die Wandmalereien in einen Spezialrahmen eingelassen und dann wieder an der ursprünglichen Stelle angebracht. Rechts unser Experte aus Kaschmir. *Gegenüber:* Eine unserer indonesischen Freiwilligen verstärkt mit einem Spezialmörtel den Fresken-Hintergrund.

zu, den Überresten vom großen Jüdischen Aufstand. Den Kontrast zwischen der Üppigkeit der herodianischen Funde und der Armut der Stücke aus den Tagen des Aufstands kann man sich nicht groß genug vorstellen. Aber die Zeugnisse der Verteidiger sprachen von seelischer Größe, und das berührte uns mehr als der materielle Glanz des Herodes.

Nachdem wir die oberen Schichten des Schutts entfernt hatten, stießen wir noch über dem Niveau der Wandmalereien auf eine starke Aschenschicht. Hier fanden wir Nahrungsreste wie Dattel- und Olivenkerne, aber auch Münzen, die in der Zeit des Aufstands geprägt wurden und mit Aufschriften wie ›Die Freiheit Zions‹ versehen waren. Da erkannten wir, daß wir die Überreste jenes Feuers zutage gefördert hatten, von dem Josephus berichtet; er schreibt, die Kämpfer hätten vor ihrem Freitod die Bauten niedergebrannt, damit sie den römischen Eroberern nicht von Nutzen sein könnten.

Die Überreste der letzten Verteidiger von Masada

Als wir den Schutt über dem Boden des kleinen Badehauses beseitigten, machten wir einen Fund, der in der Sprache des Archäologen schwer zu beschreiben ist; denn solche Funde gehören nicht zu normalen Ausgrabungen. Sogar unsere versiertesten Ausgräber und die Zyniker unter uns waren von der Entdeckung erschüttert: auf den Stufen zum Kaltwasserbassin und auf dem Boden daneben lagen drei Skelette. Eines war das eines Mannes von etwa zwanzig Jahren — vielleicht eines der Befehlshaber von Masada. Unmittelbar daneben fanden wir hunderte von Silberplättchen, die offensichtlich einer Rüstung angehört hatten, ferner zahllose Pfeilspitzen, Fragmente eines Gebetstuches *(talith)* und ein Ostrakon (Tonscherbe mit Aufschrift) mit hebräischen Buchstaben. Nicht weit entfernt, ebenfalls auf den Stufen, fanden wir das Skelett einer jungen Frau, deren Haar auf Grund der außerordentlich trockenen Luft erhalten geblieben war. Die dunklen, vollen Flechten sahen aus, als seien sie eben frisiert worden. Auch fanden sich Spuren in der Nähe, die allem Anschein nach von Blutspritzern stammten. Neben dem Skelett lagen reizende kleine Sandalen nach der damaligen Mode. Das dritte Skelett war das eines Kindes. Ohne Zweifel waren wir damit auf die Verteidiger von Masada gestoßen. In seinem Bericht von den letzten Minuten vor der Erstürmung schreibt Josephus:

> Der Letzte sah sich die anderen noch einmal an, ob es nicht vielleicht einen gäbe, der beim Sterben seiner Hilfe bedürfe. Und als er sah, daß bereits alle tot waren, setzte er den Palast in Brand, rannte sich dann mit eigener Kraft das Schwert in den Leib und fiel neben seinen Angehörigen nieder.

War es möglich, daß wir die Überreste eben jenes letzten Mannes und seiner Angehörigen gefunden hatten? Wir werden es nie mehr mit Sicherheit erfahren.

Gegenüber oben: Nahrungsreste der Zeloten, die wir auf der unteren Terrasse und an anderen Stellen fanden. *Obere Reihe:* Datteln, Walnüsse und Olivenkerne. *Untere Reihe:* Salz, Getreidekörner, Granatäpfel. *Gegenüber unten:* Mit Silber überzogene Plättchen einer Rüstung. Sie wurden neben dem Skelett des Zeloten im Bad auf der unteren Terrasse gefunden. Mit Hilfe der Löcher im oberen Teil konnten die Plättchen auf Stoff aufgenäht werden.

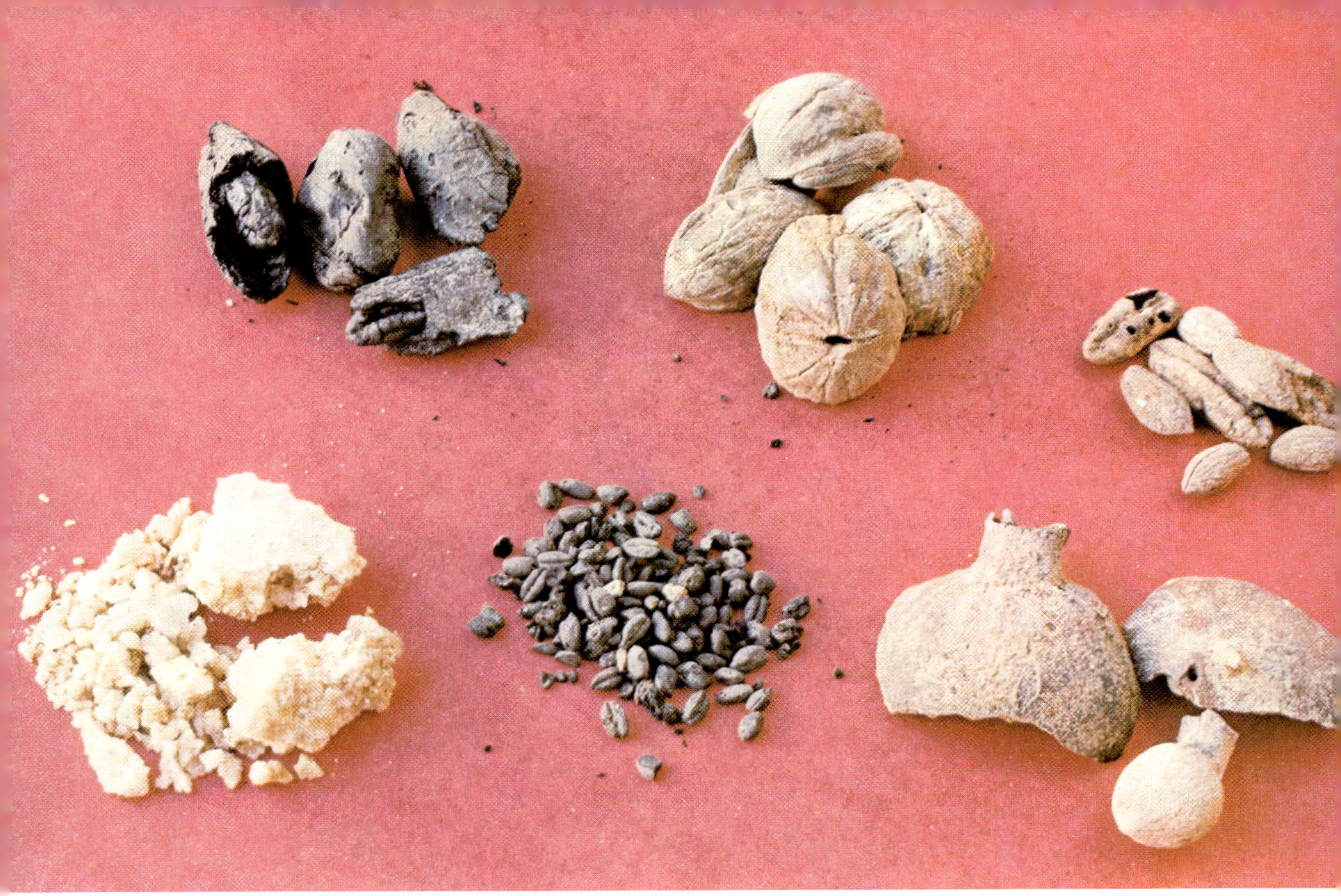

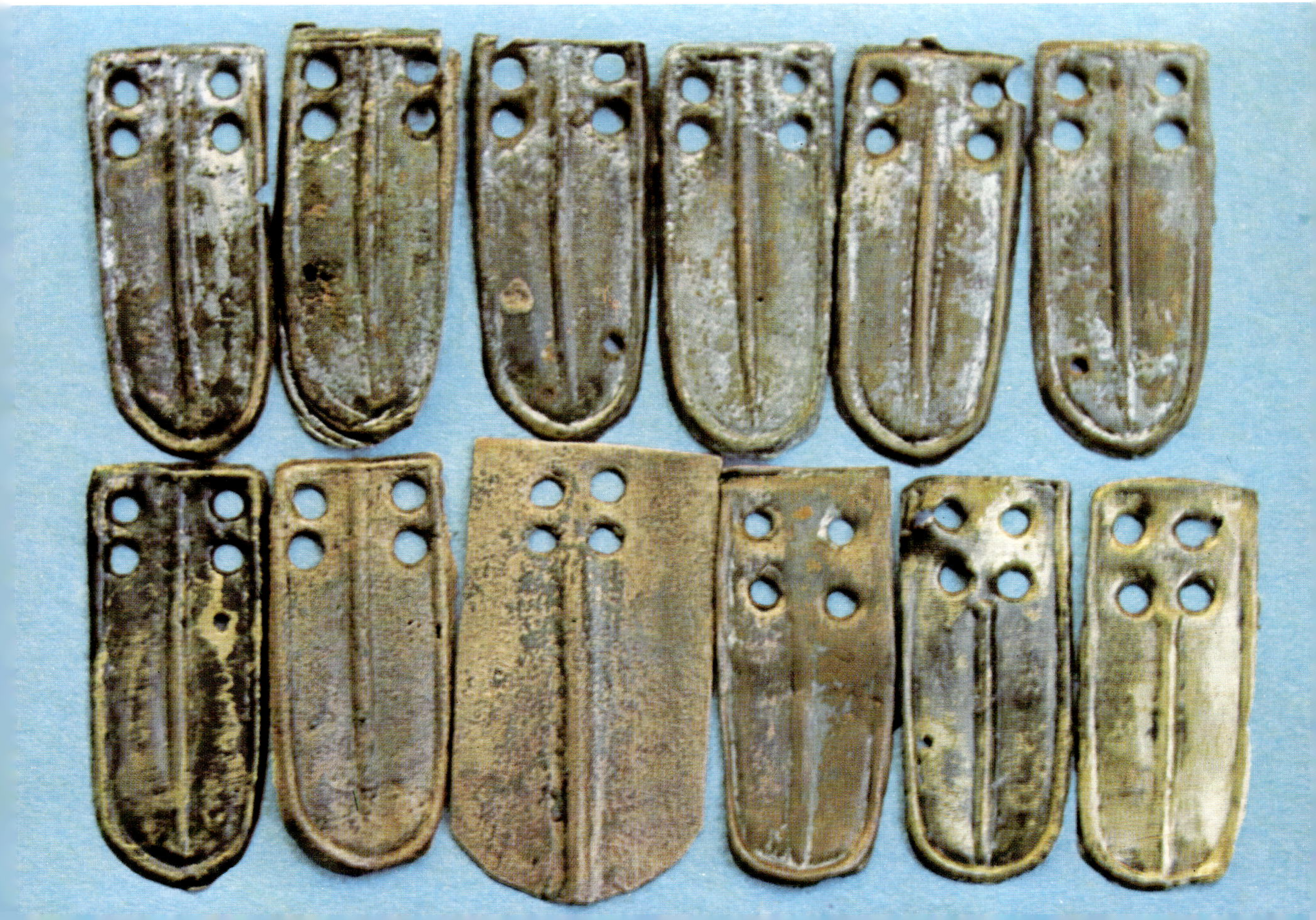

Diese so modern wirkenden Ledersandalen wurden neben dem Frauenskelett gefunden.

Links: Haarflechten mit Resten der Kopfhaut, zusammen mit dem Frauenskelett und dem Skelett eines Kindes auf der unteren Terrasse gefunden.

Neben dem Skelett des Zeloten lagen Pfeilspitzen aus Eisen. Von einem der Pfeile ist sogar der hölzerne Schaft erhalten.

Die mittlere Terrasse

Die Bedeutung der Bauten auf der mittleren Terrasse war bis zu unseren Ausgrabungen ungeklärt. Aber schon bevor wir anfingen zu graben, konnte man auf dieser Terrasse einen Rundbau erkennen. Der größte Teil dieser Anlage war während der Arbeiten in den Jahren 1955—56 freigelegt worden. Damals kamen zwei konzentrisch angeordnete Mauern zutage; zwischen den Mauern lagen Kapitelle und Fragmente von Säulentrommeln. Die Oberseite der Mauern war geglättet, woraus hervorging, daß sie als Basen für einen *Der Rundbau* Säulenbau gedient hatten. Die beiden runden Mauern und vor allem der Zwischenraum riefen vielerlei Spekulationen hervor. Über ihre Verwendung wurden mehrere Theorien aufgestellt, aber keine der Erklärungen war be-

Die Ruinen der rückwärtigen Bauten auf der mittleren Terrasse.
Rechts der überdeckte Treppenaufgang zur oberen Terrasse.

friedigend. Als wir mit unserer Arbeit begannen, waren die Mauern bereits freigelegt, und wir konzentrierten uns daher auf das Gebiet, das südlich angrenzte und unmittelbar an den Felsen anschloß, der die obere Terrasse trug. Während der Arbeiten von 1955 bis 1956 waren die Ausgräber auf Pilaster an der Felswand gestoßen. Diese Pilaster mit den dazwischenliegenden Nischen hatte man als Heiligtum gedeutet. In den Nischen sollten Kultstatuen gestanden haben.

Die Ausgrabung bereitete an dieser Stelle große Schwierigkeiten. Felsbrocken, die oft einige hundert Pfund wogen, lagen auf der Fläche verstreut. Offensichtlich waren sie im Laufe der Jahrhunderte von der oberen Terrasse heruntergefallen. Als wir die Fläche freigeräumt hatten, stellte es sich heraus, daß hier ein überdachtes Gebäude gestanden haben mußte. An seiner Ost- und Westseite zweigten Nebenräume ab. Die Südseite war mit Pilastern ausgestattet, die das Dach getragen hatten.

Heute sind wir überzeugt, daß auch diese Anlage nur ein Lustschlößchen *Lustbauten* darstellte, ebenso wie die Anlagen auf der unteren Terrasse. Die Architektur ähnelte Bauten, wie sie damals im Hellenismus verbreitet waren und uns in den Wandmalereien in Pompeji oder an der Fassade der Gräber von Petra überliefert sind. Der Rundbau hatte wahrscheinlich zwei Säulenreihen getragen, die das Dach stützten. Der Fußboden, wohl aus Holz, ruhte auf den beiden konzentrischen Mauern, die zugleich als Basis für die Säulen dienten. Südlich davon schloß sich dann jener Bau an, der in einigen Bauelementen solchen der unteren Terrasse glich: ein angenehmer Platz zum Verweilen und Ausruhen mit einem herrlichen Ausblick auf das umliegende Land.

Was aber bedeutete der Zwischenraum zwischen den beiden konzentrischen Mauern? Dieses Geheimnis wurde gelöst, als wir die Baumeister des Herodes besser zu verstehen lernten. Sie hatten folgendes Problem zu lösen: Der Felskern war an dieser Stelle besonders schmal und bot kaum Platz für eine ausreichende Basis für zwei Säulenreihen. Der Fels war zudem unterschiedlich hoch. So mußten die Basismauern, vor allem die äußere, eine beträchtliche Höhe erreichen. Zweck des Zwischenraumes war es nun offenbar, den Druck auf die Außenmauer zu mildern.

Von den Wandmalereien der unteren Mauerpartien des südlichen Gebäudes war nur wenig erhalten. An der Südwestseite der mittleren Terrasse fanden wir den unteren Teil eines Treppenaufgangs. Dieser gemauerte untere Teil ging in einen aus dem Fels gehauenen oberen Teil über. Damit hatten wir offensichtlich Reste jener Treppe gefunden, von der Josephus berichtet. Er schreibt, Herodes habe eine teilweise aus dem anstehenden Fels gehauene, teilweise gemauerte, unsichtbare Treppe anlegen lassen. Tatsächlich kann man auf diesen Stufen von einer Terrasse zur anderen gelangen, ohne von außen gesehen zu werden. Unglücklicherweise ist der größte Teil des oberen Abschnitts dieser Treppe seit langem eingestürzt. Die kläglichen Reste zeugen jedoch von Erfahrung und Wagemut der Baumeister des Herodes.

Umseitig: Blick von der oberen auf die mittlere Terrasse.
Im Hintergrund, etwa 300 m tiefer gelegen, das Römerlager D.

Blick von der oberen Terrasse auf Ein-Gedi, das Tote Meer und die Berge von Moab.
Im Vordergrund die Wohngemächer auf der oberen Terrasse der Palastvilla,
dahinter der halbrunde Balkon. Einige der Baureste stammen von byzantinischen Mönchen.

Die obere Terrasse

*Wohngemächer
auf der oberen
Terrasse*

Der einzige Teil des Palastes, der Wohnräume enthalten hatte, lag auf der oberen Terrasse. Er bestand aus zwei Komplexen: einem nördlichen, halbrunden Balkon, von dem aus man einen atemberaubenden Ausblick nach Norden, Osten und Westen hatte, und den südlich angrenzenden Wohnräumen. Der Balkon war offenbar ein Säulenbau gewesen und hatte auf doppelten Mauern geruht, ähnlich jenen konzentrisch angelegten der mittleren Terrasse. Während der Grabungen von 1955 bis 1956 waren Teile dieser Anlage bereits untersucht worden. Man hatte damals den Eindruck gewonnen, daß hier viele Räume vorhanden wären. Durch unsere Grabungen erwies sich jedoch, daß einige dieser Räume von den byzantinischen Mönchen erbaut worden waren, die während des fünften Jahrhunderts hier in Masada eine ganze Reihe von Bauten errichtet hatten.

Es stellte sich heraus, daß der Wohnkomplex aus nur vier Räumen und mehreren Korridoren bestanden hatte. Also war der nördliche Palast, der beim Bau große Anstrengungen gekostet hatte, nicht für eine größere Zahl Menschen

Gegenüber: Fußbodenmosaik aus den Wohngemächern. Es gehört, wie andere herodianische Mosaiken, zu den frühesten, die in unserem Lande gefunden wurden. Bemerkenswert ist die Schlichtheit des Ornaments.

berechnet gewesen. Dieser Palast mußte für Herodes allein oder vielleicht für ihn und eine seiner neun Frauen bestimmt gewesen sein.

Es hatte den Anschein, als seien die Wohnräume üppiger ausgestattet gewesen als die Bauten auf der mittleren und unteren Terrasse. In einigen Räumen fanden wir Mosaikfußböden in verhältnismäßig gutem Zustand, so z. B. ein Mosaikmuster aus weißem Marmor mit schwarzen Sechsecken. Dieses Mosaik gehört neben anderen herodianischen Mosaikfußböden zu den frühesten, die in unserem Lande gefunden wurden. Weitere herodianische Mosaiken, die wir später kennenlernen werden, sind in mehr als zwei Farben gehalten, reicher im Ornament und offensichtlich dafür geschaffen, Besucher zu beeindrucken. Hier hatte man einfache Muster gewählt.

Wände und Decken der Räume hatten natürlich ebenfalls Malereien geziert, aber die Gebäude auf dieser Terrasse hatten unter wechselnden Eroberern und Besatzern gelitten — so unter den Zeloten, den römischen Eroberern und den byzantinischen Mönchen. Nur ab und zu fanden wir noch Anzeichen des üppigen Dekors, der diesen Teil des Palastes geschmückt hatte.

In der Tat stammte alles, was wir von dem einstigen architektonischen Schmuck der oberen Terrasse noch feststellen konnten, von dem südlich angrenzenden Gebiet, nicht vom Palast selbst.

Noch bevor wir mit unseren Ausgrabungen begannen, konnte man deutlich einen Hügel erkennen, der wie eine große Erdaufschüttung aussah. Es hatte sich ein von Norden nach Süden abfallender Hang gebildet, aus dessen Seiten

Steine hervorragten. Sie hatten einst wohl den oberen Teil einer Mauer ge-

Das Sieben lohnt sich bildet, die von Osten nach Westen führte und den Palast vom übrigen Masada trennte. Auch dieses Detail stimmt mit der Beschreibung des Josephus über-ein. Gleich von Anbeginn setzten wir ein Team der *Gadna* darauf an, diesen Hügel abzutragen. Wie an allen anderen Stellen der Grabung wurde auch hier jede Schaufel Erde durch ein Sieb geworfen, eine Neuerung bei Aus-grabungen in Israel. Fast fünfundvierzigtausend Kubikmeter Erde wurden während der Grabungen umgewendet. Diese Methode verlangsamte zwar das Arbeitstempo, zeitigte aber auch Erfolge. Denn gerade im Rückstand der Siebe fanden wir viele Dinge, wie Münzen, beschriftete Tonscherben und winzige Schmuckteilchen, die sonst verlorengegangen wären.

Die Jungen von der *Gadna*, die an diesem Abschnitt arbeiteten, hatten den Eindruck, daß ihre Arbeit ganz und gar nutzlos sei. Sie fanden nichts Auf-fälliges und wurden darüber so verzweifelt, daß sie die allmählich zum Vor-schein kommende Mauer ›Klagemauer der *Gadna*‹ nannten. Aber bald stellte es sich heraus, daß sie doch nicht umsonst gearbeitet hatten. Nach elf Monaten lag die Mauer frei. Sie gehörte allem Anschein nach der Herodiani-

Gadna-Schüler beim Abtragen der riesigen Erdmassen an der Mauer, welche die Palastvilla von den übrigen Bauten in Masada abtrennte. Wie an allen anderen Stellen, mußte auch hier jede Schaufel Erde durchgesiebt werden.

schen Zeit an, war mit weißem Mauerbewurf verputzt und ausgezeichnet erhalten. Heute ist diese Mauer ein weithin sichtbarer Orientierungspunkt von Masada. Viel bedeutender aber waren die Gegenstände, welche die *Gadna*-Teams fanden; denn es handelte sich um Dinge, die während des Zeloten-Aufstandes, in der Periode der römischen Garnison und in der byzantinischen Epoche aus dem Palast und den umliegenden Gebäuden hinausgeworfen worden waren. So fanden wir hier eine große Menge Scherben östlicher *terra sigillata*-Keramik, die einst zum Palast-Inventar gehört hatte. Außerdem kamen Fragmente bemalten Stucks hervor, der Decken und Wände der Bauten auf der oberen Terrasse geziert hatte und an künstlerischer Qualität jene Teile übertraf, die auf dem Boden der Terrasse selbst ans Licht kamen.

Die größte Überraschung aber stellten die Funde an Architekturteilen dar. In und um den Erdhügel herum entdeckten wir eine Menge Säulentrommeln, Säulenbasen und Kapitelle. Sie lieferten den Beweis dafür, daß auch auf der oberen Terrasse Säulen gestanden hatten, und darüber hinaus bewiesen sie, daß diese Säulen nicht aus einem Stück, sondern aus mehreren Steintrommeln zusammengefügt worden waren.

An einem besonders heißen Tag restaurieren zwei skandinavische Teilnehmer unserer Expedition den Verputz der Herodianischen Mauer.

Oben: Zwei Teller, östlicher *terra-sigillata*-Typ.
Sie wurden aus dem Mauerschutt geborgen.

Rechts: Freskenfragment von der oberen Terrasse.

Unten: Architekturteile von der oberen Terrasse, im Schutt an der Mauer
gefunden, vor allem Säulenbasen, -trommeln und -kapitelle.

Jede Säule trug eine
Markierung in Gestalt eines
Buchstabens, jede Säulentrommel
war mit einer Zahl
gekennzeichnet. Die Aufnahme
zeigt die erste Trommel
der Säule T (hebräisch *Tet*).
Die Steinmetzen müssen
also Juden gewesen sein.

Ein Kapitell mit dem
hebräischen Buchstaben *Qof* (Q).

Eine der Trommeln
von Säule *Mem* (M).

Um jedes dieser Stücke an seinen bestimmten Platz zu bringen, hatten die alten Steinmetzen die Säulen und die Teile bezeichnet. Die Säule wurde mit einem Buchstaben markiert, die zugehörigen Steintrommeln mit Zahlen. Zu unserer Überraschung hatten sich die Steinmetzen hebräischer Buchstaben bedient. Die Zahlen auf den Schaftteilen bezeichneten jeweils genau die Nahtstelle von zwei aufeinanderpassenden Stücken. Die Verwendung hebräischer Buchstaben zeigte sehr deutlich, daß die Steinmetzen und Maurer Juden waren. Diese Markierungen hatten natürlich nur als Arbeitshilfen gedient und waren auf den fertigen Säulen nicht mehr zu sehen gewesen.

An einer Stelle fanden wir die Teile der Säule T. Auf dem nebenstehenden Bild ist eine Trommel mit dem hebräischen Buchstaben *Tet* zu sehen, das Äquivalent für T. An einer anderen Stelle fand sich eine Trommel mit dem Buchstaben Q, dem hebräischen *Qof*. Besonders dekorativ nimmt sich M, hebräisch *Mem* aus. Allmählich brachten wir fast alle Buchstaben des Alphabets zusammen. Da aber die Zahl der Säulen auf der oberen Terrasse und an anderen Bauten höher war als die Zahl der Buchstaben im Alphabet, nahmen die Steinmetzen zu anderen Zeichen Zuflucht. So waren einige Säulen mit althebräischen Buchstaben bezeichnet. Auf der unteren Terrasse gab es Säulen mit lateinischen Buchstaben, wieder andere trugen einfach geometrische Zeichen. Im übrigen sind wir der Meinung — das ist allerdings nur eine Hypothese —, daß die Säulen von der oberen Terrasse von dem erwähnten halbrunden Balkon stammten.

Viel Kopfzerbrechen bereitete uns die Frage, wo der ursprüngliche Zugang zum Palast gelegen hatte. Die große Mauer hatte offensichtlich den Palastkomplex nach Süden abgeschirmt und nur am Ostende einen schmalen Zugang freigelassen. An dieser Stelle hatte man während der Kampagne 1955 bis 1956 eine Öffnung entdeckt, und neben dem Durchgang eine Bank. Wir gruben hier in der Hoffnung, eine Treppe zu finden, die vom übrigen Gebiet des Gipfels zu diesem Eingang führte, und tatsächlich fanden wir eine Reihe bequemer Stufen.

Neben diesen Stufen entdeckten wir eine ältere Treppe. Also mußte es hier schon vorher einen Bau gegeben haben. Heute haben wir genügend Anzeichen dafür — nicht nur an dieser Stelle, sondern auch an Teilen der großen Mauer —, daß es zwei Bauperioden gegeben hatte. So stellten wir uns die Frage, ob die erste möglicherweise ›Jonathan dem Hohenpriester‹ zugeschrieben werden könnte oder ob beide Bauperioden der Epoche des Herodes angehört hatten. Die Frage ist schwer zu beantworten, aber ich möchte behaupten, daß beide Bauperioden in der Zeit des Herodes lagen. Meiner Meinung nach wurde nach Baubeginn (Baustufe eins) der Plan geändert, wohl auf Grund bautechnischer Überlegungen, die sich erst während der Bauarbeiten ergaben und zudem höchstwahrscheinlich auch infolge eines starken Erdbebens, das sich, wie wir wissen, während der Regierungszeit des Herodes ereignete.

Bei unseren Bemühungen, das Treppensystem freizulegen, mußten wir den östlichen Sektor ausgraben. Wir arbeiteten dabei an der äußersten Kante des vierhundert Meter über dem Toten Meer steil aufragenden Felsens.

Die freiwilligen Mitarbeiter, die hier beschäftigt waren, mußten angeseilt

Die Zeichen der jüdischen Steinmetzen

Die Ausgrabung der Treppen liefert den Beweis für zwei Bauperioden

werden, um sicher arbeiten zu können. Überhaupt wurden alle Gruppen, die an besonders gefährlichen Stellen arbeiteten, stets angeseilt. Die Grabungen an der Ostseite der Mauer erbrachten weitere Architekturteile der oberen Terrasse, darunter sehr schöne ionische Kapitelle. Auf der unteren Terrasse hatte man korinthische Kapitelle verwendet. Außerdem fanden wir hier die Ruinen eines kleinen Bades. Auch hier war der Bau während der Bauzeit offensichtlich unterbrochen worden, wobei in der Frage der Datierung die gleiche Unsicherheit wie bei den oben erwähnten Teilen bestehenbleibt.

Der bei Josephus beschriebene Palast war nicht der Hauptpalast

Bei Abschluß unserer Grabungen ergab sich ein eindrucksvolles Bild von Konzeption und Größe des prächtigen Palastes, den Herodes an der Nordecke des Felsens von Masada errichtet hatte. Wir können zudem heute mit Sicherheit sagen, daß Josephus diesen Palast beschrieben hat, daß es sich dabei aber nicht um den Hauptpalast handelt, den Herodes in Masada errichten ließ und in dem sich das offizielle Leben des Königs abspielte. Diesen für die zeremoniellen Anlässe und Regierungsgeschäfte bestimmten Palast entdeckten wir an einer andern Stelle, an der Westseite des Gipfels. Ihn hatten frühere Wissenschaftler irrtümlicherweise für den Palast gehalten, den Josephus beschreibt, und so natürlich Unstimmigkeiten zwischen der Anlage und dem Bericht des Josephus finden müssen.

Im Unterschied zum großen westlichen Palast wollen wir den Terrassen-Palast den nördlichen nennen. Es handelte sich um eine königliche Villa; denn

Oben: Ionisches Kapitell aus dem Schutt der oberen Terrasse.
Gegenüber: Ebenso reizvoll ist das korinthische Kapitell von der unteren Terrasse der Palastvilla.

Arbeit am Steilhang mit Bergsteigermethoden.

trotz der gewaltigen Unternehmungen waren nur auf der oberen Terrasse Wohnräume vorhanden, und selbst da nur sehr wenige. Warum aber hatte Herodes diesen Palast an einer so isolierten Stelle gebaut, die so große technische Schwierigkeiten bot? Warum hatte er einen Platz gewählt, wo erst Stützmauern errichtet werden mußten, bevor man mit dem eigentlichen Bauen beginnen konnte?

Hier ist der höchste Punkt von Masada, und so hat man von hier aus den besten Blick auf das umliegende Land. Außerdem handelt es sich um einen von Natur aus befestigten Platz, der zudem in der Nähe der unteren Zisternen und des Pfades liegt, der zu ihnen führt. Der wichtigste Gesichtspunkt für Herodes scheint mir aber das Klima gewesen zu sein. Die elf Monate, die wir in Masada zubrachten, machten uns mit seinen beiden hervorstechendsten Klimaeigenheiten bekannt: Fast während des ganzen Jahres hatten wir glühende Sonne und stürmischen Südwind zu ertragen. Das Nordende des Masada-Felsens — vor allem die mittlere und die untere Terrasse — ist die einzige Stelle, die fast während des ganzen Tages Schutz vor Sonne und Wind bietet. Da die Felsmauern der Terrassen den Wind abfangen, ist es hier meist windstill.

Nur Herodes, der große und ehrgeizige Baumeister, konnte das Projekt einer in drei Etagen übereinander im Fels hängenden Palastvilla geplant haben.

Gegenüber: Luftaufnahme der Palastvilla nach der Ausgrabung, von Norden. Sie vermittelt einen Eindruck vom Verhältnis der drei Terrassen zueinander.

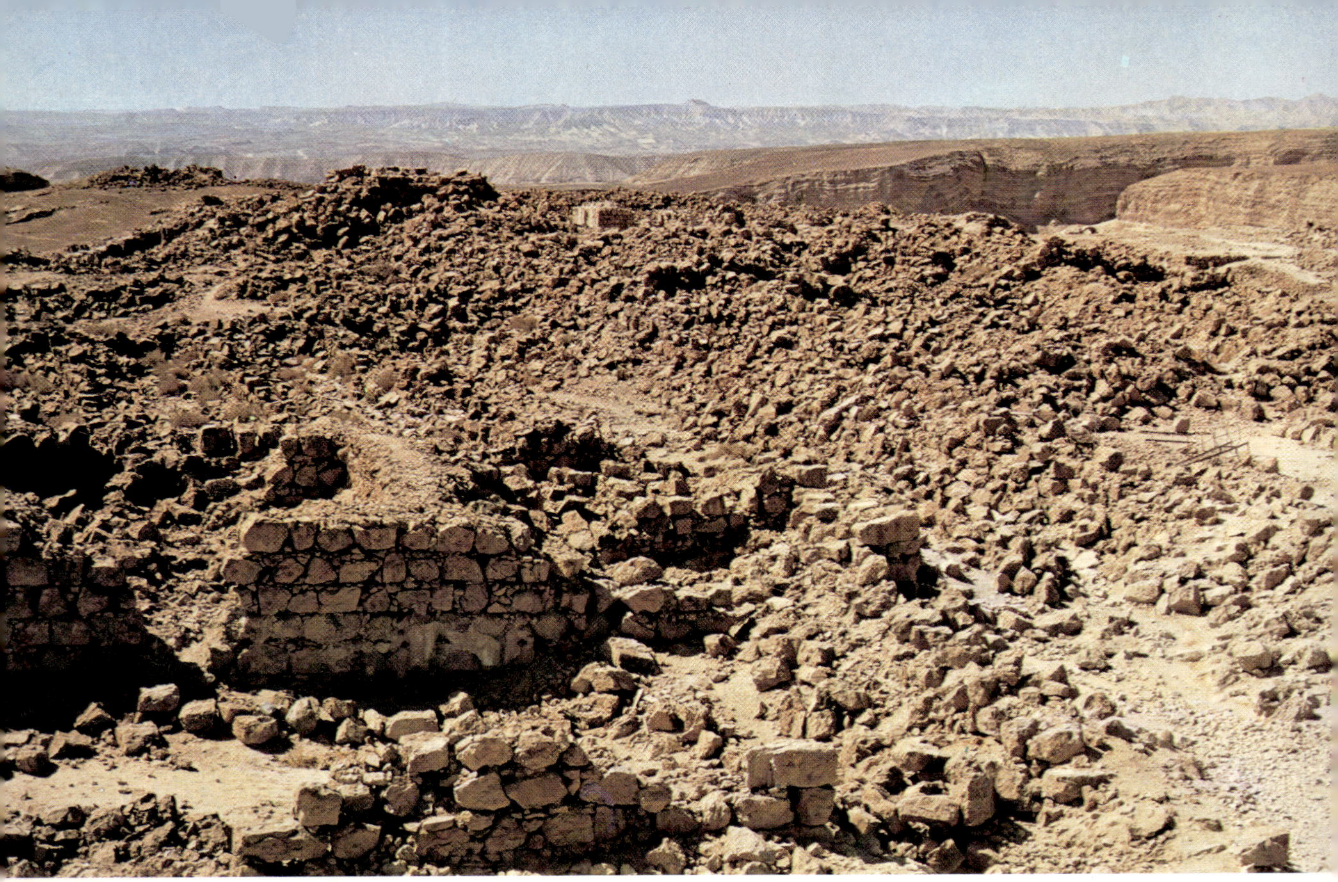

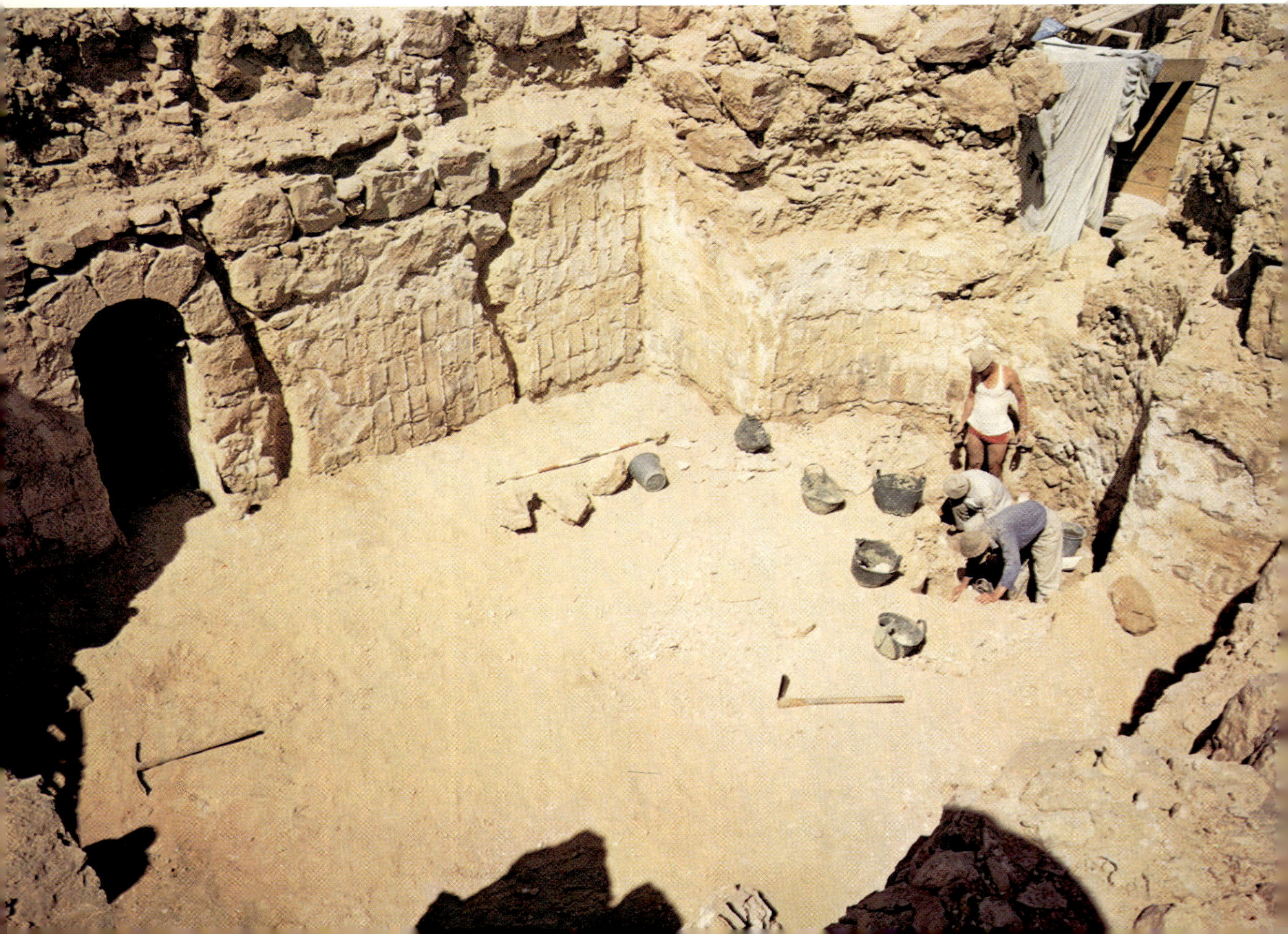

6 Die Thermen

Unmittelbar südlich der oberen Terrasse und westlich vom Komplex der Vorratsgebäude ragten Reste eines großen Bauwerks aus dem Boden, die schon früher von Besuchern bemerkt worden waren. Besonders verdächtig schien der Teil, der wie eine große Halle aussah mit zehn mal elf Metern im Geviert und zwei Meter dicken Mauern.

Seine Lage und die dicken Mauern hatten verschiedene Wissenschaftler zu der Annahme gebracht, der Bau sei ein Verteidigungsturm gewesen, angelegt zum Schutz für die Vorratsgebäude und den Zugang zur nördlichen Palastvilla. Andere Wissenschaftler wieder hielten ihn für den Verwaltungsbau der Vorratsräume. So dachten auch wir, als wir uns daran machten, die hohe Schuttschicht abzutragen. Aber die Ausgrabung brachte eine große Überraschung. Wir hatten kaum angefangen, den Schutt in der großen Halle zu beseitigen, als wir auf verputzte Mauern stießen. Im Verputz fanden wir Abdrücke von Tonröhren. Nun fiel es uns nicht schwer zu erraten, daß wir das *caldarium* (Warmbad) einer Thermenanlage römischen Stils freilegten. Als wir weiter vorstießen, trafen wir auf Tonröhren, die die Hitze in alle Wände geleitet hatten. Auch im Schutt fanden wir zahlreiche solcher Röhren mit rechteckigem Querschnitt.

Die Ausgrabung der Thermen

Der sichere Beweis dafür, daß wir uns in einem *caldarium* befanden, wurde jedoch erbracht, als wir den Boden erreichten. Darunter gab es einen weiteren Boden und dazwischen eine Anzahl von zweihundert winzigen Säulen, von denen die meisten aus runden Tonziegeln bestanden und ausgezeichnet erhalten waren. Gewöhnlich finden sie sich im *hypocaustum*, d. h. im Heizraum unter dem *caldarium*. In die Wände waren senkrechte Tonröhren eingelassen, die bis zum unteren Boden durchliefen. Neben diesem Raum befand sich ein Ofen, von dem aus die heiße Luft zwischen die beiden Böden des *caldarium* und von dort schließlich durch die Heizkanäle in das Warmbad selbst gelangte. Dieser Raum hatte fast keine Öffnungen, so daß man darin hohe Temperaturen erzielen konnte. Der heiße Fußboden im *caldarium* wurde mit Wasser begossen, wobei sich Dampf entwickelte und ein Schwitzbad entstand.

Alle Installationen im Warmbad waren außerordentlich gut erhalten. Wir

Gegenüber oben: Die Ruinen der großen Thermen (vor der Ausgrabung).
Links die Mauern des *caldarium*. Rechts und oben die Ruinen der Vorratsgebäude und des Verwaltungsbaues, ebenfalls vor der Ausgrabung.
Gegenüber unten: Warmbad *(caldarium)* während der Ausgrabung.
Deutlich zeigt der Wandverputz Abdrücke von Tonröhren.
Umseitig: Blick von Süden in das *caldarium* nach der Ausgrabung. Kleine Säulen aus Lehmziegeln trugen einst einen zweiten Boden, von dem sich aber nur ein einziges Fragment erhalten hat. Links der Eingang zum *tepidarium*. Dazu auch die Aufnahme auf Seite 80.

gruben hier eines der schönsten und am besten erhaltenen römischen Bäder aus. Zudem zählt es zu den ältesten, die in Israel und Palästina gefunden worden sind.

In einer Ecke des Raumes bemerkten wir sogar einige Tonröhren an ihrem ursprünglichen Platz an der Wand. Auch ein kleiner Teil des oberen Bodens wurde noch an Ort und Stelle angetroffen, wie einst gestützt von den kleinen Säulen. Die Untersuchung ergab, daß die Tonröhren Löcher hatten, damit die heiße Luft nicht nur aus der oberen Öffnung, sondern auch aus den Seitenlöchern strömen konnte.

Vergleich der Thermen mit gleichen Anlagen in Jericho und Herodion

An der Nordseite des *caldarium* entdeckten wir eine halbrunde Nische, in der ursprünglich eine Badewanne aus Quarzit gestanden hatte, wovon wir zahlreiche Fragmente fanden. Durch ein Bleirohr war das Wasser für die Wanne von außen zugeleitet worden, und zwar mit solchem Druck, daß es in einer Fontäne hochstieg. (Teile des Bleirohrs wurden ebenfalls aufgefunden.) An der anderen Seite des Raumes befand sich eine rechteckige Zelle, in der wir auf die Reste eines Bassins stießen, das ursprünglich für heißes Wasser benutzt worden war. Dieses Arrangement stimmt sowohl dem Grundriß nach als auch in den technischen Details mit anderen, weniger gut erhaltenen Badeanlagen der Herodianischen Zeit in Jericho und Herodion überein. Darüber hinaus gleichen unsere Thermen fast vollkommen den hübschen römischen Bädern in Pompeji und Herkulaneum. Der obere Boden war gefliest gewesen. Die

Das *tepidarium* mit seinen Fresken. Auf dem Boden Abdrücke der (schwarzen und weißen) Fliesen.

Bei näherer Betrachtung zeigen die Fresken im *tepidarium*
Ähnlichkeit mit denen der unteren Terrasse der Palastvilla.

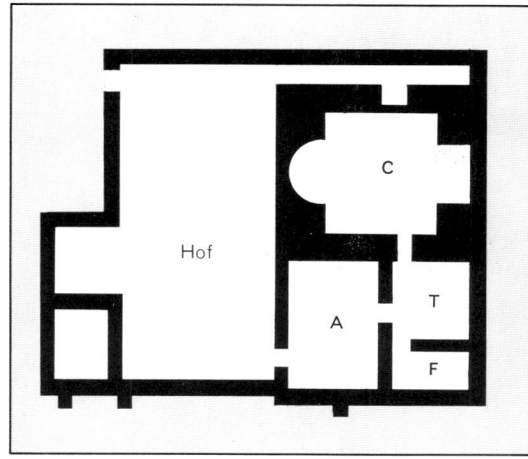

Grundriß der Thermen
C = *caldarium*
T = *tepidarium*
F = *frigidarium*
A = *apoditerium*

abwechselnd gesetzten weißen und schwarzen Kacheln hatten ein geometrisches Muster ergeben. Im Verlauf unserer Grabung entdeckten wir, daß der Fußboden, der ursprünglich aus Mosaik bestanden hatte, später durch Kacheln ersetzt worden war. Das gleiche war auch in den anderen Räumen zu beobachten. Es ist anzunehmen, daß diese Veränderungen die gleichen Gründe hatten, die wir bei den bereits erwähnten Bauten besprochen haben. Es ist möglich, daß der Mosaikboden beim großen Erdbeben eingebrochen und später in jener Technik ersetzt worden war, die die Römer *opus sectile* nannten.

Nachdem wir festgestellt hatten, daß die große Halle nicht zu einem Verteidigungsturm gehört, sondern das *caldarium* einer Thermenanlage gebildet hatte, wurde klar, daß die westlich anschließenden Räume die zu römischen Thermen gehörenden Einrichtungen enthalten haben mußten: das *frigidarium* (Kaltwasserbad), das *tepidarium* (lauwarmes Bad), den Eingang und den Auskleideraum *(apoditerium)*.

Ein Blick auf den Grundriß und die Luftaufnahme zeigt, daß unsere Anlage diesem Schema entsprach. Der kleine Raum stellte das *frigidarium* vor und hatte nur dem Zweck gedient, einen schnellen Zugang zum kalten Wasser zu ermöglichen. Man hatte ihn daher schmucklos und einfach gehalten. Er war ausgezeichnet erhalten. Es handelt sich um das übliche in Masada noch mehrfach belegte und auch an anderen Orten anzutreffende Becken. Wie bei den Zisternen führen Stufen bis zum Boden hinab. Ein wasserdichter Mauerbewurf verhinderte, daß das Wasser versickerte.

Zwischen Kaltwasser- und Warmwasserbad lag das *tepidarium*. Im Gegensatz zum *frigidarium* wirkte dieser Raum luxuriös. Er war im reichen Stil der nördlichen Palastvilla ausgestattet. Die Wände schmückten Wandmalereien, die denen des Palastes glichen. Der Boden war mit weißen und schwarzen Kacheln wie im Warmbad gefliest. Unglücklicherweise waren die meisten herausgerissen worden, und wir fanden sie leider auch im Schutt nicht. Ein paar gruben wir aus, aber sie waren zerbröckelt. Die gleiche Erfahrung machten wir im *apoditerium*. Es ist durchaus möglich, daß sie die römischen Soldaten abgenommen hatten, bevor sie Masada verließen, und sie zum Verkauf

Gegenüber: Die Tonröhren für die Zufuhr der heißen Luft.
Hier noch an ihrem ursprünglichen Ort an der Südostecke des *caldarium*.

81

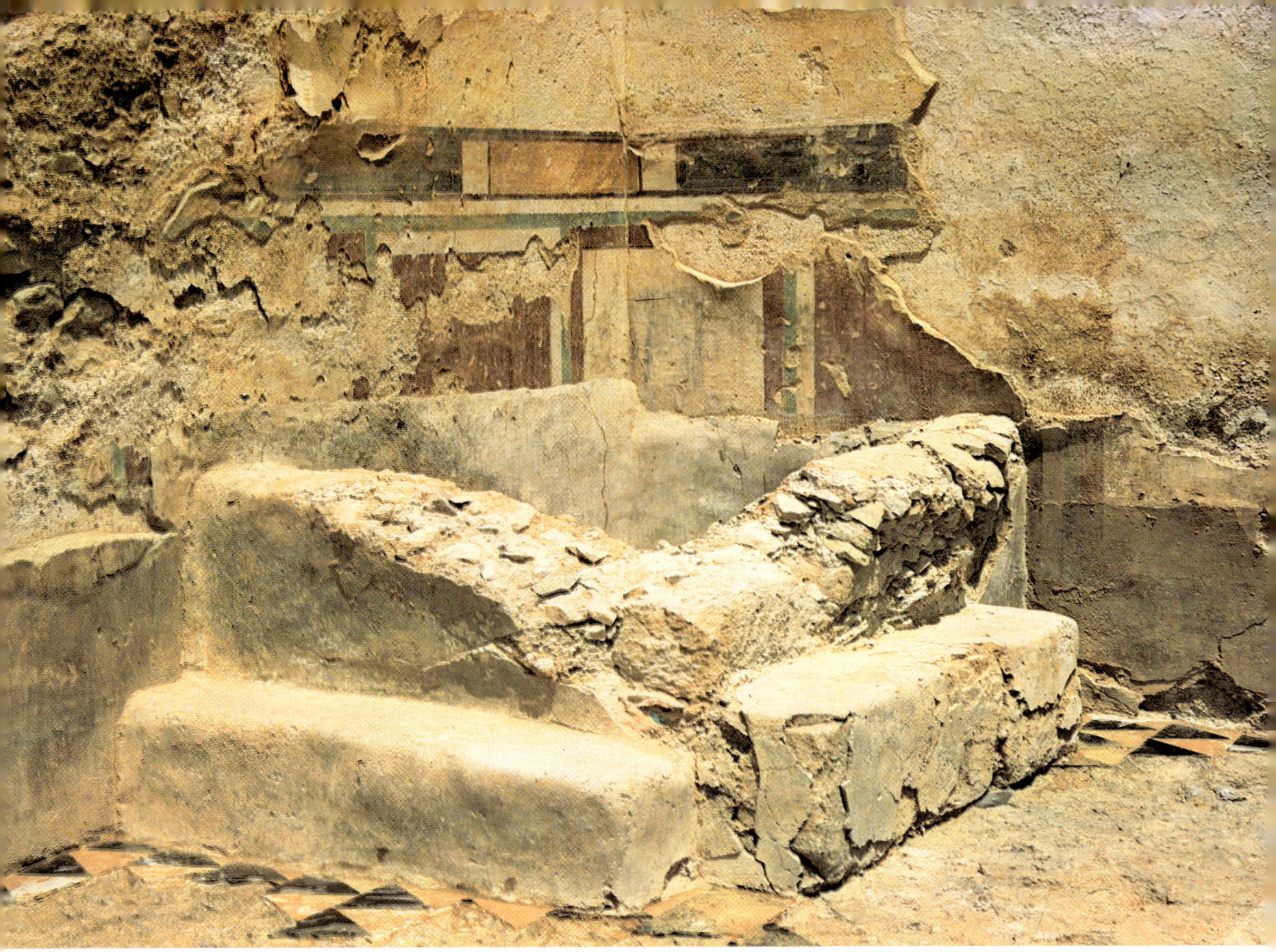

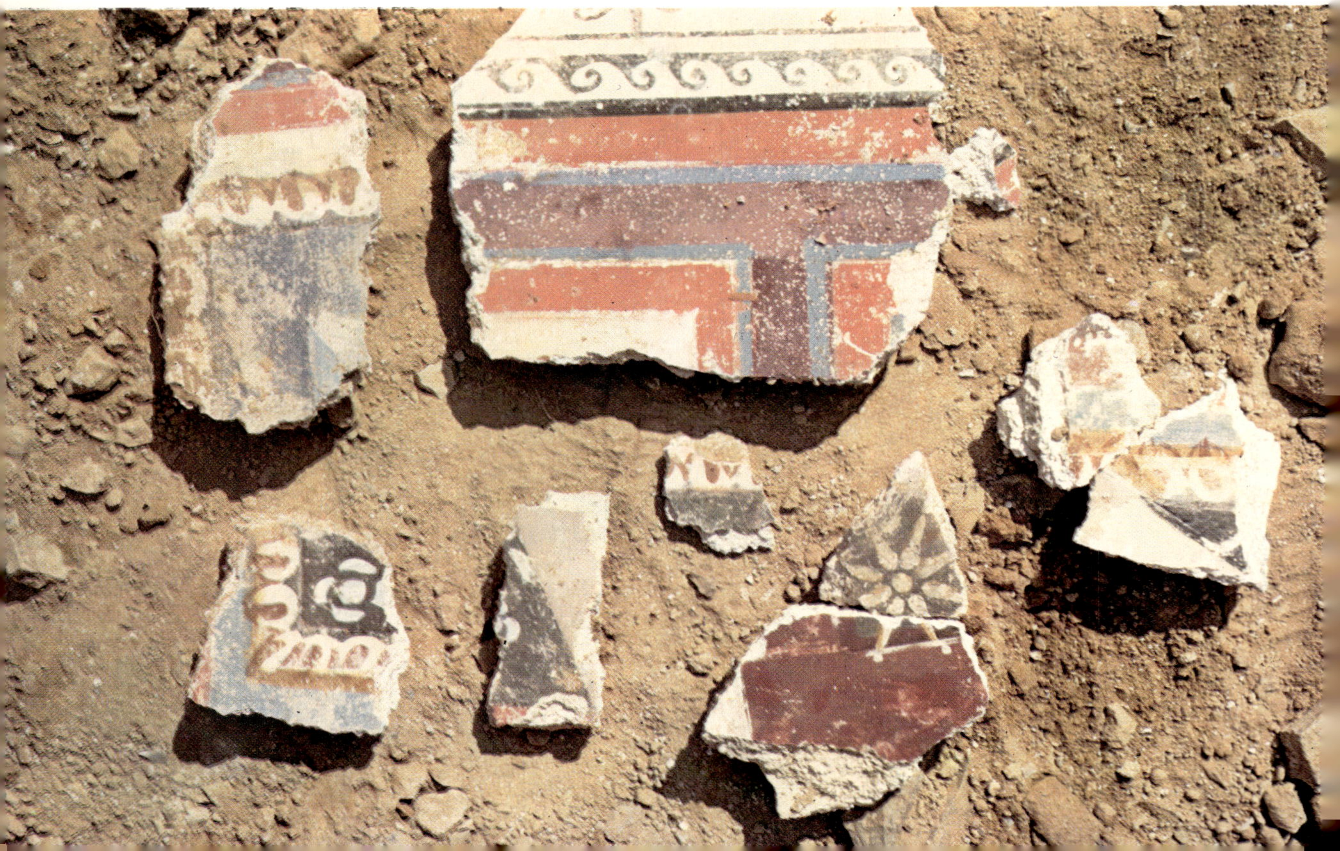

Das verzierte Architravfragment war von den Zeloten
als Baumaterial verwendet worden.

Gegenüber (oben): Ein kleines Badebassin in der Nordostecke
des *apoditerium* verdeckt teilweise die Wandmalereien. Es wurde
entweder von den Zeloten oder den Soldaten der römischen
Garnison errichtet.
Gegenüber (unten): Fragmente von den Deckenmalereien im
apoditerium.

oder zur Wiederverwendung wegschafften. Auch das *apoditerium* war großzügig ausgestattet, mit Wandmalereien wie im *tepidarium*, der Fußboden aus schwarzen und weißen dreieckigen Kacheln. Malereien hatten die Decke des Auskleideraums geziert. Sie war allerdings seit langem eingestürzt, und wir konnten den in Farbe und Ornament einst reizvollen Dekor nur noch an Hand weniger Fragmente feststellen, die auf dem Fußboden lagen. (Man darf wohl annehmen, daß die Decken in den übrigen Räumen ebenso verziert waren.) Die Malereien hier im *apoditerium* waren völlig verschieden von denen in der Palastvilla mit ihrem schematischen Stil und der Marmorimitation. So hatte

Teil des Mosaikfußbodens vom Thermenvorhof. In Ausführung, Anordnung und Art der Ornamentik gleicht er den Mosaiken von der oberen Terrasse.

man an der Decke geometrische Figuren mit Blumenmotiven gemischt.

Weitere bauliche Veränderungen hatten die Thermen sowohl unter den Zeloten als auch später durch die Soldaten der römischen Garnison erfahren, die nach dem Sieg über die Zeloten im Jahre 73 n. Chr. für einige Jahrzehnte hier zurückblieben. Das erklärt die vielen An- und Einbauten, die wir vor allem im *apoditerium* feststellten. In der Nordostecke dieses Raumes fanden wir ein kleines Reservoir, das wie ein Badebassin aussah. Offensichtlich war es später erbaut worden, denn es stand nicht nur auf der ursprünglichen Boden-fliesung, sondern so, daß man dabei auch die Wandmalereien rücksichtslos verdeckt hatte. In einem ähnlichen Fall brachten unsere Ausgrabungen eine Wandbank ans Licht, die gleichfalls auf den Fliesen stand und den originalen Mauerbewurf den Blicken entzog. Diese zusätzlichen Veränderungen stammten zu einem Teil von den Zeloten, zum anderen von den Römern der Garnison. *Bauliche Veränderungen in den Thermen*

Vor dem Eingang zu den Thermen lag ein großer Hof, von dem aus man (von Osten her) auch die Heizanlage erreicht hatte. Der Hof war zwar stark zerstört, aber die wenigen Überreste ließen noch darauf schließen, daß auch er einst recht eindrucksvoll gewesen war. Der Boden hatte ursprünglich aus Mosaiken bestanden, von denen Teile noch erhalten waren. Sie glichen so-wohl in der Farbgebung — schwarz-weiß — wie im Muster jenen der oberen Palastterrasse. Das beweist, was von besonderer Bedeutung ist, daß Thermen und obere Terrasse im gleichen Zeitraum errichtet und die Malereien und Mosaiken von den gleichen Künstlern geschaffen wurden.

An der Ost-, West- und Nordseite hatte eine überdachte Säulenhalle den Hof umgeben. Aber nur am Eingang zum *tepidarium* fanden wir die Säulen, deren Kapitelle im nabatäischen Stil gehalten waren, noch an ihrem ursprüng-lichen Platz. Einst hatten die Kapitelle einen Architrav getragen, von dem wir Teile an verschiedenen Stellen ausgruben. Seine Metopen waren mit Rosetten geschmückt gewesen. Zeloten oder Römer hatten sie benutzt, um den Bade-ofen damit zu reparieren.

Sie sind ein gutes Beispiel für einen Vorgang, der sich in der Geschichte häufig wiederholt hat. Kostbares Baumaterial wurde später für gewöhnliche Bauten benutzt, ohne daß auf die ursprüngliche künstlerisch-architektonische Funktion geachtet wurde. Der materielle Verfall Masadas zur Zeit der Zelo-ten und der römischen Besatzung wird durch das Photo auf Seite 83 besonders eindringlich vor Augen geführt.

Wie der Plan zeigt, waren die Thermen im Zusammenhang mit der oberen Terrasse errichtet worden. Ohne Zweifel hatten sie einen Teil jenes Kom-plexes anmutiger Bauten gebildet, die Herodes für sich und seine Familie und für die Angehörigen der Garnison aufführen ließ. Die Thermen, wie andere Wasseranlagen, die wir später beschreiben werden, sind von besonderer Be-deutung, weil sie sich auf dem Gipfel des trockenen Masada-Felsens erheben und es enormer Anstrengungen bedurfte, um sie mit Wasser zu versorgen. Aber damals war Masada eben keine gewöhnliche Festung, sondern eine königliche Zitadelle. Dem König und seinen Gefährten sollte auch in der Wüste ein Leben ermöglicht werden, das die gewohnten Annehmlichkeiten bot. *Weitere Belege für die Bedeutung des Ortes als königliche Zitadelle*

Luftaufnahme vom Nordteil der Vorratsgebäude vor der Ausgrabung.
Der Plan der Anlage zeigt sich in aller Deutlichkeit. In der Mitte die Thermen,
rechts der Verwaltungsbau. Nahaufnahme von den Vorratsgebäuden
vor der Ausgrabung auf den Seiten 92–93.

7 Die Vorratsgebäude

Die meisten Gelehrten erklärten die großen, rechteckigen Anlagen des Nord-
abschnitts von Masada, die direkt im Süden der Palastvilla liegen, als Vorratshäuser des Herodes, die Josephus folgendermaßen beschreibt:

Was die Ausrüstung dieser Festung anbetrifft, so erschien sie wegen ihrer Fülle und
besonderen Beständigkeit noch bewundernswerter. Denn hier wurden Korn und
andere Dinge in großen Mengen gelagert, wovon Menschen lange Zeit leben konnten; hier gab es auch Wein und Öl im Überfluß, daneben waren alle Arten an Hülsen-
früchten und Datteln aufgehäuft, kurz all das, was Eleazar vorfand, als er und seine
Sicarii das Lager durch Verrat in Besitz nahmen. Diese Nahrungsmittel hatten sich
zudem frisch und in voller Reife erhalten, so daß sie keineswegs minderwertiger als
erst kürzlich eingelagerte Früchte waren. Die hundertjährige Lagerung hatte sie
lediglich etwas einschrumpfen lassen, als der Platz schließlich von den Römern genommen wurde. Sie nahmen damit die übriggebliebenen Nahrungsmittel in Besitz,
die trotz der langen Jahre nicht verdorben waren: Ursache davon war wohl die Luft
hier, da gerade diese Festung sich hoch über das Flachland erhebt und auf diese Weise
frei von der Beimischung aller Fäulnisteile der Erde ist. Außerdem gab es hier eine
große Anzahl von Waffen, die dieser König aufgehäuft hatte. Sie reichten für
10 000 Mann aus. Auch waren hier Eisen-, Kupfer- und Zinnbarren vorhanden, was
seine unermüdlichen Anstrengungen beweist, alles für größte Anlässe bereitzuhalten.

Die Überreste dieser Gebäude ließen sich leicht identifizieren, da sie den
für die Konstruktion von Vorratshäusern jener Zeit typischen Grundriß auf-
wiesen: lange, schmale Hallen, fast ohne Öffnungen. Die Lagerräume Masadas
bestanden aus zwei Hauptgruppen, einer größeren südlichen und einer kleineren im Osten der Thermen. Beide Lagerhauskomplexe wurden durch eine
Straße, die von Ost nach West verlief, voneinander getrennt. Als wir uns an
die Freilegung dieser Gebäude machten, standen wir vor einem schwierigen
Problem, das uns auch anderswo begegnet ist: sie waren nahezu völlig zerstört.

*Ausgrabung der
Vorratsgebäude*

Zwar zeichnen sich die Mauerzüge der Vorratsgebäude auf der Luftaufnahme, die vor den Grabungen aufgenommen wurde, deutlich ab; aber sie
markieren nur den ungefähren Verlauf. Der Hauptteil der Mauern und Dächer war infolge der Zerstörung durch die Zeloten und mehrerer Erdbeben,
die diese Region in späteren Jahren erschütterten, zusammengefallen. Es muß
Augenblicke gegeben haben, wo ein ganzer Mauerzug auf einmal zusammen-
stürzte und die Steine dabei in ihrer ursprünglichen Anordnung zu Boden geschleudert wurden. Die Aufnahme auf Seite 92 zeigt das deutlich.

Die Vorratsräume waren wie die übrigen Bauten aus hartem Dolomit errichtet, der in Masada selbst gebrochen wurde. Da dieses Gestein sehr spröde ist, wurden die Mauersteine nicht fein poliert, sondern nur verhältnismäßig wenig behauen. Sie wurden nur soweit bearbeitet, daß sie zum Mauerbau verwendet werden konnten. Die Mauern selbst bestanden aus einer doppelten Reihe solcher Steinplatten, so daß die Dicke einer Wand die doppelte Breite einer Platte ausmacht. Die Platten wogen 200 bis 250 Kilogramm.

*Erst restaurieren,
dann ausgraben*

Wie sollten wir nun diesen großen, von Tausenden von herabgestürzten Steinen bedeckten Ruinenkomplex ausgraben? Hätte es sich um einen gewöhnlichen Grabungsplatz gehandelt, so wären die Steine einfach an den Rand des Plateaus gerollt und von dort in den Abgrund befördert worden. Ohne weiteren Aufschub hätten wir uns dann ans Ausgraben gemacht. Aber Masada ist eben keine gewöhnliche antike Stätte, und wir mußten nicht nur an unsere augenblickliche Expedition, sondern auch an die Zukunft denken — wenn Hunderttausende von Besuchern, vom Drama Masadas angezogen, die Überreste zu sehen wünschten. Deshalb entschlossen wir uns zu einer Prozedur, die von den üblichen völlig abwich. In Zusammenarbeit mit der Altertümerverwaltung des Staates Israel entschlossen wir uns, zuerst die Wiederherstellung der Vorratshäuser vorzunehmen und erst anschließend auszugraben. Mit anderen Worten: wir bargen alle Steine, die auf dem Boden verstreut lagen, um sie für die Restaurierung der Wände zu benutzen, und schichteten sie Lage für Lage auf die noch aufrecht stehenden Abschnitte. Anschließend konnten wir mit dem Graben beginnen. Es war natürlich ausgeschlossen, jeden Stein in seine Originalposition zu setzen, dennoch kann ich sagen, wir gaben uns größte Mühe, jeden wenigstens seiner Wand zuzuordnen. So blieb am Schluß keine Platte auf dem Boden zurück. Es stellte sich heraus, daß die ursprüngliche Höhe aller Wände der Vorratshäuser 3,50 m betragen hatte.

Diese Arbeit, die sich so gut bewähren sollte, war leichter zu planen als auszuführen. Wir benötigten Experten und mußten Kräne nach Masada hinaufschaffen, um die Steine hochhieven und dann versetzen zu können. Glücklicherweise stand uns Moshe Yoffe zur Verfügung, ein alter erfahrener Maurermeister, der an der Restaurierung vieler historischer Stätten in Israel mitgewirkt hat. Die Kräne mußten mit der Hand zu bedienen und mit einem dreifüßigen Traggestell, einem Flaschenzug und einer Kette versehen sein. Dadurch glich Masada manchmal mehr einer Stelle, wo nach Erdöl gebohrt wird, als einem archäologischen Ausgrabungsplatz.

Die zukünftigen Besucher sollten unterscheiden können, welcher Teil der Mauer noch gestanden hatte, bevor wir ausgruben, und welcher restauriert worden war. Darum zogen wir zwischen beiden eine schwarze Linie. Gut, daß wir das schon damals taten, denn Moshe Yoffe und seine Leute waren so geschickt, daß es uns später wirklich Mühe machte, anzugeben, wo die Arbeit der Maurer des Herodes aufgehört hatte und die Yoffes begann. Die Mauern wurden allerdings nur bis zu höchstens 2,70 m Höhe restauriert. Dennoch glaube ich, daß wir damit den ursprünglichen Charakter der antiken Stätte gewahrt haben.

Links: Einer der
Kräne zum Transport
der Steine für die
Restaurierung der
Vorratsgebäude.
Möglicherweise
haben bereits die
Baumeister des
Herodes ähnliche
Kräne verwendet.
Darunter links:
Zeichnung eines
römischen Krans,
wie er wohl von den
herodianischen
Bauleuten
verwendet wurde.

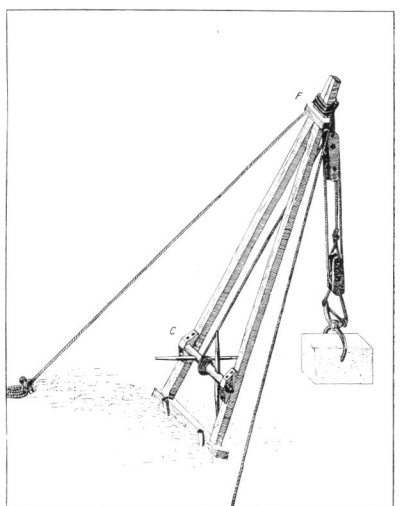

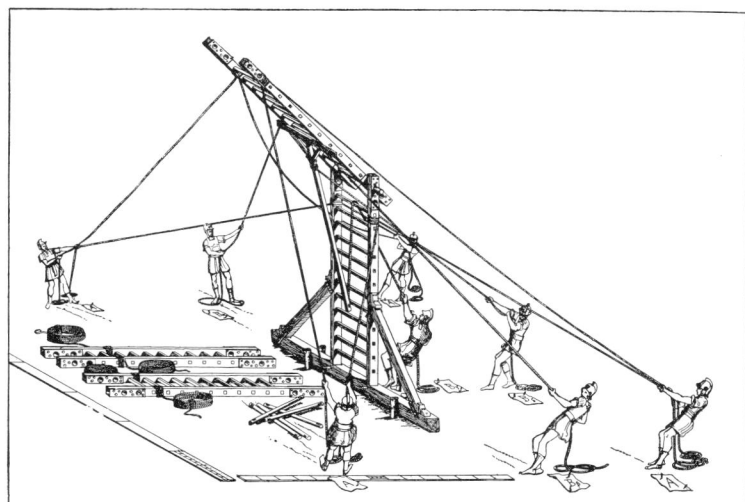

Links: Aufrichtung
eines dreifüßigen
Gerüstes für einen
Kran.
Darüber: Zeichnung
einer ähnlichen
Konstruktion, wie
sie in römischer Zeit
ausgesehen haben
könnte.

89

Das Entfernen von Felsbrocken und Schutt erforderte mechanisches Werkzeug, z. B. Traktoren, die natürlich nicht bis zum Gipfel hinaufgefahren werden konnten. Wir mußten sie auseinandernehmen, dann die Einzelteile mit dem Lastenaufzug hinaufschaffen und oben wieder montieren.

Doch zurück zu den Vorratsgebäuden. Die Aufnahme gegenüber zeigt die parallelen Steinschichten, wie sie seinerzeit durch die Erdbeben hingeschleudert worden waren, die Bilder unten einen Teil der restaurierten Vorratsgebäude. Wir gruben nicht alle aus und restaurierten auch nur einen Teil. Das geschah mit voller Absicht. Einige sollten so liegen bleiben, wie wir sie vorgefunden hatten, damit sich der Besucher ein Bild des früheren Zustandes machen und durch den Vergleich mit den restaurierten Partien feststellen kann, welche Arbeit Ausgrabung und Restaurierung erforderten.

In einigen Vorratsräumen erreichten wir, nachdem wir Steine und Schutt bis zu einem Meter Tiefe und mehr weggeräumt hatten, das Niveau, das dem ur-

Teil der ausgegrabenen und restaurierten Vorratsgebäude von Süden. Im Hintergrund die große Mauer mit weißem Verputz, welche die Palastvilla abgrenzte.

Einer der
Vorratsräume vor
der Ausgrabung.

Der gleiche Vorratsraum, Rekonstruktion nach der Ausgrabung.
Im Vordergrund Asche und Gefäßscherben.

Die durch Erdbeben
zusammengestürzten
Mauern der Vorrats-
gebäude vor der
Ausgrabung.
Rechts das *caldarium*
der Thermen
(gleichfalls vor der
Ausgrabung).

Restaurierte Vorratskrüge. Für den Archäologen sind sie besonders wichtig, weil sie mit Sicherheit in die Zeit zwischen Herodes und das Jahr 73 n. Chr. datiert werden können. Einige der Krüge tragen hebräische Aufschriften mit dem Namen ihrer Eigentümer.

Verkohlte Balken als Überreste
aus dem großen Brand auf dem
Boden eines Vorratsraumes.
Der Gegenstand im Hintergrund
war möglicherweise eine
Gußform.

Links: Krug mit der Aufschrift
›Shimeon ben Yoezer‹ in schwarzer
Tinte. Wahrscheinlich gehörte
Shimeon einer Priesterfamilie an.
Darüber: Detail mit der
Aufschrift in halbkursiver,
eckiger hebräischer Schrift.

sprünglichen Boden am nächsten lag. Die gesamte Fläche war von einer dicken Aschenschicht, verkohlten Balken, untermischt mit Scherben von Hunderten von Gefäßen, bedeckt. Offensichtlich hatten aber nicht herabfallende Balken die Gefäße zerschlagen, als das Dach beim Brand einstürzte, sondern sie mußten absichtlich zerstört worden sein. Wahrscheinlich sollten sie nicht heil in die Hände der Römer fallen.

An den Gefäßen wurde deutlich, wie man die Nahrungsmittel gespeichert hatte — ein hervorragendes System. Jeder Raum hatte seinen eigenen Gefäßtyp: Öl- und Weinkrüge oder Gefäße für Mehl, jeder Typ in der Form verschieden. Vom archäologischen Standpunkt aus störte es wenig, daß sie zerbrochen waren, denn unsere diesbezüglichen Experten leimten die Stücke zusammen. Einige Beispiele davon sind auf Seite 94 abgebildet.

Das Studium der Gefäßformen ergab, daß sie zum größten Teil aus der Zeit des Herodes stammten, aber zuletzt von neuen Eigentümern, vor allem den jüdischen Verteidigern von Masada, benutzt worden waren. Man erkennt Aufschriften in Tinte und Holzkohle wie *Shmuel ben Ezra* (hebräisch für ›Samuel, Sohn des Esra‹) . . . *Shimeon ben Yoezer* u. a.

Gefäße mit hebräischen Aufschriften Zusätzlich waren manche Gefäße mit dem Buchstaben T (hebräisch: *Taw*), in Tinte oder Holzkohle, bezeichnet. Zweifellos wurde dieser Buchstabe als Abkürzung für das Wort *Truma* verwendet, eine priesterliche Abgabe, wie sie in der Mischna, dem kodifizierten jüdischen Recht, vorkommt. Diese Aufschriften und jene wie *Ma' aser Kohen* (Priesterzehnte), die in einem anderen Gebäude gefunden wurden, führten uns zu dem Schluß, daß die Verteidiger von Masada nicht nur vom politischen Standpunkt aus Zeloten waren, sondern auch streng nach dem religiösen Gesetz lebten. Sogar den Brauch der Abgabe des Zehnten hatten sie trotz der harten Lebensbedingungen in Masada beibehalten. Das gleiche Bild von den jüdischen Verteidigern ergab sich

Zerbrochene Öl- und Weinkrüge bei ihrer Auffindung.
Der hier abgebildete Vorratsraum enthielt ausschließlich Krüge dieses Typs.

auch an Hand von anderen Funden, die später beschrieben werden sollen.

Alles, was wir in den Vorratsräumen ausgruben, sprach für eine absichtliche und plötzliche Zerstörung. Außer den Gefäßscherben und der Asche fanden wir zum Beispiel am Eingang zu einem der Räume fast hundert Münzen auf dem Boden verstreut. Sie waren im zweiten und dritten Jahr des jüdischen Aufstandes geprägt worden. Es hatte ganz den Anschein, als habe der für die Vorratsgebäude Verantwortliche im letzten bitteren Augenblick die Münzen des Schatzamtes genommen und als nunmehr nutzlose Objekte auf den Boden geworfen.

Übrigens deuten die Funde großer Münzansammlungen in den öffentlichen Gebäuden Masadas wie den Vorratslagern, den Thermen, dem rituellen Bad (*mikwe*) und den Bäckereien auf eine bestimmte Lebensform der Belagerten hin. So ist am wahrscheinlichsten, daß diese Münzen, die ihren Geldwert verloren hatten, den Befehlshabern von Masada als Quittung für Lebensmittel und andere Dienste galten.

In einem der Vorratsräume fanden wir Reserven an Zinnbarren und anderem Metall, wiederum eine Bestätigung für Josephus. Andererseits trafen wir aber auch auf Lagerräume, die gänzlich leer waren, ohne daß sich Überreste von Gefäßen oder Brandspuren feststellen ließen. Damit wird eine interessante Frage aufgeworfen. Josephus schreibt, daß nach Eleazars Beschluß die Nahrungsmittelvorräte nicht verbrannt werden sollten, um den Römern zu zeigen, daß die Verteidiger aus eigenem freien Willen und nicht aus Mangel an Lebensmitteln in den Tod gingen.

Die Tatsache, daß wir Vorratsräume mit zerbrochenen und verbrannten Wein-, Öl- und Mehlkrügen fanden, könnte demnach den Angaben des Josephus widersprechen. Aber die Entdeckung der leeren Lagerräume ohne alle Brandspuren stützt seinen Bericht oder zumindest die ihm zuteil gewordenen Informationen. Denn um ihr Ziel zu erreichen, brauchten die Zeloten nicht ihre gesamten Vorräte den Römern zu hinterlassen. Es genügte wohl, ein oder zwei Räume mit Nahrungsmitteln aufzusparen, um deutlich zu machen, daß man nicht an Nahrungsmangel zugrunde gegangen sei. Es ist daher gut möglich, daß die Räume, die wir leer vorfanden, gerade jene waren, in denen die Zeloten Nahrungsmittel zurückgelassen hatten, die dann später von den römischen Soldaten der Garnison verzehrt worden waren.

In keinem der Vorratslager fanden wir Waffen. Auch das ist verständlich, denn das umfangreiche Waffenlager, das Herodes in Masada hinterlassen hatte, war längst von Menahem, dem ersten Eroberer von Masada, verbraucht worden. Nach Josephus verwendete Menahem die dort gefundenen Waffen bei seinem Marsch auf Jerusalem. Zudem darf man annehmen, daß sowohl die römische Garnison wie die Zeloten von den in Masada gelagerten Waffen Gebrauch gemacht haben, falls sie überhaupt noch welche vorgefunden hatten.

Die Waffen der Zeloten — sie hatten vor allem mit Pfeil und Bogen gekämpft — entdeckten wir an verschiedenen Stellen. Hunderte von Pfeilen lagen buchstäblich haufenweise an Plätzen wie der mittleren Terrasse der Palastvilla, dem westlichen Palast und an mehreren anderen Stellen, wo sie zusammengetragen und verbrannt worden waren. Nahkampfwaffen, wie Schwerter

Die unbeschädigten Vorratsräume waren leer

97

Einige der zahlreichen Bronzemünzen aus der Zeit des jüdischen
Aufstandes. Sie stammen aus den Vorratsräumen und anderen
öffentlichen Gebäuden. Auf einer Seite zeigen sie ein Weinblatt,
auf der anderen eine Trinkschale. Die Aufschrift in althebräischer
Schrift lautet: ›Für die Freiheit Zions.‹

Gegenüber: Ein Vorratsraum für Wein oder andere Flüssigkeiten. Man beachte
den Verputz auf Wänden und Estrich, vor allem aber die Vertiefung im Boden.

oder Speere, fanden wir in Masada kaum; die wirkungsvollste Verteidigungswaffe auf den Mauern des Gipfels war eben Pfeil und Bogen.

Einige Vorratsräume hatten offenbar zum Speichern größerer Mengen Flüssigkeiten gedient. In einem stießen wir zum Beispiel auf verputzte Wände und einen Fußboden mit drei runden Vertiefungen, die gleichfalls verputzt und in bestimmten Abständen angelegt waren. Es ist schwer zu sagen, welchem Zweck sie einst gedient hatten. Möglicherweise war hier Wein gelagert worden und die Höhlungen im Fußboden dafür gedacht, das Abfüllen aus größeren in kleinere Gefäße zu erleichtern und aufzufangen, was dabei etwa verschüttet wurde.

Beträchtliche Anstrengungen erforderten Ausgrabung und Restaurierung der Vorratsanlagen. Obwohl sie nur etwa zwei Drittel der freizulegenden Gebäude ausmachten, benötigten wir Freiwilligenteams von jeweils sechzig bis siebzig Mann während der gesamten elf Monate; denn außer den Vorratsräumen mußten auch die Straßen und Alleen freigelegt werden, die die einzelnen Lager untereinander und den gesamten Vorratskomplex von den übrigen Bauten trennten.

Die Hauptstraße der Vorratsgebäude lag tief unter dem Schutt verborgen, der meist von den anliegenden Gebäuden stammte. Vielleicht macht die Aufnahme unten die Schwierigkeiten deutlich: Unweit des Bodens kommt zwischen Ruinen und Asche ein Gefäß zum Vorschein, das wunderbarerweise komplett erhalten ist, obwohl es unter einem Geröllberg von ungefähr 2 m Höhe gelegen hat.

Wie sehr lohnte sich die Mühe! Nur so konnten wir die außerordentliche Konzeption dieser Anlage, an der in Masada das Leben hing, voll begreifen.

Ein Straßenzug zwischen den Vorratsgebäuden während der Ausgrabung. In der Schuttschicht zwischen verkohlten Balken hat sich wie durch ein Wunder ein Vorratskrug fast völlig intakt erhalten. *Gegenüber:* Luftaufnahme der Vorratsgebäude nach Abschluß der Ausgrabungen. Die Anlage könnte auf einer Grundrißzeichnung kaum deutlicher sein.

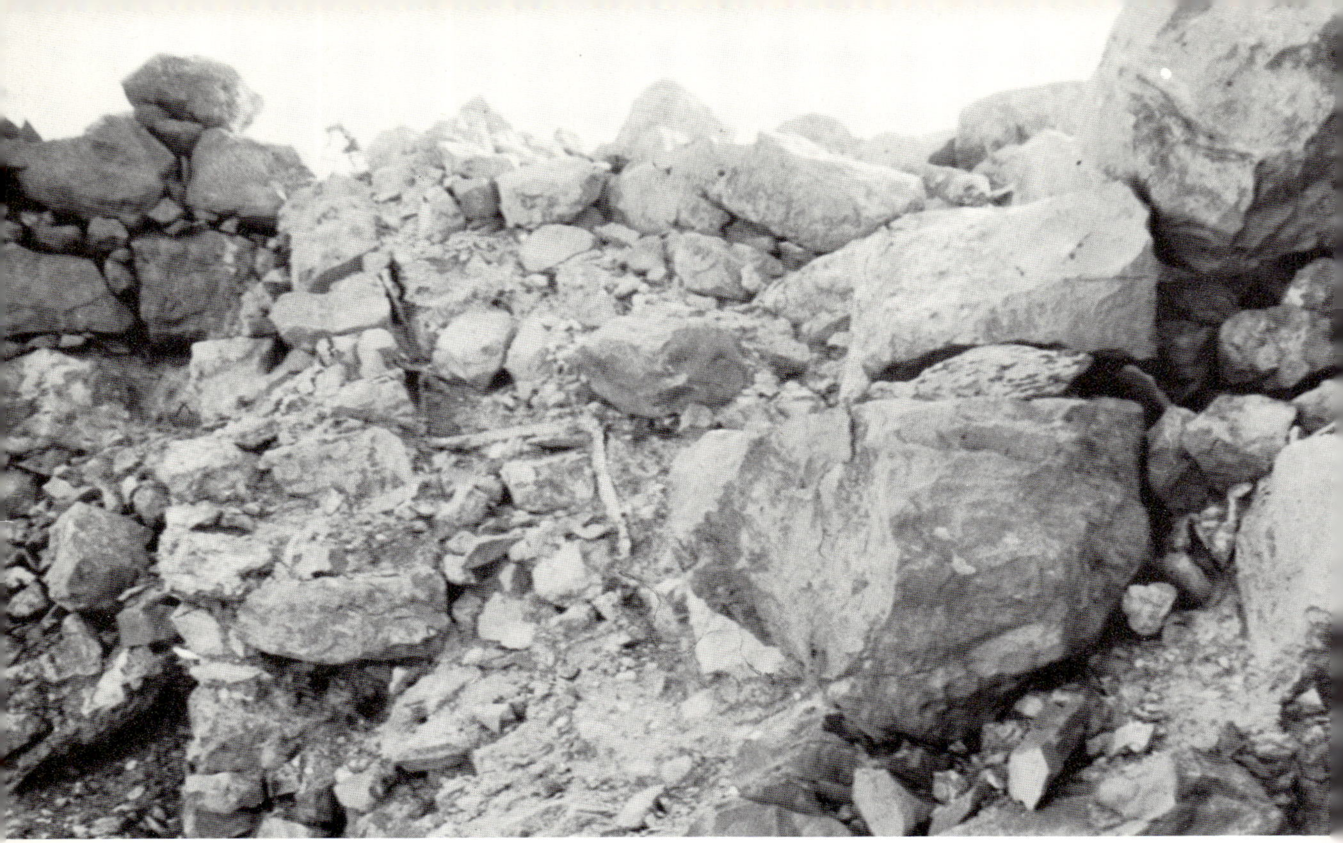

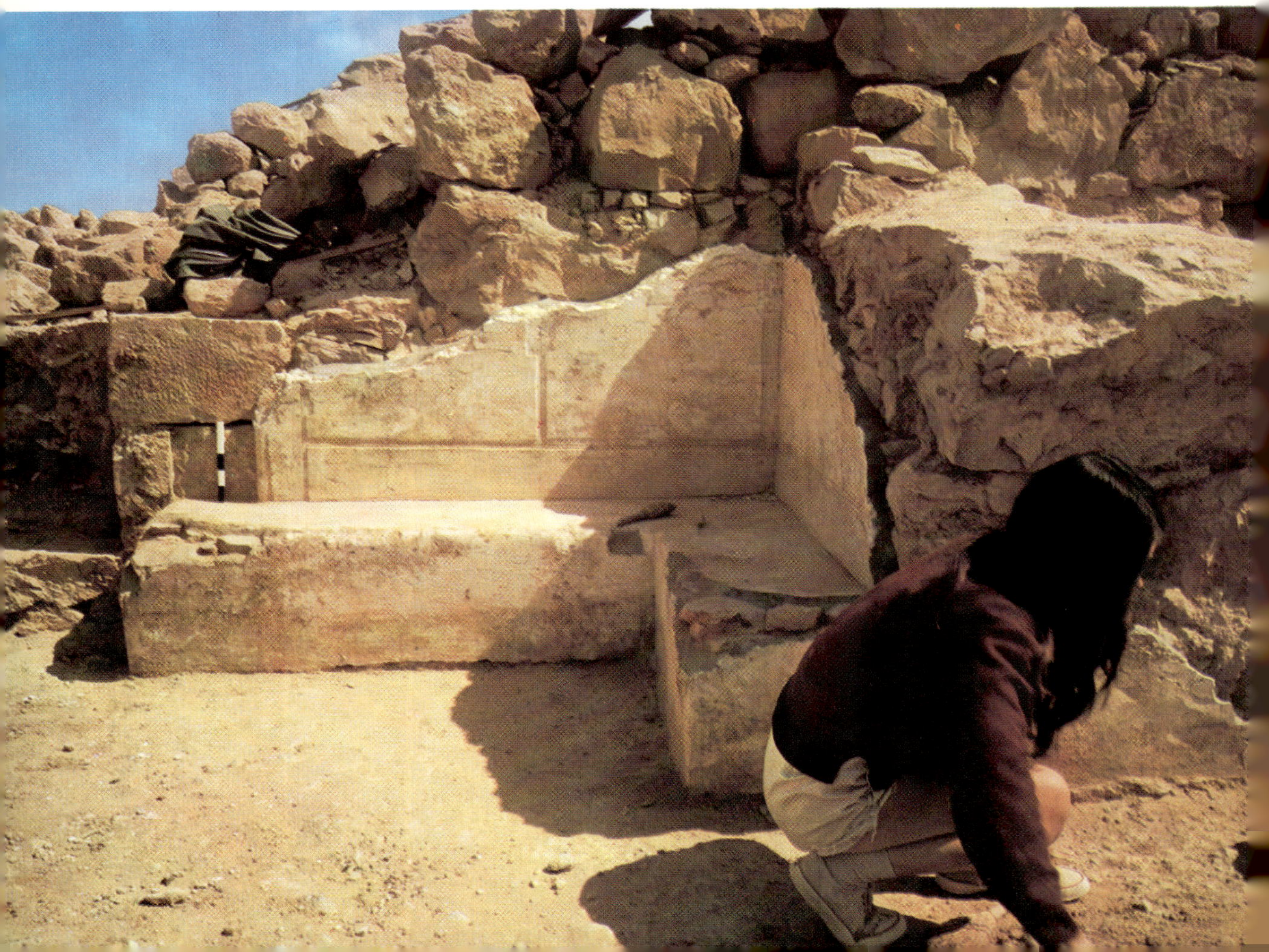

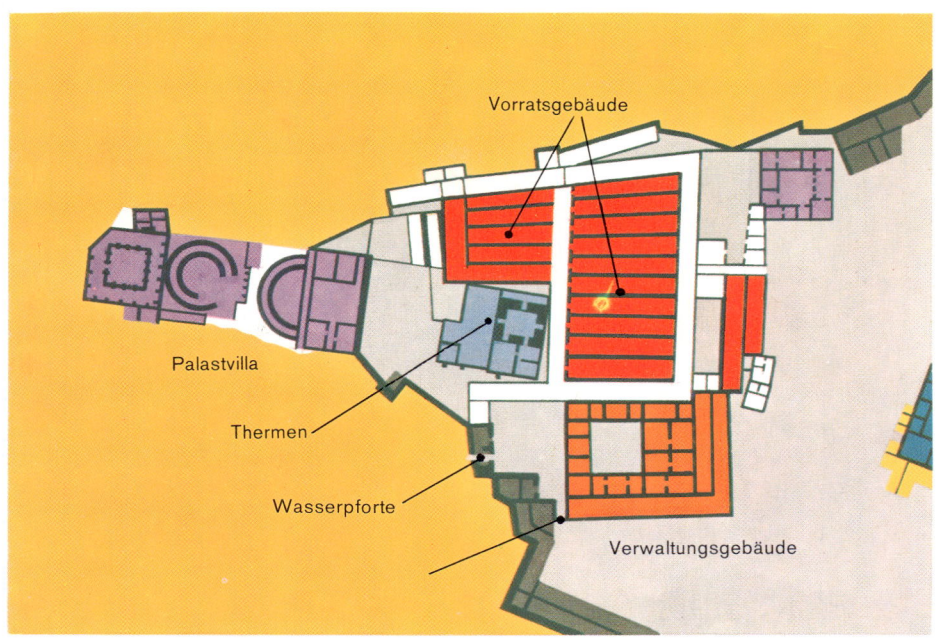

Planskizze des Nordteiles von Masada. Von links nach rechts:
Palastvilla, Vorratsräume, Thermen, Verwaltungsgebäude und Wohnhaus.

Das Bild auf Seite 101 vermittelt einen guten Überblick. Nach Abschluß der Grabung und Restaurierung machten wir die interessante Feststellung, daß der Komplex der Vorratsgebäude hervorragend ›abgesichert‹ gewesen war. Als wir hier zu graben angefangen hatten, konnten wir die Ruinen von allen Seiten her erreichen, indem wir einfach über den Schutt kletterten, der sich zwischen den Mauern angesammelt hatte. Nachdem das Gebiet aber vollständig ausgegraben und restauriert war, gelangte man nur mehr durch einen einzigen Zugang zu den Vorratsräumen. Er lag an der Westecke des Gebäudekomplexes. Hier stand ein großer, rechteckiger Bau mit vielen Räumen aus Herodianischer Zeit. Sie gruppierten sich um einen zentralen Hof. Das war der Verwaltungsbau gewesen, der sich damit unmittelbar neben den Vorratsgebäuden befunden hatte.

Bald entdeckten wir, daß die Vorratsgebäude, die Thermen und die nördliche Palastvilla nur von dieser Stelle aus zugänglich gewesen waren. Selbstverständlich mußte es ein Tor gegeben haben, und nach intensiven Grabungen in diesem Bezirk fanden wir tatsächlich ein Herodianisches Tor. Ursprünglich hatte es als Zugang zu einer besonderen Abteilung der Vorratsräume gedient, aber zur Zeit der Zeloten den Hauptzugang zum gesamten Gebäudekomplex an Stelle eines älteren Herodianischen Tores gebildet, das wir in den nahe gelegenen Ruinen fanden. Wie der Grundriß oben deutlich zeigt, hatte ein einziger Wachtposten von hier aus alle, die das wichtige Gebiet betraten und verließen, überprüfen können.

Die Wiederherstellung der Vorratsgebäude hat sich gelohnt

Gegenüber (oben): Anzeichen für einen Torbau.
Gegenüber (unten): Die Ausgrabung brachte tatsächlich ein Tor mit Bänken und Mauerbewurf aus der Zeit des Herodes zutage.

Luftaufnahme des
Wohnhauses vor der
Ausgrabung. Die
Umrisse der Mauer-
reste in der Mitte
der Anlage sind
deutlich sichtbar. Es
handelt sich um
Ruinen aus byzan-
tinischer Zeit.

8 Das Wohnhaus oder der Garnisonsbau

Südlich der Vorratsgebäude stießen wir auf die Ruinen eines rechteckigen Bauwerks von einem in Masada einzigartigen Gebäudetypus. Die Luftaufnahme auf den Seiten 104—105 zeigt, daß die Umrisse der Mauerzüge schon vor der Grabung sichtbar waren. Für diesen Bau hatte keiner der Wissenschaftler, die Masada während der letzten hundert Jahre besucht haben, eine Erklärung — namentlich nicht für seine ursprüngliche Verwendung. Die Ausgräber von 1955/56 äußerten die Ansicht, daß er die römische Garnison beherbergt habe, wobei die Gebäudeteile im zentral gelegenen Hof als römische Kultstätten erklärt wurden.

Unsere Ausgrabungen erbrachten den Nachweis, daß die Bauten im Zentralhof später errichtet worden waren, und zwar in der byzantinischen Epoche. In den um den Hof herum gruppierten Räumen machten wir wichtige Entdeckungen. Zunächst aber ein Wort zum Grundriß. Dieser Bau ist der einzige in Masada, der von vornherein zu Wohnzwecken bestimmt war. Das

Grundriß des Wohnhauses. Blau: herodianischer Bau mit byzantinischen Bauresten in der Mitte. Gelb: Anbauten der Zeloten. Jede Wohneinheit besteht aus einem großen Hof und zwei kleinen Räumen.

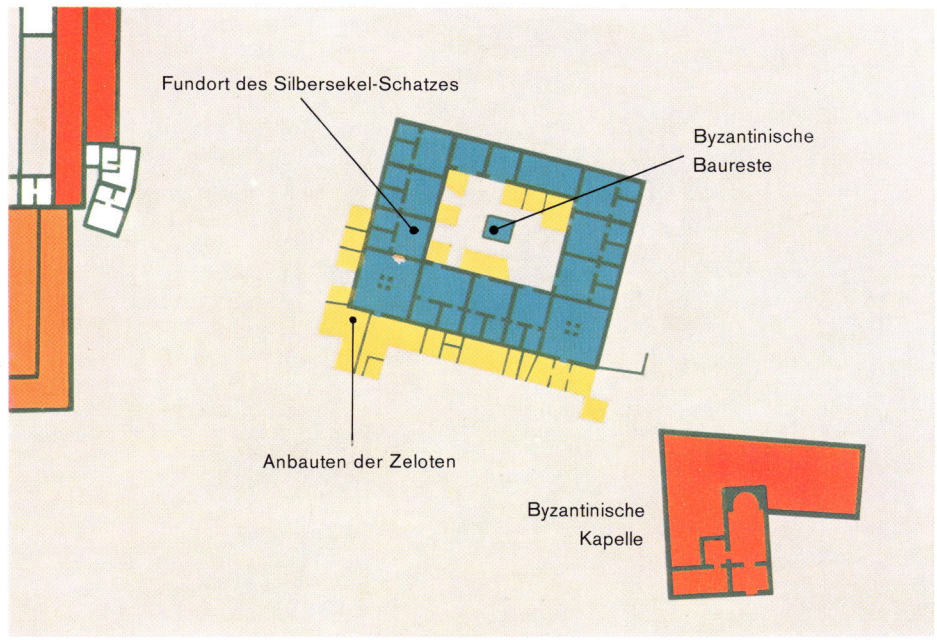

Fundort des Silbersekel-Schatzes

Byzantinische Baureste

Anbauten der Zeloten

Byzantinische Kapelle

Gegenüber: Das Wohnhaus von Süden nach der Ausgrabung (unten). Die Baureste in der Mitte heben sich deutlich ab.

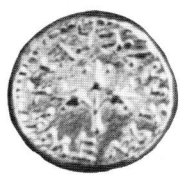

Sekel und Halbsekel
nach dem Reinigen.
Oben: Die zwei Seiten
des Sekels aus dem
Jahre 2 mit der Auf-
schrift ›Jerusalem,
die Heilige‹
(ganz oben) und
›Sekel Israel‹
(darunter).
Unten: Die beiden
Seiten des Halbsekel
aus dem Jahre 3 mit
den Aufschriften
›Jerusalem, die Heilige‹
*(dritte Abbildung von
oben)* und ›Halbsekel‹
(ganz unten).

geht aus der Anzahl gleichgestaltiger Wohnungen hervor, die den zentralen Hof umgeben. Jede Wohnung enthielt einen großen Raum oder geschlossenen Hof und zwei anschließende kleine Zimmer. Es kann kein Zweifel darüber bestehen, daß zur Zeit des Herodes hier entweder die höchsten Verwaltungsbeamten oder zumindest Beamte wohnten, ja vielleicht auch Garnisonstruppen. Eine Wahrnehmung von größerer Bedeutung machten wir erst während der Grabung. Nach und nach wurde nämlich zur Gewißheit, daß während des jüdischen Aufstands hier einige führende Persönlichkeiten gewohnt haben mußten. Das schlossen wir nicht nur aus zahlreichen Alabastergefäßen, die uns unterkamen, und hübschem Kosmetikzubehör, sondern vor allem aus einem interessanten Fund vom Nordwestflügel des Gebäudes.

Eines Morgens entstand plötzlich große Bewegung in diesem Teil des Grabungsfeldes. Die Gruppe der freiwilligen Helfer, die hier zur Arbeit eingeteilt war, hatte sich an einer Stelle versammelt und starrte voller Staunen auf den Boden. Ein Klumpen Münzen lag in einem der Räume unter dem Fußbodenniveau, und aus der Farbe der anhaftenden Erde ging hervor, daß es sich um Silbermünzen handelte. An einem Teil des Klumpens sahen wir Stoffreste und schlossen daraus, daß die Münzen in einem Beutel unter dem Fußboden versteckt worden waren. Wir erkannten erst nach der Reinigung im Laboratorium, daß es sich um einen beträchtlichen Schatz handelte, der ausgezeichnet erhalten war. Er bestand aus insgesamt achtunddreißig Silbersekeln und -halbsekeln. Bei genauer Untersuchung ergab sich, daß die Münzen kaum in Umlauf gewesen waren. Viele stammten aus dem Jahr vier des Aufstandes, d. h. sie waren ein Jahr vor dem letzten geprägt worden.

Ganz in der Nähe, mitten in einer dicken Aschenschicht, wurde einige Wochen später ein weiterer Schatz von sechs Sekeln und sechs Halbsekeln gefunden, die in einem Kupfergefäß lagen. Auch diese Münzen mußten von den Verteidigern von Masada versteckt worden sein, damit sie nicht Beute der Römer wurden. Im Gegensatz dazu lagen Kupfermünzen überall verstreut umher.

Diesen beiden Münzschätzen und einem dritten aus einem der Räume in der Kasematten-Mauer kommt zweifache Bedeutung zu. Sie sind der größte Fund von Sekeln an einem Ort und dazu aus einer geregelten archäologischen Grabung. Zudem stammen sie aus einer Schicht, die zweifelsfrei der Zeit des großen jüdischen Aufstandes angehört. Damit sollten die Meinungsverschiedenheiten der Wissenschaftler ein für allemal zu Ende sein. Die meisten schrieben diese Art Sekel zwar schon dieser Zeit zu, einige behaupteten aber noch, sie hätten einer früheren Epoche angehört. Wir wissen nun mit Bestimmtheit, daß die Mehrheit der Wissenschaftler recht hatte. Die Sekel aus unseren Münzschätzen tragen Prägungsdaten aus sämtlichen Jahren des Aufstands, vom Jahr eins bis zum letzten sehr selten belegten Jahr fünf. Es entspricht dem Jahre 70 n. Chr., als der Tempel von Jerusalem zerstört wurde.

Warum die Münzen in diesem Gebäude gesammelt worden waren, werden wir nie mehr erfahren. Inschriftlich ist für einen der Räume der Name *Hillel* bezeugt. Könnte es sein, daß dieser Hillel ein Priester war, der einen Teil der Münzen für die regelmäßige Halbsekelkontribution an den Tempel einsammelte?

Oben: Silbersekel und Halbsekel in einem Schatz. Reste eines Beutels kleben noch an den Münzen. *Unten:* Nach dem Reinigen: Da einige Münzen erst gegen Ende des Aufstands geprägt worden sind, wirken sie fast wie neu.

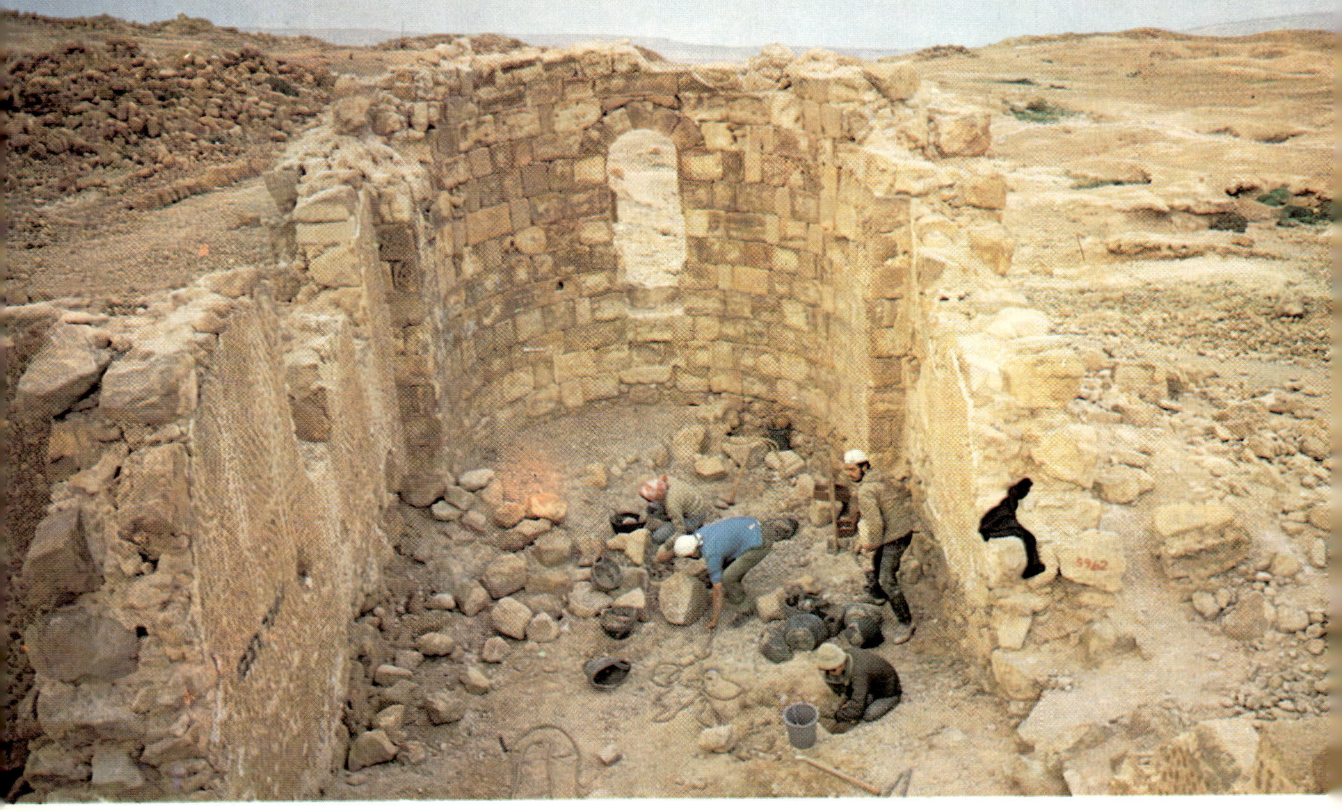

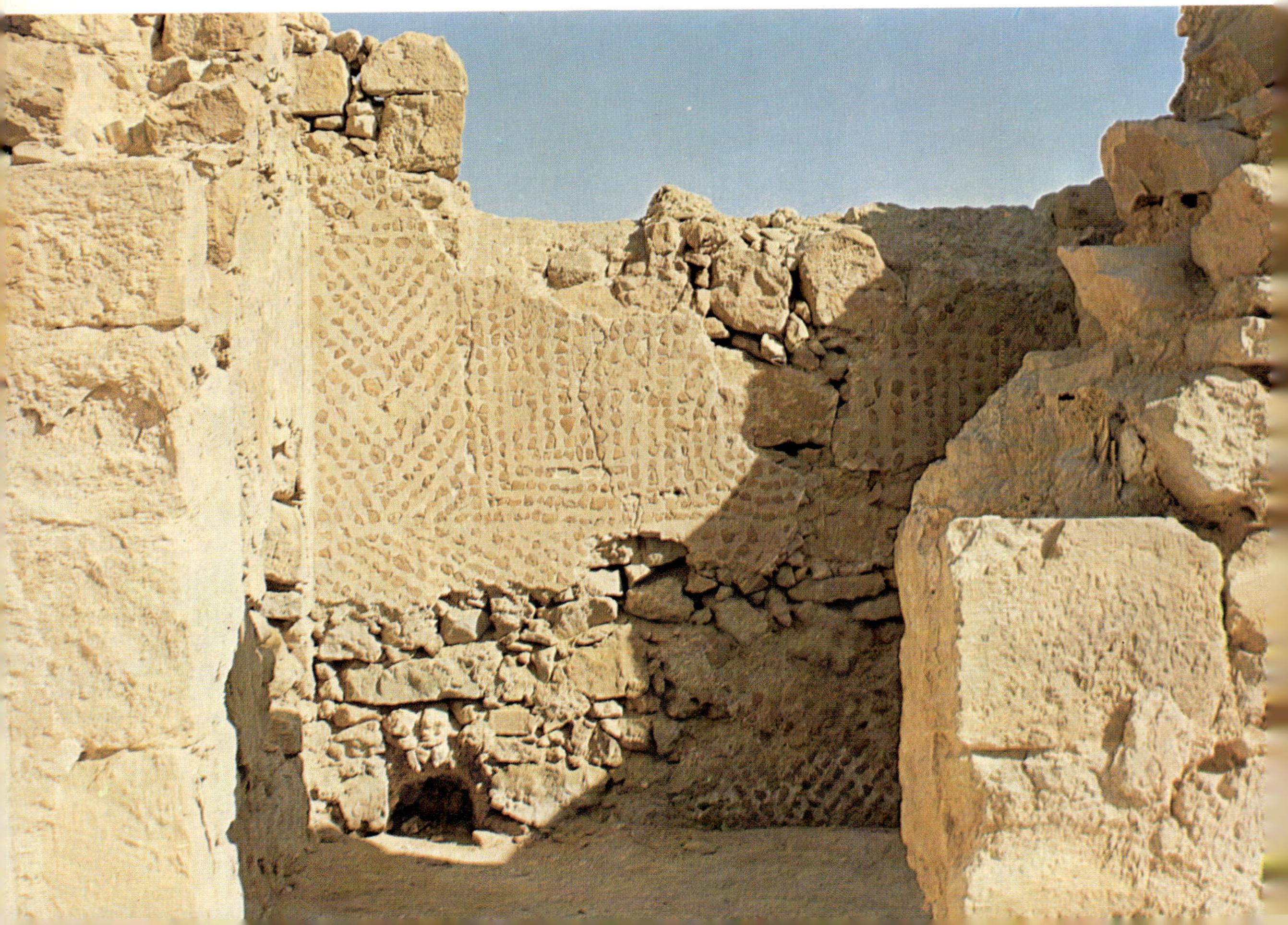

9 Die byzantinische Kapelle

Südlich des Wohnhauses befinden sich die Ruinen eines Bauwerks, die den Besuchern von Masada stets als erste auffielen. Es war schon lange als christliche Kapelle aus byzantinischer Zeit erkannt worden, da sein Grundriß die Identifizierung erleichtert hatte. Die wesentlichen Bestandteile waren eine lange Halle mit einer Apsis an der Ostseite. Die Mauern sind in beträchtlicher Höhe erhalten. Ihr Verputz besteht aus einem Mauerbewurf, in den Gefäßscherben und kleine Steine in dekorativer Anordnung eingelassen sind. Geometrische Figuren und Blütenformen bilden das Muster.

Wir entschlossen uns, hier auszugraben, besonders deshalb, weil der berühmte Gelehrte de Saulcy, einer der ersten, die Masada besuchten, in seinen Memoiren schreibt, er habe in der Haupthalle der Kapelle Teile eines Mosaikfußbodens gesehen. Er fügt unschuldig hinzu, daß er mit Hilfe eines Bakschisch für die ihn begleitenden Beduinen Teile des Bodens abgetragen habe. Zu seinem tiefen Bedauern müsse er aber feststellen, daß der größte Teil des Fußbodens zerstört gewesen und er zur Erinnerung nur ganz wenige Stücke habe mitnehmen können, die er dem Louvre vermacht habe. Als Folge des sicher nicht unbeträchtlichen Bakschisch, das de Saulcy seinen Beduinen gegeben hatte, fanden wir in der Haupthalle nicht die mindesten Anzeichen mehr für einen Mosaikfußboden, ja nicht einmal Teile eines solchen. Einzig in der Westecke waren noch ein paar Fragmente vorhanden, die dafür sprachen, daß hier einst ein Mosaik mit geometrischen Ornamenten gelegen hatte.

Es bestand demnach wenig Hoffnung, irgend etwas von Bedeutung zu entdecken. Da wir nun aber einmal angefangen hatten, wollten wir nicht gleich wieder aufgeben und dehnten unsere Grabung auf die anstoßenden Räume aus. Von der Nordwestecke der großen Halle zweigt nämlich ein langer Raum ab, der offenbar als Wohnung für die Kirchendiener benutzt worden war. Wir fanden dort Regale und Waschgefäße. In einem kleinen Raum jedoch, der an der Nordseite der großen Halle liegt, wurden wir für unsere intensive Arbeit belohnt. Der besonders hoch aufgetürmte Schutt hatte wohl de Saulcy an dieser Stelle vom Graben abgehalten. Als wir in diesem Raum auf den Fußboden vorstießen, fanden wir Teile eines Mosaiks, die den Eindruck erweckten, als sei der Mosaikboden ganz erhalten. Unglücklicherweise waren die Mosaiksteinchen von schlechter Qualität und zerfielen fast schon bei der leisesten Berührung. Es brauchte große Geduld und Erfahrung, um diesen Fußboden freizulegen. Dabei war es ein glücklicher Umstand, daß sich unter den englischen freiwilligen Helfern ein Experte auf diesem Gebiet fand. Mit einigen Kollegen zusammen verbrachte er viele Tage mit der Arbeit an diesem Mosaik. Sie war außerordentlich anstrengend. Über den Boden gebeugt, mußte mit weichen Pinseln sorgfältig und behutsam die Erde entfernt werden. Das Team schaffte täglich nicht mehr als wenige Quadratzentimeter.

Ein byzantinischer Mosaikfußboden aus dem 5. Jahrhundert

Das Bild auf Seite 114, das mit einem Weitwinkelobjektiv aufgenommen wurde, zeigt den gesamten Ostteil des Raumes mit Mauern und Fenstern, wie er sich während der Grabung darbot. Als dann die Reinigungsarbeit vollendet war, lag ein vollständiger byzantinischer Mosaikfußboden vor uns, einer der schönsten, die aus dieser Epoche bekannt sind. Es sind Medaillons mit Pflanzen und Früchten, wie Granatäpfel, Feigen, Orangen und Trauben dargestellt. Nach den stilistischen Merkmalen des Mosaiks konnten wir die Kapelle ins 5. Jahrhundert n. Chr. datieren.

Daneben fanden wir eine Werkstatt, in der die Mosaiksteinchen hergestellt worden waren. Dieser Raum enthielt eine Reihe langer, dünner Steine, zweifellos das Rohmaterial, aus dem die kleinen Mosaikteilchen geschnitten wurden. Detaillierte Untersuchungen des Mosaikbodens in der Kapelle ergaben, daß die Werkstatt ebenfalls der byzantinischen Epoche angehört hatte.

Aus den Ergebnissen unserer Grabung wissen wir heute, daß die byzantinische Siedlung aus einer kleinen Gruppe von Mönchen bestand, die sich im 5. Jahrhundert und später in Masada niedergelassen hatten, ähnlich wie an anderen Plätzen in der judäischen Wüste. Sie suchten Ruhe und Abgeschlossenheit vor den Städten, bevorzugten aber zugleich Plätze mit Gebäuden, die sie benutzen konnten. Die Mönche von Masada lebten in kleinen, über den ganzen Gipfel verstreuten Zellen, oder auch in Felshöhlen, wie aus den an die Höhlenwände gemalten Kreuzen hervorging. Es ist anzunehmen, daß sie den Ort nach der persischen oder islamischen Eroberung des Landes Anfang des 7. Jahrhunderts verlassen mußten. Von da an blieb Masada unbewohnt.

Tausende von länglichen, dünnen Steinen deuten daraufhin,
daß hier die Mosaikwerkstätte war.

Der Mosaikfußboden in der byzantinischen Kapelle nach Ausgrabung und Restaurierung.
Die sechzehn Medaillons enthalten geometrische Figuren, stilisierte Früchte und einen Korb
mit Eiern (mit einem Kreuz geschmückt), 5. Jahrhundert n. Chr.

Mit großer Sorgfalt mußte das Mosaik freigelegt werden.

Gegenüber: Die Freilegung des Mosaiks von Seite 113 war
außerordentlich mühsam.
Zwei Grabungsteilnehmer bei ihrer anstrengenden Arbeit.

Luftaufnahme vom westlichen Palast vor der Ausgrabung, nach Osten.

10 Der Westpalast

Das größte Gebäude Masadas erhebt sich am Westrand des Felsens, nahe der römischen Rampe, und bedeckt ein Gebiet von fast 4000 Quadratmetern. Es hatte alle Masada-Besucher beeindruckt, einige Wissenschaftler sogar veranlaßt, es mit jenem Palast zu identifizieren, den Josephus erwähnt, der aber — wie bereits ausgeführt — an der Nordseite liegt. Größe und Grundriß des westlichen Baues rechtfertigten allerdings die Vermutung, daß es sich um einen Palast gehandelt habe. Während die Umrisse in groben Zügen bereits vor der Ausgrabung sichtbar waren, wurden die Details und der Zweck der Räume erst dann klar, als wir die Grabung abgeschlossen hatten.

Aus dem Grundriß geht hervor, daß der Bau aus drei großen Teilen bestand. Im Südostflügel lagen die Wohnräume, große Zimmer mit kleinen Nebengelassen, um einen zentralen Hof herum angelegt. Im zweiten Flügel, nach Norden anschließend, befanden sich weitere Räume, die gleichfalls einen Hof umgaben. Offenbar hatten sie als Wirtschaftsräume des Palastes gedient. Möglich ist auch, daß der nördliche Teil davon für Wohnungen des Verwal-

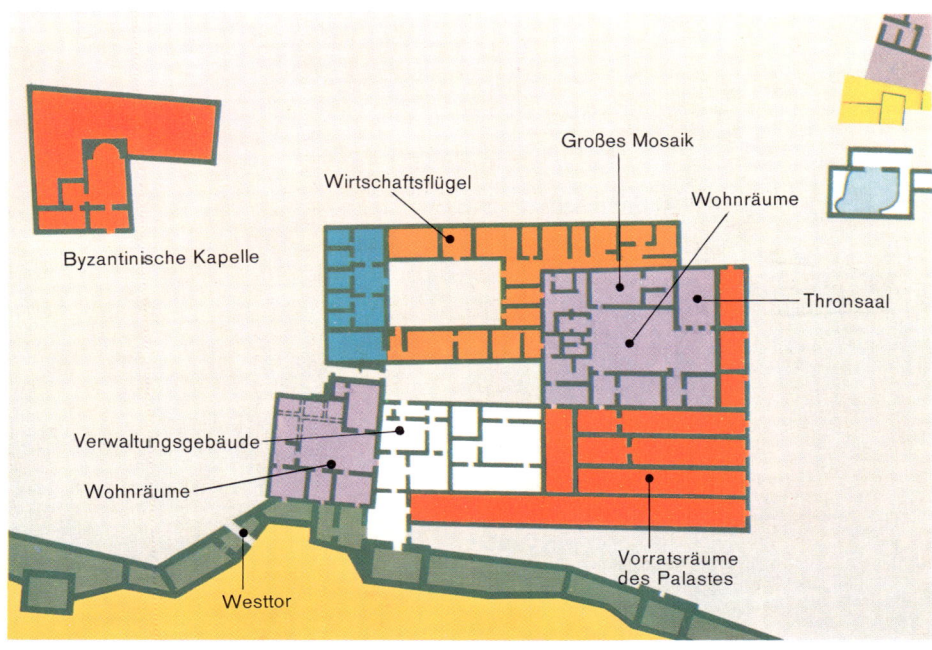

Grundriß des westlichen Palastes.

Ecke des Thronsaales im Palast. Die vier Vertiefungen im Fußboden trugen
wahrscheinlich den Baldachin des Thrones. Der Verputz der Wände ist schwarz,
ein deutlicher Hinweis auf den großen Brand, der hier gewütet hat.

tungspersonals gedacht war. Sein Grundriß ähnelte auffallend dem des früher
erwähnten Wohnhauses. Der dritte Flügel bildet den westlichen Teil des Palastes und schließt an die beiden anderen an. Ursprünglich hatte er wohl die
Lager- und Verwaltungsabteilungen enthalten.

Wir begannen bei der Grabung mit dem ersten Flügel, an der Südostecke.
Der Raum hatte drei Eingänge. Vier verputzte Vertiefungen im Boden hatten wohl einen Baldachin oder Thron getragen. Aus einer beträchtlichen
Aschenschicht, die alles bedeckte, kamen Hunderte von bemerkenswerten
Bronze- und Knochengefäßen zutage, die offensichtlich im Palast verwendet
worden waren. Die Reste zweier stuckierter und bemalter Säulen stellten den
nächsten bedeutenden Fund dar. Wir entdeckten sie innerhalb des Hofes,
dessen Mauern mit weißem Stuck überzogen waren und Steinplatten imi-
tierten. Brandspuren zeigten, daß hier eine Feuersbrunst gewütet hatte. Auf
dem Boden unmittelbar nördlich davon häuften sich riesige Stein- und Schuttberge, was darauf hinwies, daß Teile des Gebäudes ursprünglich zwei Stock-
werke besessen hatten.

Der Hauptpalast
des Herodes
Die Grabung an dieser Stelle nahm zwei Kampagnen in Anspruch. Gruppen
von durchschnittlich fünfzig bis sechzig freiwilligen Mitarbeitern mußten

kräftig zupacken — ja, häufig benutzten sie sogar Kräne —, um die Steine wegzuräumen. Als wir den Platz freigelegt hatten, stellten wir fest, daß es sich
nur um einen Hof mit verputztem Boden handelte. Heute wissen wir, daß
dieser den zentralen Hof des Wohnflügels gebildet hatte, wie aus dem Grundriß hervorgeht. Von ihm aus gelangte man durch eine Halle, an deren Eingang die beiden stuckierten Säulen gestanden hatten, in den Thronraum.

Unsere Grabung erbrachte den Nachweis, daß diese Palastanlage einst ein
Beispiel für die Pracht der Herodianischen Zeit gewesen sein muß. Josephus
hat sich in seiner Beschreibung auf die Palastvilla am nördlichen Ende beschränkt — sie erweckt noch größeres Staunen —, aber zweifellos war der
eigentliche offizielle Palast des Königs der westliche. Das zeigen nicht nur
seine Ausmaße und der Grundriß, sondern auch die prunkvolle Bauweise und
der im einzelnen feststellbare Luxus. Von den Wirtschaftsräumen zum Beispiel gruben wir die Küche aus, und in ihr fanden sich gewaltige Herde, die
größten, die in Masada je gewesen; auf jedem hatten zehn oder zwölf Töpfe
auf einmal Platz.

An der Ostseite des Gebäudes, nahe dem Rückeingang — der als Privat-
eingang des Königs gedient hatte —, wurden wir für unsere Anstrengungen
besonders belohnt. In einem der Räume, die wir wochenlang sorgfältigst ab-
suchten, überraschte uns ein seltsamer und etwas traurig stimmender Anblick.
Wir stießen etwa fünfzig bis fünfundsiebzig Zentimeter über dem Niveau des
ursprünglichen Fußbodens auf Fragmente farbigen Mosaiks in völliger Unord-
nung. Das Erstaunliche war nun einmal, daß wir hier einen mehrfarbigen
Fußboden aus der Zeit des Herodes vor uns hatten, etwas, was uns bis dahin
in Masada noch nicht begegnet war, und zum anderen zeigte er, daß wesentlich später, nach der Brandstiftung der Zeloten, irgend jemand, offensichtlich
bei dem Versuch, durch den Schutt hindurchzugelangen, diesen Boden mut-
willig zerstört hatte. Möglicherweise hatte dort jemand einen Schatz gesucht.

Wie ich schon anmerkte, blieb unsere große Mühe um die Freilegung des
Raumes nicht unbelohnt, denn nach Beendigung der Arbeit stellten wir fest,
daß die Zerstörung nur die westliche Hälfte des Bodens getroffen hatte, während die östliche davon unberührt geblieben war. Sie war im Gegenteil gut
erhalten, und wir konnten hier nicht nur einen der ältesten farbigen Mosaikfußböden unseres Landes freilegen, sondern auch einen der schönsten aus jener
Zeit.

*Ein einzigartiger
Mosaikfußboden*

Es ist auffallend, daß Herodes sogar in seinen eigenen Bauten in Masada
gezögert hatte, die Empfindlichkeit seiner Familie und der jüdischen Bürger
zu verletzen. Deshalb ließ er keine Menschen und Tiere in den Mosaiken dar-
stellen, wie es in jener Zeit sonst üblich war. Geometrische Figuren — wie sie
im Hellenismus, besonders auf der Insel Delos, in der ersten Hälfte des 1. Jahrhunderts v. Chr. beliebt waren — zierten das von uns entdeckte Mosaik. In der
Mitte waren zum großen Teil Pflanzenformen dargestellt, die ein beliebtes
Motiv der jüdischen Kunst waren: stilisierte Olivenzweige, Granatäpfel, Feigenblätter und Weinlaub. Die Künstler hatten alles sehr sorgfältig ausgeführt.
In der Mitte des Mosaikfußbodens war ein Kreis eingelegt, der eine Reihe sich
überschneidender Kreise enthielt. Dieses Ornament war in der damaligen

Umseitig: Blick von Norden auf den Raum, der das farbige Mosaik enthält,
dessen rechter Teil zerstört ist. Dahinter der Eingang zum Thronraum.

119

Zwei Säulen, die den zentralen Hof vom Porticus, der zum
Thronraum führt, trennen. Während der Ausgrabung. Den Hof
bedecken noch Aschenschichten und Steinhaufen *(oben)*.

Der zentrale Hof und der Porticus nach der Ausgrabung.

Der große Herd in der Palastküche.

Ein Teil des vielfarbigen Mosaiks wird freigelegt.

Einer der Freiwilligen
reinigt den Rand des Mosaiks.

Umseitig: Das Mosaik zeigt typische Ornamente jüdischer
Kunst der Epoche: Granatäpfel, Wein- und Feigenblätter
und Kreissegmente in der Mitte.

Der beschädigte Boden gewährt einen Einblick in die Technik des Mosaiklegens:
die Ritzlinien im Verputz erleichtern dem Künstler die Randeinteilung.

Kunst Israels allgemein üblich. Man findet es häufig auch auf Sarkophagen
aus Grabhöhlen, vor allem in der Umgebung von Jerusalem.

Der Schaden, der der westlichen Hälfte des Bodens zugefügt worden war,
enthüllte einen interessanten Aspekt, nämlich die Technik des Mosaiklegens.
Auf dem Verputz, der als Unterlage des Mosaiks diente, waren Linien ein-
geritzt, die Umrisse und Hauptmuster anzeigten und als Vorzeichnung für
die Steinsetzer gedient hatten. (Eine ähnliche Methode war auch bei den
Mosaikböden auf der oberen Terrasse der nördlichen Palastvilla angewandt
worden.) Durch diesen Raum, in der Ausstattung der weitaus prächtigste, erreichte man den Thronsaal.

Auch der nordöstlichste Teil des Wohntraktes zeugte vom Pomp des Herodianischen Westpalastes. Hier kamen die privaten Wirtschaftsräume zutage.
In der Mitte lag ein kleines, gesondertes Bad, das im wesentlichen den übrigen
Bädern Masadas glich. Auch hier gab es ein Kaltwasserbassin und einen Raum
für das Warmbad, der allerdings etwas anders geheizt wurde als die übrigen — nicht durch ein *hypocaustum*, sondern von einem Ofen hinter der

Gegenüber: Das private Bad im West-Palast.

Rückwand aus. Das Bad schloß sich an eine flache, bogenförmige Nische an. Seinen Mosaikboden schmückte ein Muster aus ineinandergreifenden Rechtecken. Der Verputz der Wände war gut erhalten. Eine besaß eine kleine Vertiefung zum Abstellen einer Öllampe. Im übrigen lagen auch in dem schmalen Korridor, der zum Bad führte, Mosaiken, die allerdings weniger aufwendig ausgeführt waren als die im Zugang zum Thronsaal. Ein einfaches Rosettenmuster, das sich aus mehreren, zum Teil ungewöhnlichen Farben zusammensetzt, bildet die Mitte.

Der erstaunliche Kontrast zwischen dem Masada des Herodes und dem Masada der belagerten Zeloten war auch hier wieder offenkundig. Auf dem Boden entdeckten wir aufgemauerte Reste, die ein Spind oder ein Ofen gewesen sein konnten. Die Einbauten waren ohne jede Rücksicht auf den luxuriösen Mosaikfußboden vorgenommen worden.

Die Aufnahme gegenüber zeigt den schönen Herodianischen Fußboden mit den bescheidenen Aufbauten der Zeloten darauf. Wir haben sie nicht entfernt, denn sie vermitteln einen Eindruck von der Gegensätzlichkeit der beiden Epochen.

Ebenso eindrucksvoll wie die ersten beiden Flügel des Palastes sind auch die Vorratsräume im westlichen Flügel. Sie zeigen, daß der Palast so angelegt war, daß seine Bewohner unabhängig von den übrigen öffentlichen Bauten und zentralen Vorratsgebäuden von Masada leben konnten. In der Größe unterscheiden sich die Palastvorratsräume von den übrigen Vorratsräumen im Norden. Der äußere Raum (im äußersten Westen) ist 70 m lang und damit bei weitem der längste Vorratsraum, den wir in Masada ausgruben.

Im Gegensatz zu den öffentlichen Vorratshäusern hatten diese Palastvor-

Diese Nische hatte zur Aufnahme einer Öllampe gedient.

Ein Vorratsflügel des Palastes nach der Ausgrabung, nach Norden. Links der längste Vorratsraum Masadas, 70 m lang.
Gegenüber: Mosaikfußboden im Gang zum privaten Bad. Im Hintergrund primitives Mauerwerk der Zeloten.

Luftaufnahme des
westlichen Palastes,
nach der Ausgrabung.
Rechts im Vordergrund
das Schwimmbecken
und einer der kleinen
Paläste (Villen).

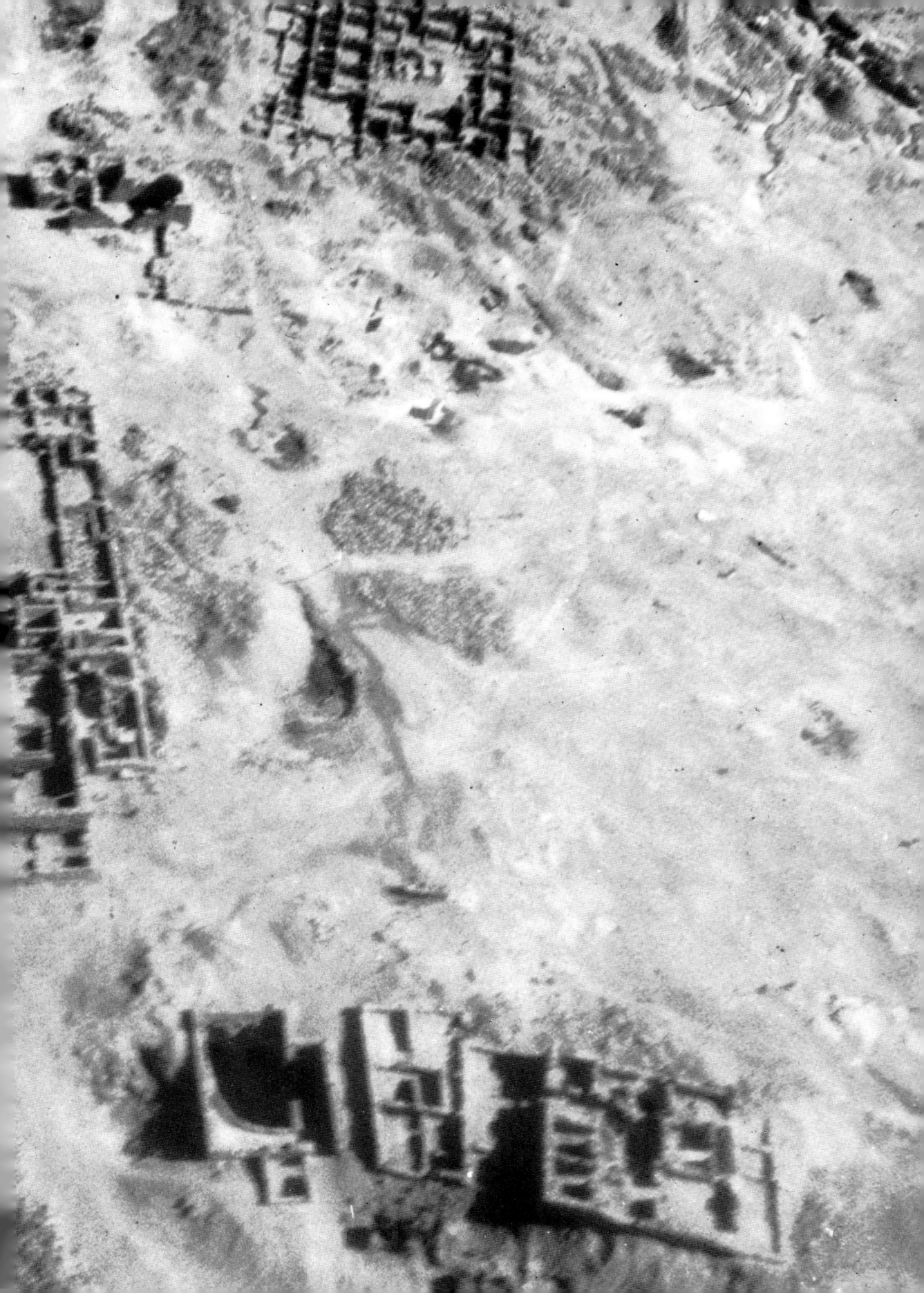

ratskammern zur Zeit des Herodes teure Waren enthalten, um seinem anspruchsvollen Geschmack gerecht werden zu können. Wir fanden Reste von Hunderten zierlicher Gefäße, wie etwa Flakons und kleine Krüge für kosmetische Öle.

Es ist anzunehmen, daß selbst in den Tagen des Aufstandes, als der Palast sicher für Verwaltungszwecke benutzt wurde, seine Vorratsräume Nahrungsmittel enthielten, die einer Spezialbehandlung bedurften. Auf dem Boden des langen Vorratsraumes fanden wir Hunderte, ja vielleicht sogar Tausende von zerbrochenen Krügen, in denen offenbar kostbarere Waren gelagert worden waren als in den Gefäßen der nördlichen Vorratsgebäude. Das ging vor allem aus den Aufschriften in bestem Hebräisch hervor. Die Ware war differenziert angegeben: ›zerstoßene, gepreßte Feigen‹, ›gepreßte Feigen‹ und ›getrocknete Feigen‹. Die gepreßten oder getrockneten Feigen stellten wohl in Zeiten der Belagerung das wichtigste Nahrungsmittel dar. Sie ließen sich leicht lagern und hatten in geringsten Mengen hohen Nährwert.

Der Haupteingang zum Palast lag im Norden. Es war ein langer Gang mit sorgfältig geglätteten Wänden. Von diesem Korridor aus erreichte man auch den Wirtschaftstrakt, die Vorratsräume und den Wohnflügel. Im Nordteil des Palastes entdeckten wir unter dem Boden einen Brunnen, der von Kanälen gespeist wurde, die das Regenwasser der Dächer auffingen. Dieser Brunnen

Vorratsräume mit einer Unmenge zerbrochener Krüge

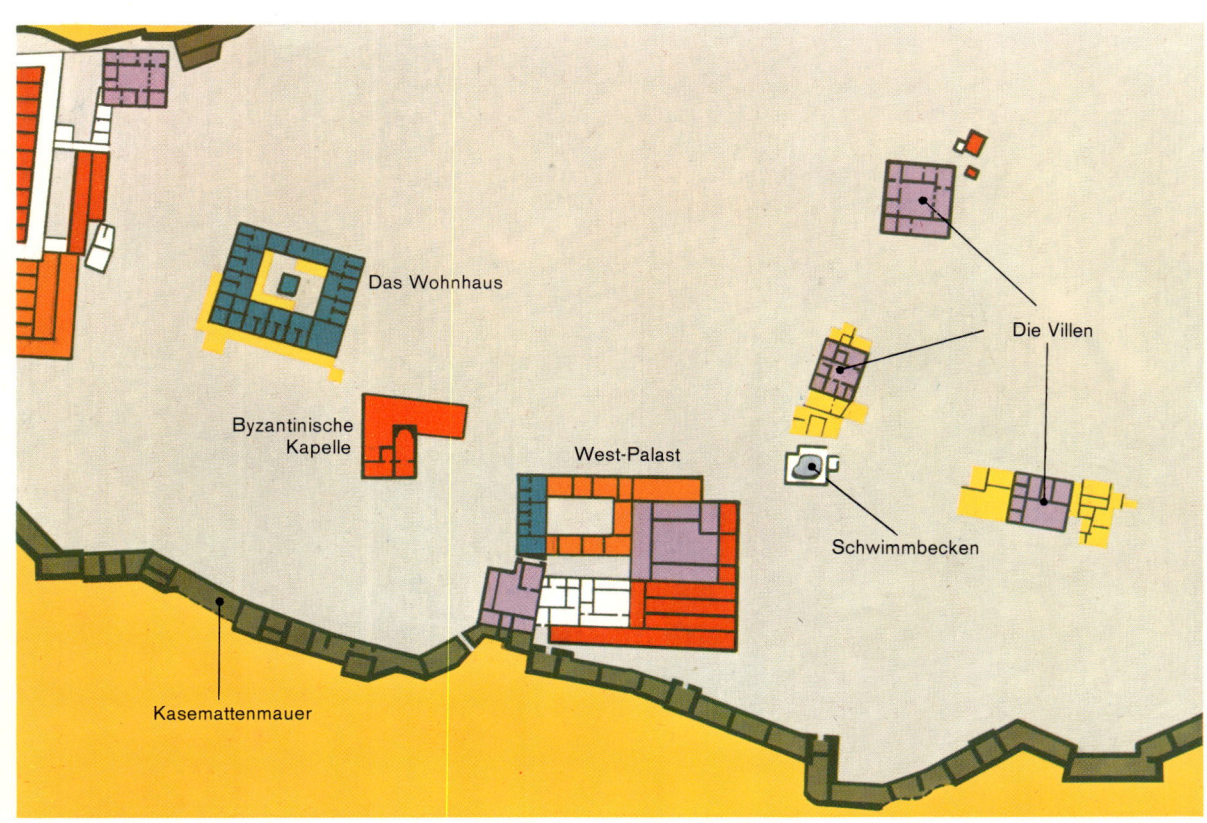

Lageskizze vom Mittelteil Masadas mit dem Schwimmbecken und mehreren kleineren Palästen (oder Villen) im Südosten des westlichen Palastes.
Gegenüber: Das Schwimmbecken vor der Ausgrabung, nach Nordwesten, der westliche Palast liegt rechts oben. Vgl. dazu die Aufnahme auf Seite 135.

hatte den Zweck, die Bewohner des Palastes von den übrigen Bauten Masadas unabhängig zu machen; sie waren somit Selbstversorger an Nahrungsmitteln und Wasser.

Der Palast enthielt alle Einrichtungen, deren Herodes bedurfte. Wir fanden aber noch eine Reihe Villen, die nach dem Vorbild des Palastes angelegt waren, nur kleiner und bescheidener. Zwei davon liegen im Osten des Palastes auf kleinen Hügeln und gewähren einen herrlichen Ausblick auf das Tote Meer. Zwei andere befinden sich in der Nähe des Vorratstraktes und eine weitere südlich des westlichen Palastes. Diese fünf Villen waren zweifellos für die Familie des Herodes, seine Frauen und Brüder, gebaut worden.

Bevor diese kleinen Bauten beschrieben werden, bedarf noch eine weitere Anlage der Erwähnung, die zwischen dem westlichen und einem der kleinen Paläste liegt. Wir bemerkten eine große Senke im Boden, die wir zunächst nicht zu erklären vermochten. Nachdem wir aber mit großer Energie — hier arbeitete vor allem unsere dänische Krankenschwester — den Schutt beseitigt hatten, wurde klar, daß es sich hier um ein Schwimmbecken oder öffentliches Bad handelte. Durch Verputz geglättete Stufen an der einen Seite des großen Bassins erlaubten das Baden sogar bei der kleinsten Wassermenge. Rings um das Bassin waren Wände mit Nischen aufgeführt, die wohl als Kleiderablage gedient hatten. Das Bild nebenan zeigt das Bad nach Ausgrabung und Wie-

Ein großes öffentliches Bad

derherstellung. Dieses Schwimmbad bewies erneut, wie groß Erfahrung, Erfindungsgabe und der rein physische Arbeitsaufwand waren, die Herodes und seine Baumeister für Wasseranlagen investierten. Offensichtlich hatten auch die jüdischen Aufständischen das Bassin benutzt, denn auf dem Boden waren Münzen und andere Gegenstände aus jener Zeit verstreut.

Ausgrabung der fünf Villen

Zurück zu den kleinen Villen. Wie ich bereits andeutete, waren sie nach dem Muster des großen Palastes, namentlich nach Art der Räume um den großen Hof, angelegt. Die eine Seite, meist die südliche, bestand aus einer überdachten, von zwei Säulen flankierten Halle, durch die man in den Hauptraum des Gebäudes gelangte. Die Villen waren zum großen Teil sehr zerstört. Während des Aufstandes hatten viele Familien darin gewohnt. Sie hatten Wände eingezogen und Abteilungen hinzugefügt, so daß der palastartige Charakter der Bauten fast verschwunden war. Die einst ansprechende Ausschmückung konnten wir an Hand eines Gebäudes ermitteln, das südöstlich des Vorratsgebäudekomplexes liegt, unmittelbar neben einem Steinbruch. Die Steine häuften sich an dieser Stelle zu massiven Lagen und verdeckten die Ruinen völlig. Wir mußten sie mit Kränen entfernen.

Gleich zu Beginn der Grabung wurde unser Interesse an diesem Bau geweckt, weil wir in den südlichen Ruinen Anzeichen für Wandmalereien, ähnlich denen der nördlichen Palastvilla und der Thermen, erkannten. Tatsächlich stellte es sich heraus, daß diese Wandmalereien sehr gut erhalten waren.

Die Photographie auf den Seiten 136 und 137 zeigt eine Wand dieses kleinen Palastes so, wie sie sich unmittelbar nach der Grabung darbot, d. h. noch vor der Konservierung. Der untere Teil war mit schwarzen und roten Rechtecken bemalt. Wir entfernten die Malereien von den Wänden, verstärkten ihren Hintergrund und reinigten die Farben. Heute sind sie wieder am originalen Platz zu sehen, und der Besucher kann sich von der Leuchtkraft der Farben überzeugen und die Künstler des Herodes bewundern.

Die Paläste von Masada — der nördliche, der westliche und die fünf kleinen — bestätigen mehr als alles andere die Angabe des Josephus, Masada sei eine königliche Zitadelle gewesen, ein Zufluchtsort für Herodes und seine Familie in gefahrvollen Zeiten. Sie sollte zugleich einen Lebensstil erlauben, an den sich die königliche Familie in Jerusalem und anderen Städten Palästinas gewöhnt hatte.

Einen weiteren seltsamen Bau aus der Herodianischen Zeit fanden wir im südlichen Teil des Masadagipfels. Zuerst untersuchten wir den Schutt an dieser Stelle und stellten fest, daß er zum größten Teil aus zusammengefallenen Steinwänden mit Nischen bestand. Deswegen hatten frühere Gelehrte den Bau für ein *columbarium* gehalten. Wir begannen auf gut Glück mit der Arbeit. Nach Beendigung der Grabung hatten wir einen Rundbau vor uns, der durch eine Mauer mit einer Öffnung in der Mitte in zwei Hälften geteilt war. Die kleinen Zellen oder Nischen befanden sich an den Innenseiten der Außenmauern und zu beiden Seiten der Trennmauer. Offensichtlich war der Bau auch nach der Herodianischen Zeit benutzt worden, sowohl von den Zeloten als auch im besonderen von byzantinischen Mönchen. Sie hatten einen zweiten Boden, 70 cm über dem ursprünglichen Fußboden eingezogen. Die-

Gegenüber: Das Schwimmbecken nach der Restaurierung. Die Nischen in der Mauer dienten als Kleiderablage. *Umseitig:* Fresken aus einer der Villen. Zweifellos gleichen sie den Wandmalereien der Palastvilla des Herodes. In der Ecke hatten die Zeloten einen Ofen errichtet, ohne auf die Malereien zu achten.

sem entnahmen wir Gefäße und andere handwerkliche Erzeugnisse aus der byzantinischen Periode.

Oberflächlich betrachtet erinnern die kleinen Zellen, wenn nicht die gesamte Anlage überhaupt, an Nischenwände, wie sie vor allem im Süden des Landes, aber auch im Norden, zu finden sind. Über ihren Zweck haben die Wissenschaftler verschiedene Theorien entwickelt. Einige hielten sie für die im Orient üblichen Taubenschläge. Man habe die Tauben gezüchtet, um den Mist als Düngemittel zu verwenden. Andere wieder meinten, daß es sich zwar um Taubenschläge handle, aber im Zusammenhang mit religiösen Gebräuchen. Die Kleinheit der Nischen einerseits und die Großzügigkeit des Baues auf der anderen Seite riefen Zweifel an diesen Theorien hervor. Um das Problem zu lösen, wollten wir einen Versuch machen. Unser Bauexperte Moshe Yoffe züchtet Tauben. Eines Tages brachte er ein sehr kleines Täubchen für das Experiment mit nach Masada. Das Bild rechts zeigt, wie er zunächst mit Schmeichelei, dann mit Gewalt versucht, das Tier in eine der Nischen zu setzen. Aber vergebens. Die Nischen waren zu klein.

Der als *columbarium* bezeichnete Rundbau, nach Westen. Die Nischen in der Trennmauer und an den Innenseiten der Außenmauer hatten die Theorie aufkommen lassen, daß es sich um einen Taubenschlag handle.

Inzwischen sind wir zu der Überzeugung gekommen, daß dieser Bau, wie ähnliche, wenn auch größere in Italien, zur Aufnahme der Asche Verstorbener bestimmt gewesen ist. Es ist möglich, daß Herodes ihn errichten ließ, damit diejenigen Minister, Höflinge und Diener, die keine Juden waren, dort beigesetzt werden konnten.

Im nordwestlichen Teil der Festungsmauer fanden wir noch zwei weitere derartige Bauten, zwar nicht rund, sondern rechteckig, aber mit ähnlichen Nischen in den Wänden. Sie haben wohl den gleichen Zweck erfüllt.

Unser Maurerexperte versucht erfolglos, in einer der Nischen eine Taube unterzubringen.

Nahaufnahme der *columbarium*-Nischen, nach Osten.

Stoffreste aus einem Kasematten-Raum. Es
handelt sich um Reste von Tuniken und Taschen.

11 Die Kasematten-Mauer

Der gesamte Gipfel Masadas, mit Ausnahme der äußersten Nordspitze, wird von einer Mauer umschlossen. Am Nordende zieht sie sich nur bis zum Südteil der Palastvilla hin, so daß die Villa selbst außerhalb der Mauer liegt — eine Tatsache, die der Beschreibung des Josephus entspricht.

Wir wußten schon vor Beginn unserer Grabung durch Josephus, die Luftaufnahmen und eine Versuchsgrabung, daß es sich um eine Kasematten-Mauer handelte, d. h. um eine durch einen Zwischenraum getrennte doppelte Mauer. Der Zwischenraum selbst wurde durch Trennwände in Räume unterteilt. Dieser Kasematten-Typ war im 1. Jahrhundert v. Chr. sehr beliebt, denn die Zimmer in der Mauer brachten nicht nur militärische Vorteile. Sie dienten auch als Vorratsräume, Truppenunterkünfte und als Basis einer Brustwehr mit Schießscharten. Außerdem wurde dabei viel Baumaterial gespart. Josephus beschreibt die Mauer folgendermaßen:

Er (Herodes) baute auch eine Mauer um den gesamten Gipfel herum, die sieben Achtelmeilen lang war (ungefähr 1200 m) und aus weißem Stein bestand. Ihre Höhe betrug zwölf, ihre Breite acht Ellen. Auf der Mauer selbst wurden achtunddreißig Türme errichtet, von denen wiederum jeder einzelne fünfzig Ellen hoch war; von ihnen gelangte man in niedrigere Bauten, die an der Innenseite der Mauerrundung entlang errichtet wurden.

Die Maße, die wir für die Mauer feststellten, entsprachen im großen und ganzen den Angaben des Josephus. Sie ist ungefähr 1300 m lang, der Zwischenraum 4 m breit. Zweifellos ist die Höhenangabe bei Josephus übertrieben. Sie beruht vielleicht auf einer optischen Täuschung, der jemand leicht unterliegen kann, der die Mauer von außen betrachtet; denn sie ist nicht an allen Stellen gleich hoch, sondern variiert dem Terrain entsprechend. Wo der Fels selbst höher steht, sieht die Mauer auch höher aus als in Wirklichkeit und umgekehrt.

Ungenauigkeiten des Josephus in der Beschreibung der Kasematten-Mauer

Auch bei der Materialangabe ist Josephus ungenau. Die Mauer besteht aus hartem Dolomit, der in Masada gebrochen wurde. Josephus sagt, sie sei aus ›weißen Steinen‹ errichtet. Dieser Eindruck wurde wohl durch den ursprünglichen weißen Verputz hervorgerufen. Wir fanden an vielen Stellen Fragmente dieses ehemaligen Bewurfs.

Etwa 110 verschieden große Räume befanden sich in der Mauer und den Türmen. Ihre Länge variierte zwischen 6 und 35 m. Die mittleren Behausun-

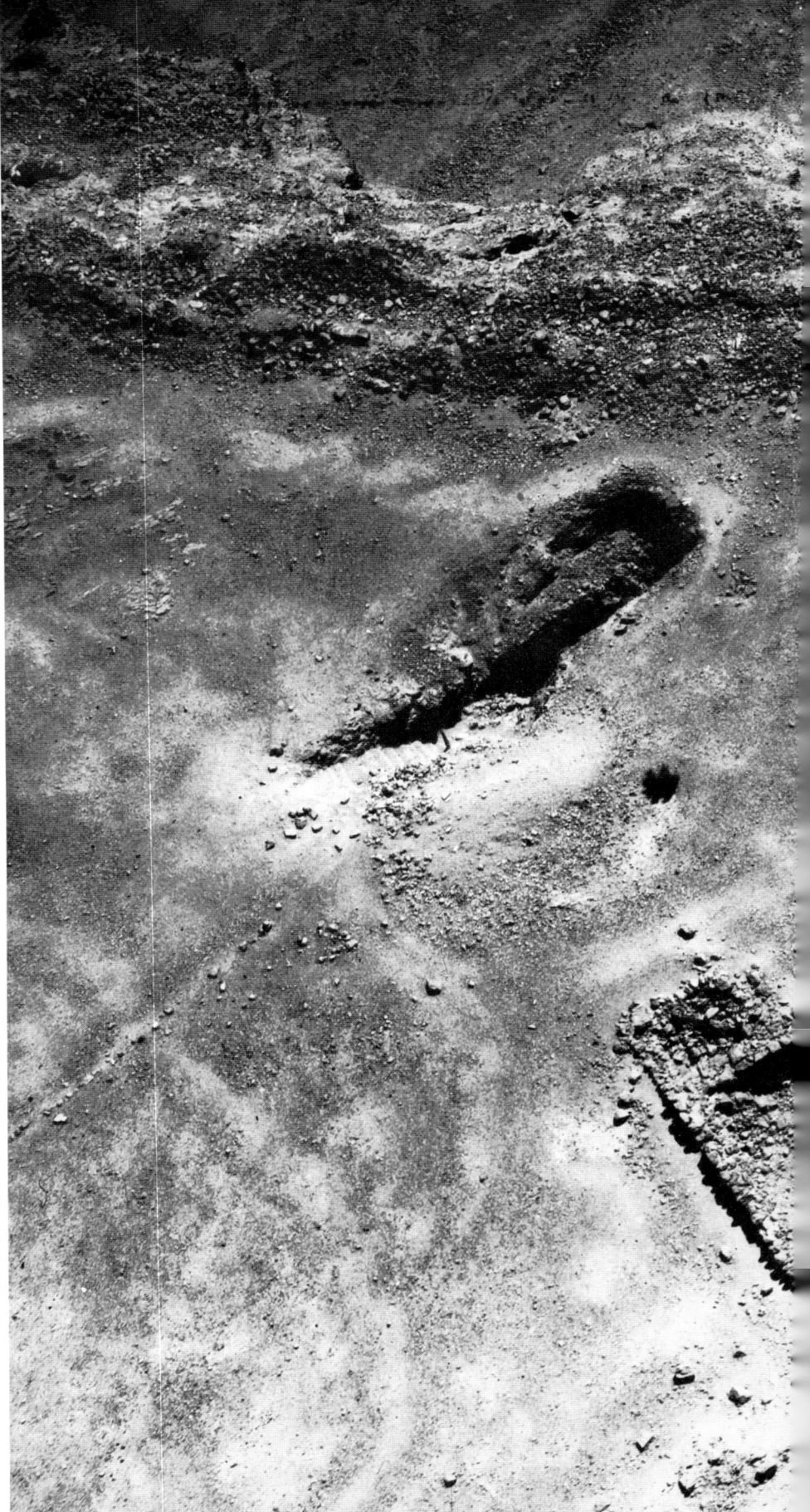

Der Südostteil Masadas
vor der Ausgrabung.
Aus der Luftaufnahme
ist die Kasematten-
Mauer zu erkennen.
In der Mitte des Bildes,
etwas nach links,
der Eingang
zum unterirdischen
Wasserspeicher.

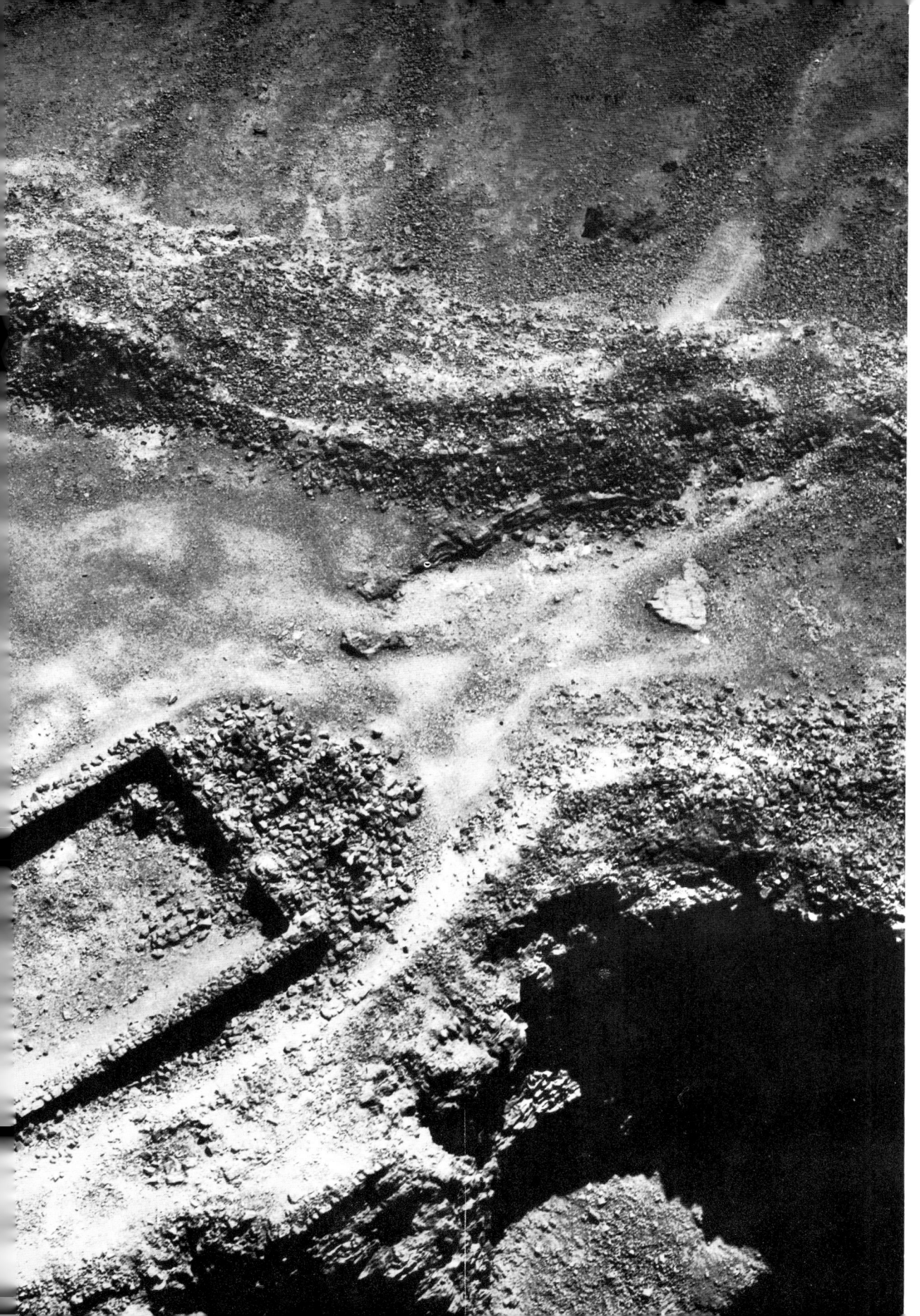

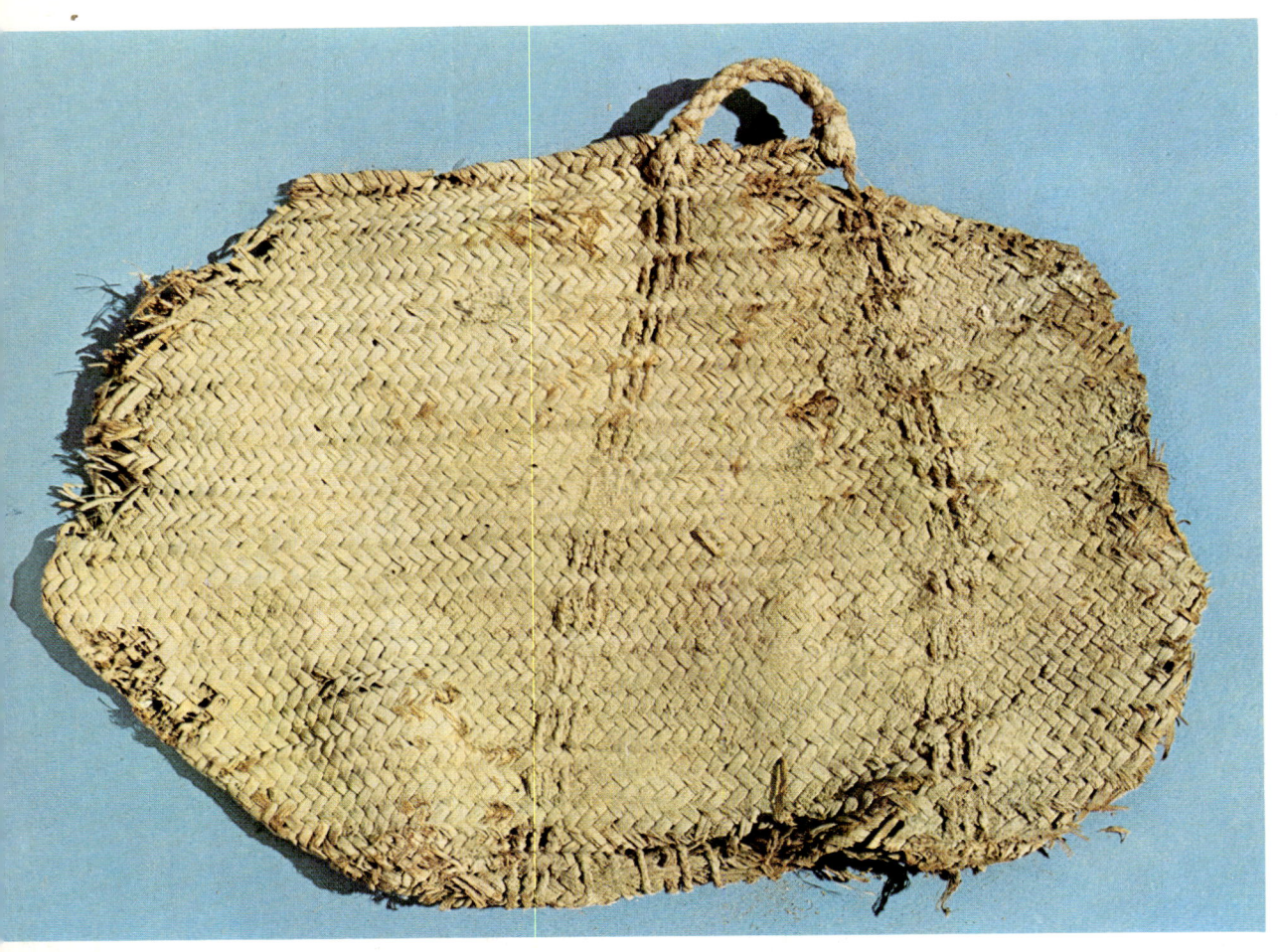

Ein Korb, aus Palmwedeln geflochten. Die Palmwedel stammten wahrscheinlich aus der nahe gelegenen Oase Ein-Gedi.

gen waren im Durchschnitt 12 bis 15 m lang. Meistens war der Naturfels nicht geglättet worden, so daß der ursprüngliche Boden der Kammern rauh und uneben geblieben war.

Bei der Ausgrabung der Mauer verfolgten wir vor allem das Ziel, die Bauweise zu klären und genaue Ausmaße festzustellen. Aber während der Arbeit erwiesen sich die Grabungen gerade hier lohnender als an allen anderen Stellen, da sie die aufregendsten Entdeckungen aus der Zeit des Aufstandes lieferten. Wie vermutet, boten die Kasematten-Räume eine ausgezeichnete Möglichkeit zur Unterbringung von zahlreichen Rebellen und ihren Familien; denn das Masada des Herodes war ja weder für diesen Zweck noch für die Beherbergung so vieler Menschen angelegt worden. Die Paläste konnten nur ein paar Menschen Unterkunft bieten, während gleichzeitig einige der öffentlichen Bauten von den Zeloten für Verwaltungszwecke und Kommandostellen beschlagnahmt wurden. Zudem gab es in Masada kaum mehr Platz für Wohn-

Geräte aus Elfenbein und Knochen: links und in der Mitte Spindel
und Rocken, darüber zwei Eierlöffel, rechts ein Würfel, unten: Spachtel.

anlagen größeren Umfangs. Die Räume in der Kasematten-Mauer waren für
sie also ein Geschenk Gottes.

Die Zeloten hatten den Kasematten weitere Anbauten hinzugefügt, bescheidene Bauten allerdings, übrigens fast ihre einzigen in Masada. Die größeren Räume teilten sie durch Trennwände in kleinere, um mehr Familien
unterzubringen. Daneben hatten sie auch für Abstellräume und Ziegelöfen
gesorgt. Als wir die Kasematten-Wohnungen ausgruben, fühlten wir uns
so vollkommen in das tägliche Leben der Zeloten zurückversetzt, daß wir die
letzten Minuten vor ihrem Selbstmord mit Schrecken nacherlebten.

Die Ausgrabung ließ sich hier besonders schwierig an. Die Mauer war
in ihrer ganzen Länge von 1300 m eingefallen und manchmal sogar über den
Abgrund gekippt, so daß sie wie ein großer Steinring Masada umzog. Zahlreiche freiwillige Helfer, fast unser gesamtes Personal, hatten elf Monate nur
mit Räumung der Mauer zu tun. Um anzudeuten, wie sie vor der Grabung

*Die Kasematten
als Wohnungen
der Zeloten*

aussah, zeigt das oben stehende Bild einen Abschnitt vom Südteil. Die doppelten Mauern sind kaum erkennbar. Aber auf dem später aufgenommenen Photo der gleichen Stelle — also nach der Grabung — sind beide Mauerzüge deutlich sichtbar.

Im Gegensatz zu den öffentlichen Bauten, die wir alle bis auf die Grundmauern zerstört vorfanden, so teilt es auch Josephus mit, waren die Wohnräume der Zeloten in der Kasematten-Mauer nicht in Brand gesteckt worden. Es scheint, als hätten sich die Verteidiger Masadas gesagt, es sei ohne Bedeutung, wenn diese bescheidenen Unterkünfte in die Hände der Eroberer fielen. Auf dem Boden der Räume lag allerlei Hausrat; dabei waren auch Gegenstände aus anfälligem Material wegen des trockenen Klimas sehr gut erhalten. So entdeckten wir einen hölzernen Kamm, ein Büchschen für Augenschminke und eine ganze Anzahl von Steingefäßen, ›Maßgefäße‹, die täglich benützt worden waren, weil das Material die rituelle Reinheit garantierte; außerdem Überreste von Kleidung und Säcken, die damit zu den frühesten

Gegenüber: Teil der südlichen Kasematten-Mauer vor der Ausgrabung, nach Osten.
Rechts, etwa 300 Meter tiefer, die römischen Lager.
Oben: Der gleiche Abschnitt der Kasematten-Mauer nach der Ausgrabung:
die beiden Mauerzüge, der Zwischenraum planiert. Rechts wieder die römischen Lager,
im Hintergrund das Tote Meer und die Berge von Moab.

Bronzetiegel und Bronzekrug, unter dem Fußboden eines Kasemattenraumes gefunden.

Öllampen aus Ton, wie sie für das 1. Jahrhundert n. Chr. charakteristisch sind. In den Unterkünften der Zeloten fanden wir zahlreiche solcher Lampen.

Eine Muschel aus dem Roten Meer. Sie wurde als Schminkpalette verwendet.

Kosmetikgerät aus den Zelotenwohnungen. *Von links nach rechts:* eine Palette
mit zwei Näpfchen, zwei Bronzestäbe zum Auftragen der Augenschminke,
Parfumbehälter aus Ton, bronzener Spiegelhalter, hölzerner Kamm.

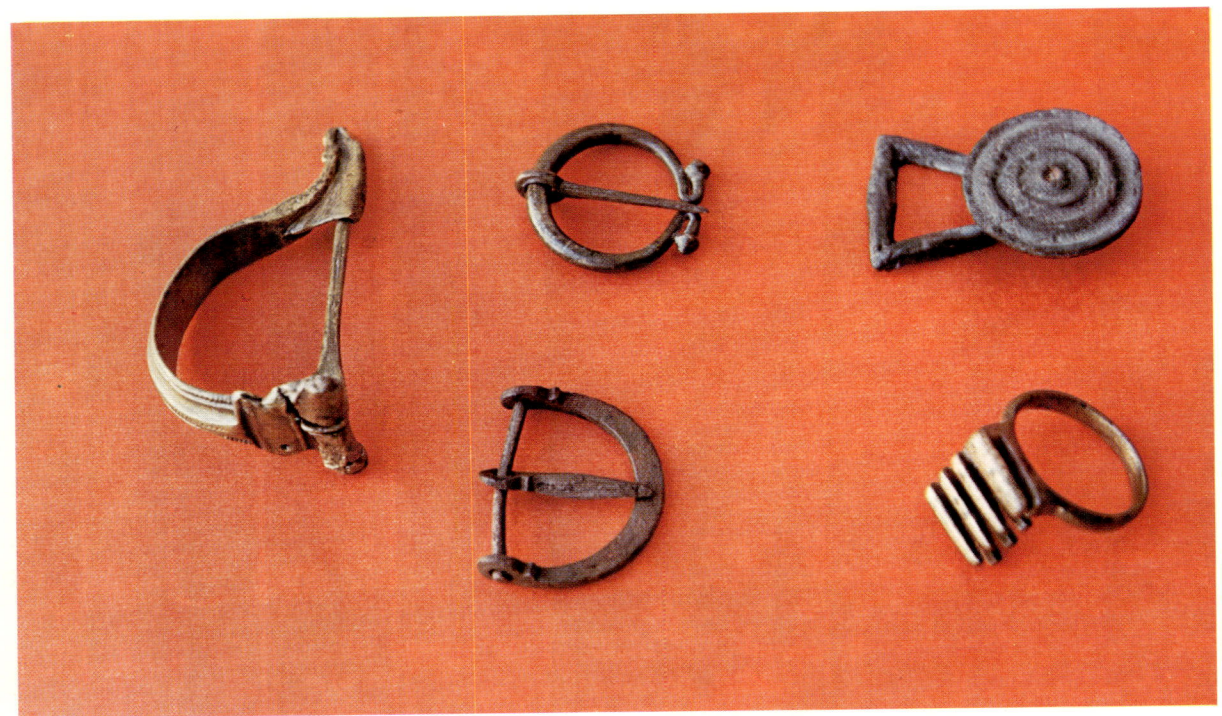

Oben: Bronzegerät: eine Fibel *(links);* zwei Schnallen *(Mitte);* ein Ringschlüssel *(rechts unten)* und ein Knopf *(rechts oben).*
Unten: Siegelringe, der erste und zweite von links in der unteren Reihe sind aus Gold.

Goldenes Pektoral mit Halbedelsteinen eingelegt.

Steingefäße aus weichem Stein, darunter Maßgefäße und Schüssel.
Spuren der Bearbeitung sind noch deutlich sichtbar.

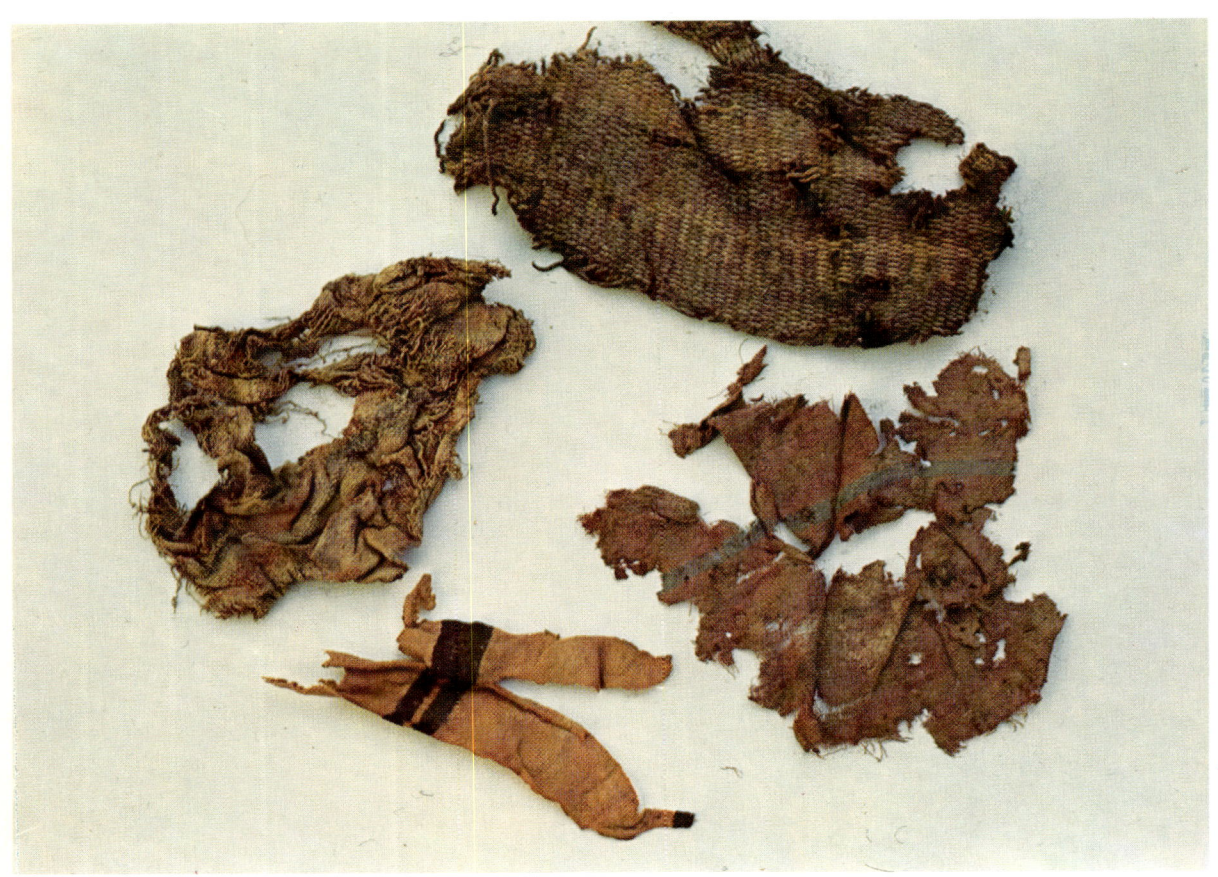

Reste von außerordentlich fein gewebten Wollstoffen.

Interessante Funde
aus den Kasematten

und umfassendsten Funden an Textilien aus der römischen Zeit gehören. Vor der Ausgrabung in Masada stammten die frühesten Textilien von den Höhlen des Bar Kochba aus den Jahren 132—135 n. Chr.

Beim Ausräumen der Kasematten-Zimmer hatten wir häufig das Gefühl, sie seien vor kurzem erst verlassen worden; noch immer hatten sie etwas von häuslicher Atmosphäre, denn u. a. waren die weißen Wände über den Kochherden verrußt. Es gab Kammern, die zunächst so aussahen, als hätte nie ein Brand in ihnen gewütet. Aber in einer Ecke fanden wir dann manchmal einen Aschenhaufen mit Kleiderresten, Sandalen, Hausrat und Kosmetikbehältern, der bezeugte, daß vielleicht in den allerletzten Minuten vor dem Ende die Familie ihre bescheidene Habe zusammengetragen und angezündet hatte — entsetzliche Geschehnisse, wie sie auch Josephus beschreibt.

Die Wohnunterkünfte in den Kasematten hatten nicht für alle ausgereicht. In der Nähe der Mauer und der öffentlichen Bauten, wie überhaupt auf dem ganzen Plateau, befanden sich Reste einfacher Lehmziegelbauten oder Hütten mit dünnen Wänden, die offensichtlich in großer Eile aufgeführt worden waren. Sie sollten wohl die zusätzlichen Familien aufnehmen, die sich gegen Ende des Aufstandes in Masada versammelt hatten. Auch in diesen Hütten

Verkohlte Aschenreste zeugen von den letzten tragischen Augenblicken Masadas.

gab es Hinweise auf das, was sich in den letzten Augenblicken ereignet hatte. So vor allem in den Küchen neben den Kochstellen, wo der plötzliche Abbruch des Lebens am deutlichsten wurde. Hier stießen wir auf interessante Ofen- und Feuerstellentypen. Der übliche Ofen hatte zwei Öffnungen. Einmal fielen uns fast ganz erhaltene Kochtöpfe und Kessel neben dem Ofen auf. In der Ecke eines Raumes stand ein vollkommen verkohlter Kochtopf. Es gab aber auch Öfen vom höher entwickelten Typ mit Nischen im oberen Teil, die wahrscheinlich dafür gedacht waren, die Schüsseln aufzunehmen, während das Essen ausgeteilt wurde. Von diesem Typ waren einige besonders große Öfen vorhanden, daneben Überreste von Öl- oder Mehlkrügen und Reisigbündel.

In den Räumen der Kasematten-Mauer lagen Hunderte von Münzen aus der Zeit des jüdischen Aufstandes, zuweilen zweihundert oder dreihundert auf einem Fleck. Sie waren als offensichtlich wertlose Objekte weggeworfen worden (bei dem nahen Ende hatten sie ja auch allen Sinn verloren). An einigen Stellen stießen wir aber auch unter dem Boden auf vergrabene Schätze.

Die Ausgrabung der Kasematten-Räume machte uns mit den militärischen Problemen der Verteidiger von Masada vertraut. An einigen strategisch wichtigen Punkten, wie etwa dem beherrschenden ›Schlangenpfad‹ im Osten, aber auch an Stellen, wo man den besonders steilen Südabhang überschaut, erblickten wir mehr als ein Dutzend riesiger runder Steine, die jeweils etwa 100 Pfund wogen. Sie waren im allgemeinen auf den Dächern gelagert worden und wahrscheinlich auf den Boden gefallen, als die Dächer einbrachen. Ließ man sie die Abhänge hinabrollen, so wirkten sie sicher für jeden, der den Gipfel an diesen Stellen zu erklimmen suchte, tödlich. Diese Waffen waren aber nie benutzt worden, weil die Römer Masada nur an einem Punkt, nämlich an der Westseite, angriffen. Sie errichteten die bereits erwähnte große Rampe, an deren Ende ein Belagerungsturm und Katapulte aufgestellt wurden. Von dort aus richteten sie ihr Katapult-›Feuer‹ auf einen schmalen Teil der Mauer, um über die Bresche dann den Gipfel zu stürmen. Deckung gaben ihnen die Bogenschützen im Belagerungsturm. Hunderte von Wurfsteinen in der Größe einer Grapefruit kamen dort zutage, die die römischen Katapulte gegen die Mauer von Masada geschleudert hatten. Die verzweifelte militärische Lage der Verteidiger wird allein schon aus dem Vergleich der großen Zahl römischer Geschosse mit den wenigen Rollsteinen klar, die unbenutzt liegengeblieben waren. (Vgl. die Bilder auf den Seiten 162–163.)

Die Katapultsteine bestätigen die Beschreibung des Josephus vom Angriff der Römer unter dem Kommando des Generals Silva. Vom historischen Standpunkt aus sind die Schriftrollen, auf die wir später zu sprechen kommen, der wichtigste Fund aus den Räumen der Kasematten-Mauer.

Ofen, Krug und unbenutzte Holzspäne, genauso wie wir sie entdeckten.

Umseitig: Eine charakteristische Zelotenwohnung in der Kasematten-Mauer. Die
Wand hinter dem Ofen ist verrußt, die Nische wurde wohl als Wandbord verwendet,
und ganz links in der kleinen Öffnung hatte eine Öllampe gestanden.

Vertiefungen im Ofen zum Abstellen der Schüsseln.

Ein Ofen mit verrußten
Töpfen daneben führte
uns das tägliche Leben
der Zeloten vor Augen.

Ein junger Mann aus
einem Kibbuz
legt geduldig einen
Kochtopf frei.

So wurden die Töpfe
aus dem Schutt geborgen.

Unten: Etwa 90 Pfund schwere Steine an einem strategisch wichtigen
Punkt der Kasematten-Mauer, in der Nähe des Schlangenpfades.

Links: Die römischen Steingeschosse hatten etwa
die Größe einer Orange oder Grapefruit.
Die meisten von ihnen fanden sich an der Mauerstelle,
wo die Römer eine Bresche geschlagen hatten.

163

12 Das rituelle Bad (mikwe)

Die südlichen Kasematten hielten für uns eine besondere Überraschung bereit. Nachdem wir in einem der Räume den Schutt beseitigt hatten, erblickten wir nämlich drei nebeneinanderliegende Bassins — ein großes, ein mittleres und ein kleines. Im großen und mittleren Becken führten Stufen bis zum Boden hinab. Ein Durchlaß in der Wand zwischen diesen beiden Bassins sorgte dafür, daß das Wasser aus dem einen Becken in das andere fließen konnte. Wie auf dem entsprechenden Bild erkennbar, führte außerdem in das größere der beiden ein durch Putz geglättetes Rohr. Es hatte als Zuleitung für Regenwasser gedient, das auf dem Dach und in der nächsten Umgebung aufgefangen wurde.

Die wichtige Entdeckung eines rituellen Tauchbades

Sofort vermuteten wir, ein rituelles Tauchbad — hebräisch *mikwe* — vor uns zu haben. Auf einer der Pressekonferenzen, die von Zeit zu Zeit routinemäßig abgehalten wurden, gaben wir dieses Ergebnis bekannt. Die Nachricht von einem *mikwe* aus der Zeit des Zweiten Tempels verbreitete sich schnell und erregte vor allem in orthodoxen religiösen Kreisen und unter den Talmudgelehrten Interesse; denn die auf das rituelle Bad bezogenen Talmudgesetze

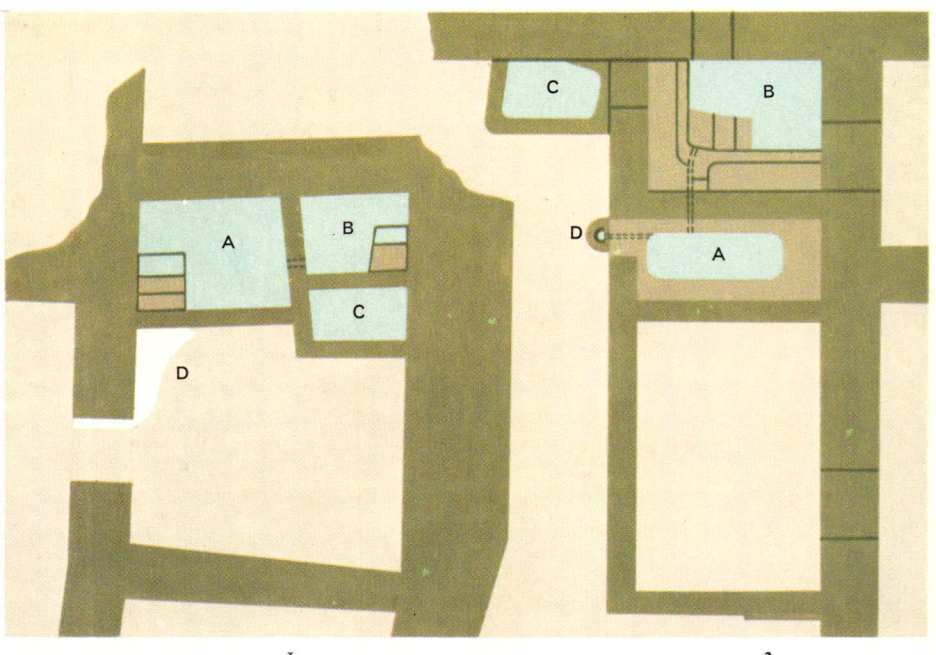

1   2

Grundrisse des südlichen (1) und eines weiteren *mikwe* (2) im Nordteil Masadas, im Hof des Verwaltungsgebäudes. Beide Anlagen gleichen sich in der Funktion der Becken:
A = Becken zum Sammeln von Regenwasser durch Kanal oder Grube (D). B = eigentliches Badebassin, mit A durch Zuleitungsrohr verbunden. C diente zur Hand- und Fußwaschung, bevor das Tauchbecken B benutzt wurde.

Das südliche *mikwe* nach der Ausgrabung. Im Vordergrund die Zuleitung
zu einem der Becken.

sind außerordentlich verwickelt. Von besonderer Bedeutung aber ist, daß das *mikwe* in Masada bisher das einzige aus der Epoche darstellt, in der man viele der wichtigsten Gesetze über das rituelle Baden niedergeschrieben und eingeführt hat.

Das Interesse am *mikwe* führte einerseits zu einer der seltsamsten Begegnungen auf dem Masada-Gipfel, andererseits erklärte es auch die Anziehungskraft Masadas für unser ganzes Volk. Jeder fühlte sich angesprochen. Eines Tages wurde uns mitgeteilt, daß Rabbiner David Muntzberg, ein Spezialist für die *mikwe*-Gesetze, und Rabbiner Eliezer Alter den Wunsch hätten, nach Masada zu kommen, um sich das *mikwe* anzuschauen. Ich erwiderte, daß ich sie mit Vergnügen empfangen würde. So trafen beide Rabbiner an einem der heißesten Nachmittage auf dem Gipfel ein. In ihren traditionellen schweren Gewändern kletterten sie bei brütender Sonne auf dem schwer begehbaren ›Schlangenpfad‹ an der Ostseite empor. Sie wurden von Anhängern der chassidischen Richtung begleitet. Trotz ihres Alters wollten sie auf dem Gipfel nicht ausruhen, sondern das *mikwe* sogleich besichtigen. Die schönen Bauten des Herodes interessierten sie nicht im mindesten. Nachdem wir sie zum *mikwe* geführt hatten, sprang der bejahrte Rabbiner Muntzberg augenblicklich in eines der Bassins, um mit einem Metermaß festzustellen, ob das Volumen dieses *mikwe* auch wirklich ›vierzig Maß‹ betrug, wie es das rituelle Gesetz vorschreibt. Dabei photographierte ich ihn. Es ist dies eines meiner liebsten Photos von Masada geworden. Die Besucher zeigten sich tief bewegt von dem äußerlich so bescheidenen Bauwerk, das allerdings an einer der eindrucksvollsten Stellen der Mauer liegt, unmittelbar am Steilhang. Dies *mikwe* war für sie wichtiger als alles andere, was es in Masada gibt.

Der Besuch der beiden Rabbiner

Ich muß gestehen, daß ich dem Prüfungsergebnis aufgeregt entgegensah. Was würde Rabbiner Muntzberg feststellen? Sein Gesicht trug einen ernsten und nachdenklichen Ausdruck, und ab und zu runzelte er sogar die Brauen, als ob er sich nicht sicher sei, ob dieses Bad *koscher* wäre. Als er aber schließlich seine Untersuchung abgeschlossen hatte, erklärte er mit strahlendem Lächeln, dieses *mikwe* sei in der Tat ein rituelles Bad gewesen, und zwar ›eines der besten, sieben mal sieben‹.

Wie aber war dieses *mikwe* angelegt? Nach jüdischem Gesetz muß ein solches Bad — noch heute lebenswichtig für jeden orthodoxen Juden — fast ausschließlich mit Regenwasser gefüllt werden. Das Wasser darf nur direkt einfließen und keinerlei Verunreinigungen enthalten. Da sich diese Forderung in Palästina nur selten verwirklichen läßt, schreibt das Gesetz noch heute vor, daß ein Anteil ›reinen Wassers‹ genügt. Durch die Berührung mit dem ›reinen‹ Wasser wird auch anderweitig gewonnenes ›rein‹. Deshalb pflegte man zwei Bassins anzulegen. In einem — in Masada liegt es am Eingang — wurde das Regenwasser gesammelt und gespeichert. Das zweite bildete das eigentliche Bad. Vor Gebrauch öffnete man die Verbindungsleitung zwischen beiden Bassins und ließ etwas ›reines‹ Regenwasser zulaufen, um das Wasser im Badebassin damit zu ›reinigen‹.

Das dritte, kleinste Becken unseres *mikwe* in Masada stand mit den anderen beiden nicht in Verbindung und diente der eigentlichen Waschung (von der

Mit Spannung wird das Untersuchungsergebnis der Rabbiner erwartet.

rituellen Reinigung zu unterscheiden). Bevor man im *mikwe* untertauchte, pflegte man sich dort Hände und Füße zu waschen.

Gegen Ende der Ausgrabungen stellte sich heraus, daß das eben beschriebene *mikwe* nicht das einzige in Masada gewesen und daß es vollkommen nach allgemein üblichen rituellen Vorschriften erbaut worden war. Denn westlich der Vorratsräume an der Nordostecke des großen Verwaltungsgebäudes fanden wir eine fast identische Anlage. Auch diese war von den Zeloten und während der Periode der römischen Garnison benutzt worden. Wir entdeckten dieses zusätzliche *mikwe*, als wir den Hof ausgruben. Auch hier war ein Verbindungsrohr zwischen dem Becken mit ›reinem‹ Wasser und dem Tauchbassin vorhanden. Durch diese Vorrichtung werden übrigens eine Reihe bisher unklarer Stellen in der *mischna* erhellt. Neben allem anderen demonstrieren diese rituellen Bäder, daß die Verteidiger von Masada fromme Juden waren, die sich sogar auf dem trockenen Masada-Gipfel nach den Vorschriften des traditionellen jüdischen Gesetzes richteten.

Das Bad entspricht genau dem jüdischen Gesetz

13 Die Schriftrollen

Schon vor Beginn der Grabung in Masada träumten wir von der Möglichkeit, Schriftrollen aufzufinden. Absichtlich sage ich ›träumen‹, denn die Wahrscheinlichkeit war gering, da bisher alle Schriftrollen aus der Umgebung des Toten Meeres in Höhlen entdeckt worden waren, wo man sie einst versteckt hatte. Daher waren diese Rollen auch nur vergleichsweise leicht beschädigt. Witterungseinflüsse, wie Feuchtigkeit, und Tierfraß hatten nur geringen Schaden angerichtet. Hier in Masada bestanden weniger günstige Voraussetzungen. Wir fragten uns, ob die Zeloten wohl vor ihrem Selbstmord auch Schriften versteckt hätten. Wenn ja, wären sie noch erhalten, und würde es uns dann gelingen, sie zu finden?

Wie ich schon bemerkte, waren das lediglich Spekulationen. Man kann sich also unsere Aufregung kaum vorstellen, als wir schon wenige Wochen nach Beginn der Grabung einige Schriftrollen im Raum 1039 der Kasematten-Mauer entdeckten. Nachdem der Schutt in einer Höhe von mehr als 2 m beiseite geräumt worden war, hatten wir fast das Bodenniveau erreicht. Dieser Raum wies keine Brandspuren auf und enthielt Gefäße, Stoffreste, Matten, Körbe und Lederreste. Wahrscheinlich hatten die römischen Garnisonssoldaten hier verschiedenes zusammengetragen, was sie in der nächsten Umgebung aufgesammelt hatten. Dann aber machten wir den ersten ernst zu nehmenden Fund, der nicht nur an sich, sondern auch in bezug auf die übrigen Funde von großer Bedeutung war. Auf dem Boden fanden wir siebzehn ausgezeichnet erhaltene Silbersekel. Die hebräischen Aufschriften *Sekel Israel* und *Jerusalem, die Heilige* waren gut lesbar, ebenso die hebräischen Buchstaben *Schin Alef, Schin Beth, Schin Gimel, Schin Daleth* und *Schin He. Schin* ist der erste Buchstabe von *Schana,* d. h. ›Jahr‹, und die übrigen Buchstaben bezeichnen die Zahlen Eins, Zwei, Drei, Vier und Fünf. Die Aufschriften auf den Münzen bedeuteten also ›Jahr eins‹, ›Jahr zwei‹, ›Jahr drei‹, ›Jahr vier‹ und ›Jahr fünf‹. Damit wurde angezeigt, in welchem Jahr des Aufstandes die einzelnen Münzen geprägt worden waren (der Aufstand dauerte insgesamt fünf Jahre). Bis zu dieser Entdeckung gab es in der ganzen Welt nur sechs Sekel aus dem ›Jahr fünf‹. Jetzt befanden sich unter den siebzehn gleich drei aus diesem selten belegten Jahr. Wie bei den späteren, bereits beschriebenen Schatzfunden, handelte es sich um Silbersekel, die nach sicherem archäologischen Befund aus der Schicht der Aufstandzeit stammen.

Etwa 1 m von den Sekeln entfernt lag nun die erste Schriftrolle. Die

Mit einer Luftspritze
reinigt Shmaryahu
Guttman die Silbersekel,
die noch am Fundplatz
liegen.

Schriftrollenfragmente
mit Texten aus dem
Psalter. Die Schrift
war teilweise mit
bloßem Auge lesbar.

Vier der Silbersekel (jeweils beide Seiten der Münze). 1: vom Jahre 2; 2: vom Jahre 3;
3: vom Jahre 4; 4: vom Jahre 5, das bisher selten belegt war. Es ist das Jahr, in welchem
Jerusalem und der Tempel von den Römern zerstört wurden.

Einzelheiten dieser Entdeckung sind mir lebhaft im Gedächtnis geblieben. In
den frühen Nachmittagsstunden, als ich gerade in den nördlichen Vorratsgebäuden zu tun hatte, kam Shmaryahu Guttman mit einigen ihm zugeteilten
freiwilligen Helfern herbeigelaufen und schwenkte triumphierend ein Pergament. Es war schwarz und so zerknittert, daß darauf kaum etwas zu erkennen
war. Aber eine rasche Untersuchung an Ort und Stelle ergab, daß es sich um
eine Passage aus dem *Psalter* handelte. Es gelang uns sogar, die Psalmen 81
bis 85 zu identifizieren. Wenig später fanden wir einen weiteren Teil der
Rolle, der den ersten Fund im oberen Abschnitt vervollständigte. Nachdem
das Fragment schließlich von dem Experten, Professor Bieberkraut, behandelt
und von seiner Frau mit einem Infrarot-Film photographiert worden war,
konnte man die Schrift auf dem Pergament mit Leichtigkeit lesen.

Diese Entdeckung ist für die Schriftrollen-Forschung von außerordentlicher

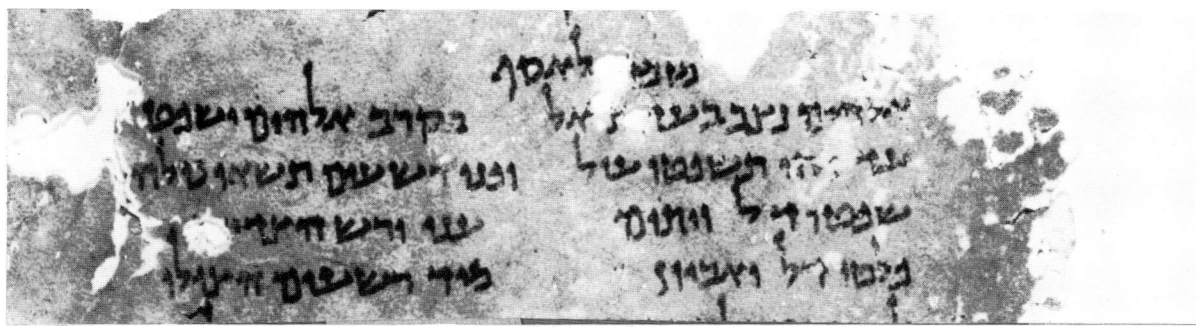

Mit Hilfe einer Infrarot-Aufnahme wird der Text einer Schriftrolle sichtbar.
Hier der Anfang von Psalm 82 in der kanonischen Fassung.

Bedeutung. Zum ersten Mal war damit ein Schriftrollenfragment nicht in einer Höhle gefunden worden. Außerdem besaßen wir einen sicheren Anhaltspunkt für die Datierung; denn die Schrift kann unmöglich später als 73 n. Chr., da Masada fiel, entstanden sein. Diese Rolle wird jedoch wahrscheinlich noch bedeutend früher, wohl zwanzig oder dreißig Jahre vorher beschrieben worden sein. Ihre Bedeutung liegt also darin, daß wir einen Terminus ante quem besitzen, und zum anderen, daß dieser Teil des *Psalters,* von geringfügigen Abweichungen abgesehen, mit dem Text der heute benutzten biblischen Bücher identisch ist. Sogar die Psalmen- und Kapiteleinteilung stimmt überein. Daran zeigt sich die erstaunliche Kraft der jüdischen Tradition. Daneben aber können aus der Schriftrolle von Masada wichtige Erkenntnisse über die Entwicklung der biblischen Texte gewonnen werden. Die Schriften mit biblischen Texten aus Qumran und den Höhlen nördlich von Masada weisen nämlich zum Teil gegenüber den anerkannten traditionellen Texten bedeutende Veränderungen auf. Auf dem zweiten Teil des genannten Fragmentes lagen einige Kupfermünzen aus dem zweiten und dritten Jahr des Aufstandes. Ein stichhaltigeres Datierungsindiz hätten wir uns kaum wünschen können. Im gleichen Raum der Kasematten-Mauer fanden wir weitere Schriftrollen-Fragmente, darunter einen Text aus dem *Leviticus* (3. Buch Mose).

Der überraschendste Schriftrollenfund stammte von der Südostecke des Raumes. Das winzige Fragment schien, wie die anderen übrigens auch, absichtlich zerrissen worden zu sein. War das den römischen Legionären zuzuschreiben? Nach Josephus ist das keineswegs ausgeschlossen, da er schreibt, daß es zu den Verfolgungsmethoden der Römer gehörte, die Bücher der Bibel vor den Augen der Juden zu zerfetzen. Allem Anschein nach hatten die Römer hier eine Zeitlang gelebt; denn im gleichen Raum fanden sich lateinisch be-

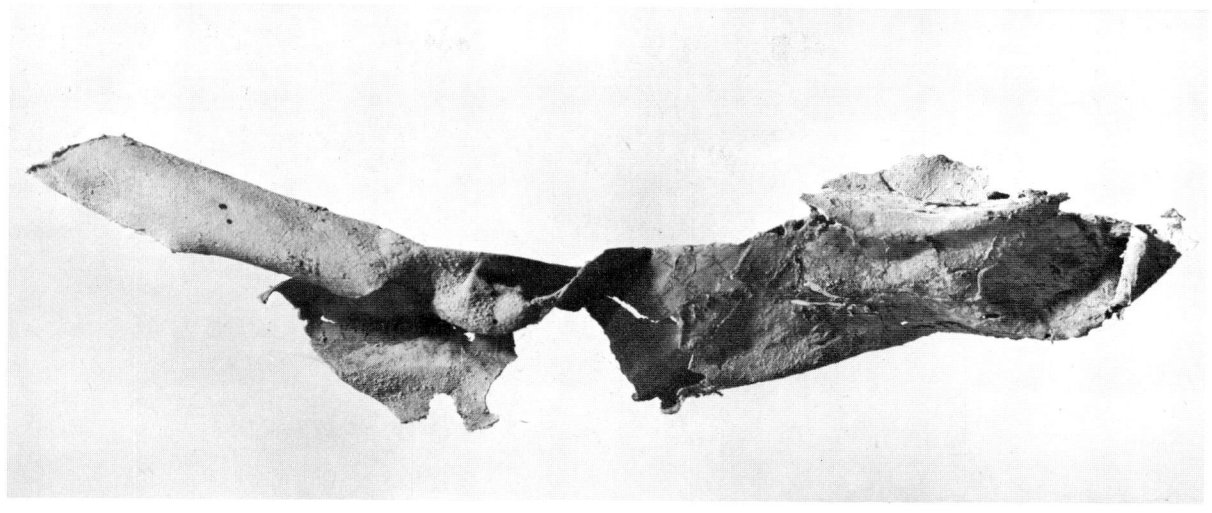

schriebene Papyri militärischen Inhalts, die nur der römischen Garnison zugewiesen werden können. Nachdem man es photographiert hatte, ließ das Fragment hebräische Buchstaben erkennen. Ich stieß auf die Zeile ›Gesang vom sechsten Sabbath-Opfer am Neunten des zweiten Monats‹. Dies und einige weitere Zeilen ergaben, daß der Text mit einer Schrift aus Höhle vier in Qumran übereinstimmte. Es handelte sich also um die Schriftrolle einer Sekte, auf der detailliert die ›Gesänge der Sabbath-Opfer‹ aufgezeichnet sind, wobei jeder Sabbath mit seinem Datum erwähnt wird.

Der sechste Sabbath konnte nur dann auf den Neunten des zweiten Monats fallen, wenn man den speziellen Kalender einer Sekte, und zwar der Qumran-Sekte, zugrunde legte. Somit hatten wir eine Schrift dieser Sekte gefunden. In ihrem Kalender wurde das Jahr in 364 Tage eingeteilt — zwölf Monate von jeweils 30 Tagen und ein zusätzlicher Tag am Ende jedes dritten Monats. Der erste Tag des ersten Monats, d. h. des Monats *Nissan*, fiel stets auf einen Mittwoch, den Tag der Erschaffung der Himmelskörper, die die Zeiteinteilung mit sich brachte.

Nun stellte sich folgende Frage: Wie konnte eine Schriftrolle dieser Sekte nach Masada kommen? Die meisten Wissenschaftler sind der Meinung, daß die Qumran-Schriften der Sekte der Essener gehörten, die von Philo von Alexandrien und Josephus ausführlich beschrieben und von Plinius, der die römischen Eroberer begleitete, erwähnt werden. Die antiken Autoren berichten, daß die Essener am Westufer des Toten Meeres nahe dem heutigen Khirbet Qumran lebten. Einige wenige Wissenschaftler dagegen schlugen vor, die Qumran-Sekte mit den Sicarii-Zeloten, jenen, die Masada bewohnten, zu identifizieren. Für diese Wissenschaftler stellt natürlich die Entdekkung der Sekten-Schriftrolle in Masada, oberflächlich betrachtet, eine wichtige

Stütze ihrer Theorie dar. Ich jedoch bin der Meinung, daß die besseren Argumente auf seiten der Mehrheit der Wissenschaftler sind, die die Qumran-Sekte mit den Essenern gleichsetzen. So muß es also für die Qumran-Schrift aus Masada, dem Stützpunkt der Zeloten, eine andere Erklärung geben. Mir scheint, daß die Schriftrolle die Beteiligung der Essener am Aufstand gegen die Römer bezeugt. Aus irgendeinem Grunde wird von den Essenern ein entstelltes Bild überliefert, das zum größten Teil durch den Bericht des Philo entstanden ist; denn man hat aus dieser Beschreibung ableiten wollen, daß die Essener im modernen Sinne Pazifisten gewesen seien. Diese These scheint aber nicht haltbar. Sie beteiligten sich nur nicht an Kriegen, die ihren Anschauungen zuwiderliefen, das heißt, die nicht von Gott gewollt waren. Setzen wir aber voraus, sie seien zu der Überzeugung gelangt, daß der große Aufstand den befohlenen Krieg gegen die Römer bedeutete, so konnte es auch für sie keinen Grund geben, sich fernzuhalten. Außerdem gibt es in den Schriften des Josephus einen direkten Hinweis, daß die Essener am Krieg teilnahmen.

Wie bereits erwähnt, war Josephus zu Beginn des Aufstandes einer der jüdischen Befehlshaber für das Gebiet von Galiläa. Es ist anzunehmen, daß er die anderen Anführer gut kannte. Bei Aufzählung der Namen dieser Anführer der Revolte und Nennung ihrer Befehlsgebiete schreibt er, daß der Befehlshaber des wichtigen Zentralgebietes, zu dem Lod, Jaffa, Jamnia usw. gehörten, ein gewisser ›Johannes der Essener‹ war. Darf es als wahrscheinlich gelten, daß sich nur ein einziger Essener dem Aufruhr anschloß und gleich den Posten eines wichtigen Befehlshabers bekam? Das erscheint einfach ausgeschlossen. Vielmehr nahmen wohl eine ganze Anzahl Essener am Aufstand teil und zogen sich mit ihren Kampfgefährten auf den einzig noch verbliebenen Stützpunkt, d. h. Masada, zurück. Man darf nun als selbstverständlich voraussetzen, daß die verschiedenen religiösen Gruppen ihre Heiligen Schriften mitnahmen, so auch die Essener. Hier liegt meiner Ansicht nach die Erklärung für den Fund der Qumran-Rolle in Masada. Dieses Schriftrollen-Fragment aus dem Kasematten-Raum 1039 wird die Forschung mehr als alle anderen Funde beschäftigen und Gegenstand stürmischer Auseinandersetzungen unter den Fachgelehrten sein.

Weitere Schriftrollen-Fragmente entdeckten wir in einem Raum des östlichen Mauerbereiches im Norden vom ›Schlangenpfad‹. Die Ausgrabung gestaltete sich an dieser Stelle besonders schwierig, weil große Teile der äußeren Mauer zusammengefallen waren und erst gestützt werden mußten, bevor wir mit der Grabung beginnen konnten.

Wir fanden u. a. ein Stück Pergament mit dem letzten Kapitel des *Psalters*, Psalm 150 ›Lobet den Herrn . . . Lobet ihn mit Posaunen‹. Die Schrift war derart verblichen und die Farbe des Pergamentes so hell, daß das Fragment unserer Aufmerksamkeit beinahe entgangen wäre. In gereinigtem Zustand hielt es dann eine unserer freiwilligen Helferinnen sogar für einen Zeitungsfetzen.

Der Kasemattenraum 1109 im Süden des ›Schlangenpfades‹ enthielt die wahrscheinlich wichtigste Schriftrolle, was das Studium der jüdischen und hebräischen Literatur aus der Epoche des Zweiten Tempels betrifft. Der nördliche Teil dieser Kammer barg in der bodennahen Schuttschicht ein paar zerknitterte Fragmente, die das umseitige Bild zeigt.

Als sie entrollt und nach der Infrarotmethode photographiert worden waren, konnten wir den Text so leicht lesen, als wäre er eben erst niedergeschrieben worden. Unsere Freude war unbeschreiblich, als sich herausstellte, daß es sich hierbei um Teile des verlorenen, ursprünglich hebräischen Textes der *Weisheit des Ben Sira* (Das Buch Jesus Sirach) handelte. Ihr Verfasser Ben Sira (Jesus Sirach) lebte in der ersten Hälfte des 2. Jahrhunderts v. Chr., einige Jahrzehnte vor der Hasmonäer-Dynastie. Sein damals weitverbreitetes Buch wurde nicht mehr in den Kanon des alten Testaments aufgenommen, wird aber dennoch in großen Teilen im Talmud zitiert. Die Alten Rabbiner (die Weisen) berufen sich darauf und verwenden seine Sprüche wie die Bücher der Bibel. Da es aber in die kanonischen Bücher des Alten Testamentes nicht aufgenommen worden war, ging der ursprünglich hebräische Text verloren. Uns war er bisher nur in Übersetzungen überliefert, von denen vor allem die griechische genannt zu werden verdient. Diese hatte der Enkel des Ben Sira am Ende des 2. Jahrhunderts v. Chr. verfaßt. Sie wurde von der Kirche unter die apokryphen Bücher eingereiht und ist unter der Bezeichnung *Ecclesiasticus* (so in der Vulgata) bekannt. Die moderne Wissenschaft war seit langem der Meinung, daß die griechischen Kopien Fehler enthielten, einige Forscher vertraten sogar die Ansicht, daß die Übersetzung des Enkels sich nicht immer genau an den hebräischen Text gehalten habe.

Einen Wendepunkt in der Ben-Sira-Forschung brachte das Jahr 1896 mit der Entdeckung einiger Abschnitte eines hebräischen Textes des Ben Sira, die unter mittelalterlichen Manuskripten in der *geniza* (Schriftenversteck der Synagoge) von Kairo gefunden wurden. Dieser Fund entfachte augenblicklich eine heftige Kontroverse unter den Wissenschaftlern. Die meisten glaubten, daß es sich tatsächlich um eine Abschrift des originalen hebräischen Ben-Sira-Textes handle, wobei an den offensichtlichen Fehlern die Abschreiber schuld sein sollten. Schließlich war ja die Kopie im Mittelalter angefertigt worden. Die Minderheit dagegen argumentierte, daß es nur eine mittelalterliche Rückübersetzung ins Hebräische sein könne, und zwar aus einer vorliegenden griechischen oder syrischen Übersetzung des ursprünglich hebräischen Textes.

Unser soeben in Masada aufgefundenes Fragment mit dem hebräischen Text der *Weisheit des Ben Sira* war der Schrift nach in die erste Hälfte des 1. Jahrhunderts zu datieren. Ein Vergleich mit der Fassung aus der *geniza* in Kairo ergab, daß beide Texte grundsätzlich identisch sind. Damit ist die Diskussion der Wissenschaftler insofern entschieden, als nunmehr feststeht, daß der Text aus der *geniza* in Kairo im großen und ganzen den originalen Ben Sira wiedergibt. Die Einschränkung ›im großen und ganzen‹ ist notwendig, weil sich natürlich durch frühere und spätere Abschriften und Editionen Fehler eingeschlichen haben. Aber als Vorbild beider Fassungen hat zweifellos der ursprüngliche Ben Sira gedient.

Das Studium des Ben Sira ist damit aber keineswegs beendet, vielmehr hat unsere Schriftrolle ein neues Kapitel in der Erforschung dieses Buches eingeleitet. Die *Weisheit des Ben Sira* ist eine der wichtigsten apokryphen Schrif-

Ein Fragment vom verlorenen hebräischen Original des Ecclesiasticus

Ein Fragment der *Ecclesiasticus*-Schriftrolle. Durch eine noch deutlich erkennbare Naht sind zwei Pergamentblätter aneinandergefügt worden.

Infrarot-Aufnahme vom Text des *Ecclesiasticus*, der sich als Abschrift des ursprünglich
hebräischen, später aber verlorengegangenen Originals erweisen sollte.
Die vorliegende Kopie stammt aus der ersten Hälfte des 1. Jahrhunderts v. Chr.

ten und stellt zugleich eines der bedeutendsten hebräischen Bücher aus der Zeit des Zweiten Tempels dar. Hier die Übersetzung* einer Seite aus dem in Masada gefundenen Manuskript:

Übersetzung eines Teiles aus dem Ecclesiasticus-Text

Laßt mich nun rühmen die Männer der Frömmigkeit
    Unsere Väter und ihre Geschlechter
Die der Höchste mit allen Ehren beschenkte
    In seiner Größe seit Anbeginn
Männer die königlich die Erde beherrschten
    Ruhmreiche Männer in ihrer Macht
Ratgeber voller Einsicht
    Alles erkennend in ihrer Prophetie
Fürsten des Volkes in ihrer Staatskunst
    Führer die anordneten
Wortgewandt in ihren Schriften
    Sprecher der Weisheit bei ihren Festen
Deuter der Psalmen nach dem Gesetz
    Verfasser von Sinnsprüchen in Büchern
Männer des Reichtums begabt mit Kraft
    Die wohlhabend lebten auf ihren Plätzen
Sie alle wurden geehrt und ihr Geschlecht
    Ruhm genossen sie alle in ihren Tagen
Manche von ihnen haben einen Namen hinterlassen
    So daß Männer von ihm sprechen in ihrem Vermächtnis
Manchen von ihnen gilt kein Gedenken
    So daß sie zu Ende waren bei ihrem Tod
Sie waren, als seien sie nie gewesen
    Und ihre Kinder nach ihnen
Aber auch sie waren Männer der Frömmigkeit
    Und es soll nichts genommen werden von ihrer Bedeutung
Erhalten blieb ihre Güte mit ihrem Samen
    Und ihr Vermächtnis den Kindeskindern
Ihr Samen aber lebt fort in ihrem Bunde
    Den Kindeskindern zum Heil
Und er wird fortdauern für immer
    Nicht ausgelöscht soll werden ihr Ruhm
Ihre Leiber wurden in Frieden begraben
    Doch lebt ihr Name weiter in ihren Geschlechtern
Der Rat erzählt von ihrer Weisheit
    Die Gemeinde verkündet ihren Ruhm
Ohne Fehl wurde gefunden Noah der Gerechte
    Und er wurde Erhalter in der Zeit des Niederganges
Um seinetwillen verblieb der Rest
    Der Bund mit ihm brachte das Ende der Flut.

Im folgenden soll noch eine weitere Schriftrolle erwähnt werden, die in einem der Mauertürme westlich vom West-Palast gefunden wurde. Auf dem bis zu großer Höhe erhaltenen Turm befand sich eine Mönchszelle aus byzantinischer Zeit. Wir entfernten diese Baureste, und nachdem wir den fast 3 m hoch liegenden Schutt weggeräumt hatten, gelangten wir in Bodennähe des

* Aus dem Englischen von Wolfgang Schmidt.

Bauwerks, das die römische Besatzung offenbar als Abfallplatz benutzt hatte. Er enthielt u. a. nabatäische Gefäße, die eine Datierung ermöglichten.

Das Buch der Jubiläen

Feuchtigkeitsanfälliges Material wie Matten, Körbe und Holzteile hatte sich ausgezeichnet erhalten und bot einen Hinweis, daß hier vielleicht auch Schriftrollen verborgen sein konnten. Unsere Erwartungen wurden nicht enttäuscht. Ein Arzt aus London fand auf dem Grund des Turmes ein zwar sehr kleines, aber hochbedeutendes Fragment. Es enthält einen hebräischen Text der ursprünglich gleichfalls hebräischen Fassung einer pseudoepigraphischen Schrift, und zwar des *Buches der Jubiläen*. Dieses bisher nur in griechischer, äthiopischer und lateinischer Übersetzung erhaltene Buch befaßt sich mit Chronologiefragen des 1. Mose. In unserem Text waren die Daten der Patriarchen aus der *Genesis* mit dem besonderen Kalender der Qumran-Sekte in Einklang gebracht.

Die einzige Schriftrolle, die außerhalb der Kasemattenräume und der Wohnungen der Zeloten entdeckt wurde, lag an einer für einen derartigen Fund ungewöhnlichen Stelle. Gegen Ende der ersten Grabungskampagne, nach bereits siebenmonatiger Arbeit, war noch immer ein Teil der riesigen Schuttmasse von der oberen Terrasse der nördlichen Palastvilla nicht abgetragen worden. Diese an und für sich kleine Fläche an der Westecke konnten wir diesmal nicht mehr ausgraben und verschoben diese Arbeit daher bis zur zweiten Grabungskampagne. Als sie gerade angelaufen war, entdeckte ein junger Mann aus einem Kibbuz in Westgaliläa in den Ruinen an der Westecke des Hofes an der großen Mauer Fragmente einer weiteren Schriftrolle. Der Fund erregte allgemeines Aufsehen und wurde als gutes Vorzeichen für die weitere Arbeit gewertet. Zwar waren Teile des Pergaments von Tieren zernagt worden, aber dennoch erkannten wir auf den erhaltenen Resten sofort einige Kapitel aus dem *Leviticus* (3. Buch Mose). Es handelte sich um die Kapitel acht bis zwölf. Der Text stimmte vollkommen mit dem kanonischen überein. Außerdem wiesen die Fragmente die gleiche Einteilung in ›offene‹ und ›geschlossene‹ Verse auf. Dabei sind die Versabschnitte entweder durch einen Zeilenabstand getrennt, der zwischen zwei vollen Zeilen eingehalten wird, oder sie werden lediglich durch einen kurzen Zwischenraum in der gleichen Zeile markiert.

Ein weiteres Fragment mit Auszügen aus dem Leviticus

Wir werden nie mehr erfahren, wie diese Schriftrolle ausgerechnet hierher gelangte. Vielleicht hatte sie ein Windstoß während der Zerstörung Masadas aus einem Zimmer hierher getragen, wo sie dann unter dem Schutt begraben worden war. Vielleicht hatte sie aber auch ein römischer Soldat weggeworfen. In jedem Falle darf man es geradezu als archäologisches Wunder bezeichnen, daß an einem derartigen Platz eine Schriftrolle gefunden wurde.

Im nächsten Kapitel wird von zwei weiteren Schriftrollen die Rede sein, deren Fundort ebenfalls größte Überraschung hervorrief und gleichzeitig zur Bestimmung des Gebäudes nicht unwesentlich beitrug.

Die Synagoge nach der Ausgrabung. An beiden Seiten Säulenreste und Bankreihen.
Der Bau ist nach Jerusalem orientiert. Im Hintergrund rechts Silvas Lager und links
die Zelte unserer Expedition.

14 Die Synagoge und ihre Schriftrollen

Zu Beginn der ersten Grabungskampagne stießen wir am Nordwestteil der Mauer auf einen merkwürdigen Bau. Er lag so dicht bei der Mauer, daß wir ihn zunächst für einen Teil derselben hielten, obwohl er sich nach innen wie auch in östlicher Richtung beträchtlich ausdehnte. Seiner Form nach unterschied er sich von allen anderen Bauten, die wir in der Kasemattenmauer ausgegraben hatten. So hatten wir gleich zu Anfang unserer Ausgrabung Aufbauten gefunden, die aussahen wie mit Lehm verputzte Bankreihen und die im Innern des Gebäudes neben den Mauern aus dem Schutt hervorragten. Dann kamen Säulen zum Vorschein, die aus einzelnen Trommeln zusammengesetzt waren. Nach Abschluß der Freilegungsarbeiten hatten wir einen rechteckigen Bau vor uns, an dessen Wänden sich mit Lehm verputzte Bankreihen hinzogen. Die Türöffnung befand sich an der Ostseite. Das Innere enthielt zwei Säulenstellungen, von denen sich die südliche aus drei, die nördliche aus zwei Säulen zusammensetzte. Die Nordwestecke stellte eine Art Zelle dar,

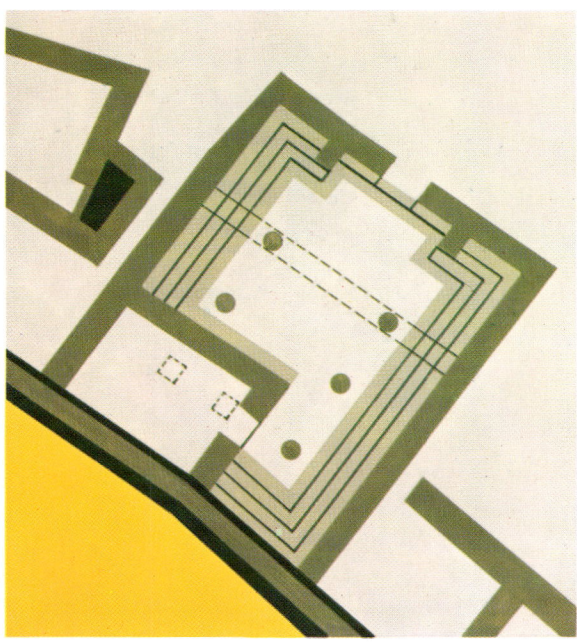

Die Synagoge hat mehrere Bauperioden durchlaufen. Die Zeichnung zeigt den Grundriß der letzten Baustufe. Die beiden Rechtecke im Eckraum bezeichnen unter dem Fußboden liegende Säulenbasen vom zeitlich früheren Bau.

Umseitig: Luftaufnahme von der Synagoge und einem Teil der Kasematten-Mauer gegen Ende der Grabung. Den Eckraum hatten die Zeloten zugefügt. Unter seinem Fußboden wurden die beiden Schriftrollen gefunden.

Gegenüber: Grundrisse zu den beiden Synagogenbauten; links: der ursprüngliche herodianische Bau im Grundriß, rechts: Grundriß der Synagoge nach dem Umbau durch die Zeloten. Zwei der ursprünglichen Säulen entfernten sie und brachten sie an der Mauer an, die Eingangshalle und Hauptraum abgrenzte.

deren eine Wand die Kasematten-Mauer bildete; der Eingang der Zelle lag im Süden, nahe an der westlichen Säule der südlichen Säulenstellung.

Noch während der Grabungsarbeiten gewannen wir den Eindruck, daß der letzte Bauabschnitt des Gebäudes, namentlich die Bänke, den Zeloten zuzuschreiben war. Wir fanden nämlich nicht nur zahlreiche Münzen aus der Zeit des Aufstandes, sondern konnten auch da und dort, wo der Verputz sich von den Bänken gelöst hatte, feststellen, daß diese ursprünglich aus Hau- und Bruchsteinen errichtet worden waren, die von anderen Bauten Masadas stammten. Dazu schienen besondere Säulentrommeln und Kapitelle zu gehören, die von der unteren und vielleicht auch der oberen Terrasse der nördlichen Palastvilla herkommen mußten. Damit war zunächst klar, daß die Bänke zu einer Zeit errichtet sein mußten, als Teile der Palastvilla bereits zerstört waren. Es war ferner klar, daß das Bauwerk seinem Charakter nach ein Gebäude für die Öffentlichkeit darstellte, in dem Versammlungen abgehalten wurden. Welchem Zweck aber hatte es gedient?

Das Gebäude für die Gemeinde: vielleicht eine Synagoge?

Schon während der ersten Kampagne hatten wir, wenn auch mit beträchtlichem Zögern, gesagt, daß es sich vielleicht um eine Synagoge gehandelt haben mochte. Wir wurden in dieser Annahme vor allem dadurch bestärkt, daß der Eingang im Osten lag und der Bau nach Jerusalem orientiert war, wie es die Vorschriften der Weisen anordneten. Außerdem fanden wir auf dem Boden ein beschriftetes Ostrakon mit den Worten ›Priester-Zehnter‹, d. h. eine der vorgeschriebenen Abgaben der Leviten, sowie eine weitere Inschrift ›Hezekiah‹, die möglicherweise als Name eines Priesters zu verstehen war.

In einer Ecke des Hauptraumes entdeckten wir rußgeschwärzte Lampen, während der Boden in der hinteren Zelle mit den Rückständen eines gewaltigen Feuers bedeckt war. Offensichtlich waren hier Mobiliar und Gefäße zusammengetragen und verbrannt worden. Darunter hatten sich reizende Glas- und Metallgefäße und sogar ein Waschbecken befunden.

Wenn es sich bei dem Gebäude, das wir soeben ausgegraben hatten, wirklich um eine Synagoge handeln sollte, dann war das eine wahrhaft aufsehenerregende Entdeckung auf dem Gebiet der jüdischen Archäologie und sicherlich eine der wichtigsten von Masada überhaupt. Denn die frühesten bisher bekannten Synagogen in Israel stammten vom Ende des 2. oder vom Beginn des 3. Jahrhunderts n. Chr., während sich aus der Periode des Zweiten Tempels bisher keinerlei Reste einer Synagoge erhalten hatten.

Wegen dieses bedeutungsschweren Sachverhalts beschlossen wir, während der zweiten Kampagne gerade an dieser Stelle sofort mit der Grabung fortzufahren und durch verschiedene Anschnitte die einzelnen Bauabschnitte fest-

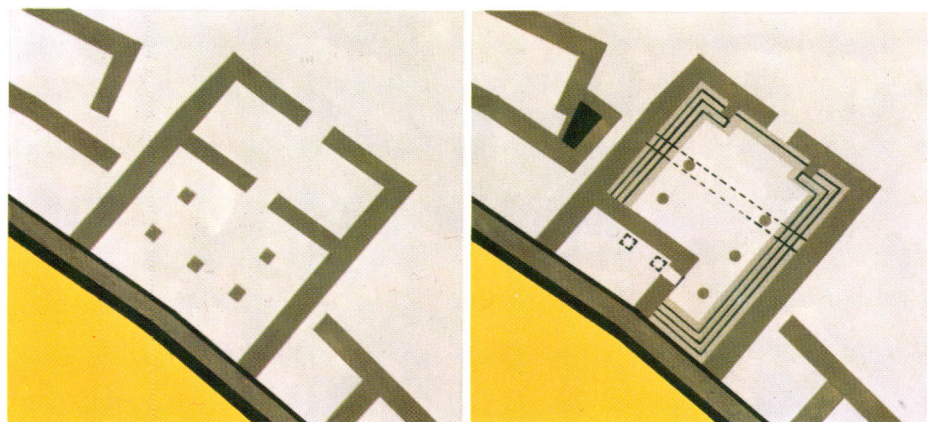

zustellen. Gegen Ende der ersten Saison hatten wir den oberen Boden angeschnitten und darunter die Basis einer weiteren Säule gefunden. Daraus ging hervor, daß beim Bau der Zelle die Säule in der Ecke entfernt und ihre Basis durch den neuen Boden verdeckt worden war. Der Grundriß des Gebäudes mußte also vor den Umbauten durch die Zeloten anders ausgesehen haben.

Die Schnitte, die wir während der zweiten Kampagne anlegten, zeigten nun deutlich zwei Bauphasen. Der Grundriß rechts oben zeigt das Aussehen der spätesten Anlage mit den so charakteristischen Bänken. In seinem früheren Stadium hatte der Bau eine Vorhalle. Im Hauptraum standen an der südlichen, westlichen und nördlichen Seite Säulen, wie aus dem Grundriß links hervorgeht. Als die Zeloten Zelle und Bänke hinzufügten, entfernten sie zwei der Säulen aus der Westreihe, rissen die Wand nieder, die den Vorraum vom Hauptraum trennte, und errichteten an ihrer Stelle zwei Säulen. *Die zwei Bauperioden*

Es ist schwer zu sagen, welchem Zweck der Bau in Herodianischer Zeit diente, doch darf man vermuten, daß er auch damals als Synagoge verwendet wurde. Diese Theorie sollen die folgenden Überlegungen stützen. Erstens wird man kaum bezweifeln, daß Herodes den jüdischen Angehörigen seiner Familie und seines Hofes eine Kultstelle zugestand. Zweitens ähnelt der Grundriß mit seinen Säulen im wesentlichen den Grundrissen einiger früherer Synagogen in Galiläa, und drittens spielt bei der Anlage von Kultstätten die am Ort haftende Tradition eine große Rolle. So griffen die Zeloten, als sie den Bau einer Synagoge planten, höchstwahrscheinlich auf diesen Platz zurück, weil sie wohl wußten, daß der hier stehende Bau bereits früher als Synagoge gedient hatte. Damit wäre auch erklärt, warum schon der erste Bau nach Jerusalem ausgerichtet war. Möglicherweise ist das Gebäude in der Zeit zwischen Herodes und den Zeloten, als Masada römische Garnison war, auch einmal als Stall verwendet worden; denn zwischen den beiden Fußböden stellten wir mehrere Schichten Dung fest. *Bereits in der Herodianischen Epoche eine Synagoge*

Nun möchte ich mich jenem Fund zuwenden, der uns in unserer Annahme bestärkte, daß es sich tatsächlich um eine Synagoge handelte. Während der Anlage der Versuchsschnitte in der rückwärtigen Zelle maßen unsere bei-

Fundort der Schriftrolle mit dem Text aus dem *Deuteronomium*.
Links die Säulenbasis unter dem Fußboden.

den Architekten Dunayevsky und Menzel die Entfernung zwischen den
Basen der beiden Säulen, die wir dort gefunden hatten, und prüften außerdem
die Füllung zwischen den beiden Fußböden. Zu diesem Zweck mußte die
Untersuchungsfläche vergrößert werden. Bei dieser Arbeit stießen wir nun
auf den Teil einer Schriftrolle (nebenbei bemerkt war dies das erste Mal, daß
ein Architekt in Masada das Glück hatte, eine Schriftrolle zu finden). Wie war
sie dorthin gelangt und warum gerade unter den oberen Boden? Als wir das
Schnittgebiet näher untersuchten, stellten wir fest, daß hier einst vom oberen
Boden aus eine Grube angelegt worden war, die man später mit Steinen zu-
geschüttet hatte. Offensichtlich handelte es sich dabei um eine Art *geniza* (wo
die orthodoxen Juden — da sie sie nicht zerstören wollten — Dokumente in
der Heiligen Sprache, dem Hebräischen, vergruben, welche nicht mehr benutzt
wurden, entweder, weil sie zu alt und abgegriffen waren oder weil sie Fehler
enthielten. Die Schriftrolle, die auf dem Grund der Grube zum Vorschein kam,
konnte nur während der Zelotenzeit vergraben worden sein. Entweder war
die Schriftrolle nicht länger brauchbar gewesen, oder sie war dort versteckt
worden, kurz bevor die Zeloten Selbstmord begingen. Was auch immer es damit auf sich haben mag, wir jedenfalls wurden dadurch angespornt, den gesamten oberen Boden der hinteren Zelle auszugraben, um dort eventuell noch
weitere solcher Gruben zu finden.

Das Bild gegenüber zeigt Obermaat Moshe Cohen von der israelischen
Marine, allgemein Mussa genannt, über dem ersten Anschnitt, dem Fundort
der Schriftrolle. (Mussa war viele Monate bei uns und half vor allem bei
Sicherheitsvorkehrungen an gefährlichen Grabungsstellen.) Ihm nun hatte ich
die Aufgabe zugewiesen, das Erdreich über dem Fußboden abzutragen und
durchzusieben. Nach ein paar Tagen entdeckte er, daß im südlichen Teil der
Zelle der Boden teilweise fehlte und sich an dieser Stelle eine Grube befand.
Im Augenblick der Entdeckung wurde Mussa telegraphisch für drei Tage zur
Marine abberufen und bat uns daher, mit der Arbeit an dieser Stelle erst nach
seiner Rückkehr fortzufahren. Wir stimmten zu. Gleich nach seiner Rückkunft
legte er die Grube frei, während wir alle aufgeregt auf das Ergebnis warteten.
Nach wenigen Stunden fand er auf dem Grund die Reste einer Schriftrolle.
Das Pergament war zwar stark zerfressen, aber dennoch konnten wir sofort
erkennen, daß es sich um einen Teil des Buches *Hesekiel* handelte. Die gut
lesbaren Teile enthielten Auszüge aus dem 37. Kapitel — die Vision der ver-
dorrten Gebeine.

Die Rolle aus der zuerst genannten Grube enthüllte nach sorgfältiger Ent-
rollung in einem Laboratorium in Jerusalem die beiden letzten Kapitel des
Deuteronomiums (5. Buch Mose). Der innerste Kern der Schriftrolle aber, auf
den wir große Hoffnungen gesetzt hatten, war gänzlich unbeschrieben und
bestand aus leeren ›Blättern‹. Sie waren an die beschriebenen Blätter angenäht
worden, um das Ein- und Ausrollen zu erleichtern.

Es soll nur noch am Rande erwähnt werden, daß auch die Texte der beiden
zuletzt genannten Schriftrollen mit den traditionellen biblischen Texten über-
einstimmen. Lediglich im Text des *Hesekiel* fanden sich einige geringfügige
Abweichungen.

Schon die Rollen selbst sind wichtig, darüber hinaus aber stützten sie auch die These, daß der Bau eine Synagoge war. Daneben ergibt sich jedoch noch ein weiterer Aspekt von großer Bedeutung: Sie sind die einzigen Rollen, die nicht auf dem Fußboden eines Raumes, sondern in einer *geniza* entdeckt wurden, unter dem Fußboden der Zeloten. Das bedeutet, daß sie nicht nach 73 n. Chr. entstanden sein können, eine Tatsache, die auch der skeptischste Wissenschaftler nicht leugnen kann.

Insgesamt fanden wir in Masada Reste von vierzehn Schriftrollen mit biblischen Texten, Texten der Qumran-Sekte und aus apokryphen Schriften. Vom Standpunkt der Schriftrollenforschung aus und für das Studium der Zeit des Zweiten Tempels sind dies die wichtigsten Funde der Masada-Ausgrabung.

Außer den Schriftrollen wurden aber auch andere wichtige Inschriften gefunden, vor allem Ostraka, d. h. beschriebene Gefäßscherben, die als Schreibmaterial für den täglichen Gebrauch dienten. Papyrus und Pergament waren dafür viel zu kostbar. Insgesamt fanden wir etwa 700 Inschriften auf Tonscherben. Die Gefäßaufschriften sind meist sehr kurz und nennen nur den Eigentümer des Gefäßes. Sie enthalten im allgemeinen vertraute jüdische Namen in hebräischer Schrift. Handelte es sich um einen Mann, so enthielten die Aufschriften seinen und seines Vaters Namen, handelte es sich dagegen um eine Frau, so wurde sie als Frau oder Tochter des Sowieso bezeichnet. Eine der Krugaufschriften ist besonders erwähnenswert. Sie lautete *Kahana Raba Aqavia*, wörtlich übersetzt ›der große Priester Aqavia‹. Das bedeutet, daß der Besitzer des Gefäßes Aqavia hieß und zur Familie der Hohenpriester gehörte.

Die Gefäße aus der Herodianischen Epoche waren fast alle zerbrochen. Es ist durchaus möglich, daß die Zeloten sie nicht benutzen wollten. Vom archäologischen Standpunkt aus waren die Scherben von großer Bedeutung, da wir durch die Unterschiede in den Formen und in der Art der Gefäße eine Entwicklungsreihe von der Zeit des Herodes bis hin zu den Zeloten aufstellen konnten. Allerdings sind 70 Jahre für archäologische Begriffe nur eine kurze Zeit. Zudem hatten wir das Glück, auf Weinkrüge mit exaktem Datum zu stoßen, was sehr selten vorkommt und wonach sich jeder Ausgräber meist vergeblich sehnt. Die Art der Datierungsangabe entsprach der im römischen Imperium üblichen: man nannte den Namen eines amtierenden Konsuls des jeweiligen Jahres. In unserem Falle trugen alle Weinkrüge den Namen eines römischen Konsuls für das Jahr 19 v. Chr., C. Sentius Saturninus. Aus der jeweils letzten Zeile der Aufschriften geht hervor, daß die Krüge einst Wein enthalten hatten, der aus Italien speziell an Herodes geschickt worden war. Sie lautete ›An König Herodes von Judäa‹. Zum ersten Mal hatten wir damit eine Aufschrift entdeckt, die den Namen des Herodes enthielt.

Unter den verschiedenen Ostraka befanden sich mehrere mit einer besonderen Art von Aufschrift: ein Name und ein Buchstabe. Von diesem Typus existierten drei Gruppen. Auf der ersten Gruppe erschien der Name *Yehohanan* (Johannes), und zwar in der Handschrift des betreffenden Mannes, also seine Unterschrift! Links darunter fand sich der Buchstabe *Alpha* (A), rechts stand in althebräischer Schrift der Buchstabe *Yod* (Y). Die zweite Gruppe

Gegenüber: Fragmente vom *Hesekiel*-Text, die wir in der zweiten Grube unter dem Fußboden fanden.

Drei der merkwürdigen Ostraka, die Bons oder Ausweise gewesen sein könnten.
Oben: der Name ›Yehohanan‹, darunter ein griechisches *Alpha* und ein paläo-hebräisches *Yod*.
Unten links: Der Name ›Yehuda‹, ein paläo-hebräisches *Samech* rechts und ein griechisches
Beta links, allerdings von rechts nach links geschrieben. *Unten rechts:* der Name ›Shimeon‹,
darunter die hebräischen Buchstaben *Gimel* und *Daleth*, ebenfalls paläo-hebräisch geschrieben.

trug den Namen *Shimeon* (Simon), darunter den Buchstaben *Gimel* (G),
links ein *Daleth* (D) oder vielleicht *Resh* (R), wiederum in althebräischer
Schrift. Auch hier war *Shimeon* die Unterschrift. Die dritte Gruppe enthielt
den Namen *Yehuda* (Juda), darunter den Buchstaben *Samech* (S) in Alt-
hebräisch sowie den griechischen Buchstaben *Beta*, und zwar von rechts nach
links statt von links nach rechts geschrieben.

Was hatten diese Ostraka wohl bedeutet? Waren sie eine Art Bon oder
Beleg gewesen? Wofür konnte man sie benutzt haben? Die Verbindung von
Namen und Buchstaben legt nahe, daß es sich vielleicht um einen Geheim-
code gehandelt hatte. Aber zu welchem Zweck? Ist es möglich, daß Johannes,
Juda und Simon die Namen von Befehlshabern oder Brigaden waren und daß
die Truppenangehörigen einer bestimmten Einheit diese Bons als Essens-
marken erhalten hatten? Vielleicht handelte es sich aber auch um Pässe, mit
denen sie den Masada-Stützpunkt passieren konnten. Schließlich könnten diese
Bons auch zur Rationenverteilung an Priester und Leviten verwendet worden sein. Wir können nur Vermutungen äußern.

Wir fanden weitere 275 Ostraka, die einem anderen Typ angehörten. In
einem Falle bestanden die Scherbenaufschriften aus nur einem, zwei oder drei
Buchstaben. Wieder fehlt uns eine Erklärung. Die Buchstaben selbst waren

Ostraka mit hebräischen Buchstaben.
Solche Ostraka fanden wir zu Hunderten.

von fast kalligraphischer Schönheit. So sammelten wir Scherben auf, die die hebräischen Buchstaben für Z, ZZ, ZZZ, QA, GT trugen. Nahezu alle Lettern des hebräischen Alphabets waren vertreten. Die meisten dieser Ostraka lagen in der Nähe der Vorratsgebäude. Man darf vermuten, daß sie mit dem Rationierungssystem während der Belagerung zu tun hatten.

Erfahrene Schreiber mußten diese Ostraka beschriftet haben. Mit ihnen können wir nun die Lücken in unserer Kenntnis der Schrift während der Periode des Zweiten Tempels schließen. Obwohl diese Aufschriften außerordentlich kurz gehalten sind, besitzen sie doch großen paläographischen Wert und tragen damit wesentlich zur Erhellung der Geschichte der hebräischen Schrift bei. Bei der Datierung der Schriftrollen halfen uns die archäologischen und historischen Daten insofern, als sie festlegten, daß die Rollen nicht nach 73 n. Chr. entstanden sein konnten. Das genaue Datum aber ließ sich nicht bestimmen, da jede Schriftrolle mehrere Jahrzehnte hindurch im Besitz eines Eigentümers verblieben sein konnte. Bei den Ostraka hingegen war es möglich, innerhalb von sieben Jahren sicher zu datieren und mit absoluter Sicherheit festzustellen, daß jene mit den hebräischen Aufschriften zwischen 66 und 73 n. Chr. angefertigt worden waren, d. h. also in der Zeit, da die Zeloten Masada bewohnt hatten.

Aufschriften von großer Bedeutung für die Paläographie

15 Die Spuren der Verteidiger

Die Verteidiger von Masada gaben sich, wie Josephus bezeugt, selbst den Tod. Eine Ausnahme machten lediglich zwei Frauen und einige Kinder, die sich während des Massenselbstmords versteckt hatten und später der römischen Einheit die Ereignisse der letzten Minuten schilderten. Seit Beginn unserer Grabung waren wir vor allem darauf aus, die Überreste der Verteidiger zu finden, falls es solche überhaupt gäbe. Allerdings war die Wahrscheinlichkeit gering. Laut Josephus hatte General Silva in Masada eine römische Garnison eingerichtet, was durch unsere Grabung bestätigt wurde. Demnach muß angenommen werden, daß sich die römischen Soldaten allein schon aus sanitären Gründen aller Leichen entledigt hatten. Dennoch hofften wir, einige Spuren ausfindig zu machen, und überlegten daher zunächst einmal, wo wir nach ihren Überresten suchen sollten. Wie bereits erwähnt, hatten wir auf der unteren Terrasse der Palastvilla drei Skelette entdeckt, allem Anschein nach von Masada-Verteidigern. Bestand Aussicht, noch andere zu finden?

Auf der Suche nach den sterblichen Resten der Verteidiger

Eine der Stellen, wo wir mit gutem Grund Skelette Begrabener oder solcher, die von den römischen Soldaten dorthin geworfen worden waren, vermuteten, war jenes Netzwerk aus Höhlen an der Spitze des südlichen Felsvorsprungs von Masada, wenige Meter unter der Kasematten-Mauer. Man hatte offenbar einmal die Absicht verfolgt, diese Höhlen als Wasserspeicher zu benutzen, denn gleich daneben befinden sich zwei der größten oberen Zisternen von Masada. Aber einige der Höhlen fand man wohl für diesen Zweck ungeeignet, so daß das Projekt wieder fallengelassen wurde. Unsere Grabung ergab, daß einige von den Verteidigern Masadas zu verschiedenen Zeiten in diesen Höhlen gelebt hatten, wie aus Nahrungsmittelresten und zurückgebliebenem Hausrat hervorging. In einer der kleineren Höhlen stießen wir auf Schädel und andere Skeletteile, die durcheinander auf dem Boden lagen. Unter den Knochen fanden wir Leinen- und andere Stoffreste. Eine oberflächliche Prüfung ergab, daß es sich um insgesamt etwa 25 Skelette handelte, die entweder von Zeloten, Soldaten der römischen Garnison oder von byzantinischen Mönchen stammen konnten. Damals wußten wir das noch nicht genau. Heute aber, nachdem mein Kollege Dr. N. Haß von der Medizinischen Fakultät der Hebräischen Universität die Knochen untersucht hat, liegt folgender Befund vor: vierzehn Skelette stammen von Männern zwischen zweiundzwanzig und sechzig Jahren — eines sogar von einem über Siebzigjährigen —, sechs von Frauen zwischen fünfzehn und zweiundzwanzig Jahren, vier von Kindern zwischen

Skelette

Der Südabhang des Masada-Felsens mit den Höhlen unterhalb der Kasematten-Mauer. In der kleinen Höhle links wurden die Skelette gefunden (siehe S. 198/199).

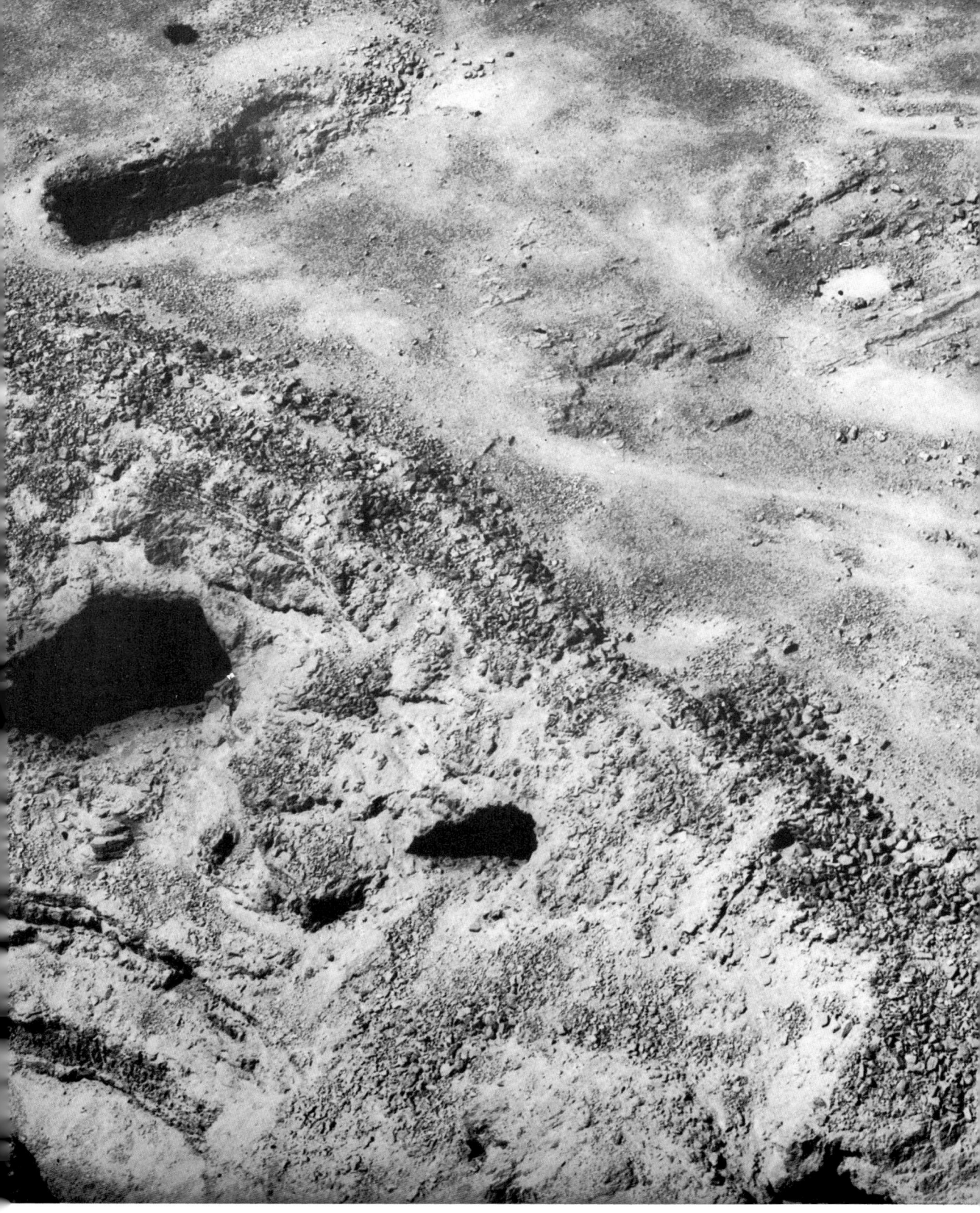

Haarflechten und Sandalen in dem Zustand, in welchem sie gefunden wurden.
Vgl. die Aufnahme auf Seite 56.

acht und zwölf und schließlich eines sogar von einem Embryo. Die Mehrzahl der Schädel war vom gleichen Typ wie jene, die wir in den Höhlen des Bar Kochba in Nahal Hever entdeckt hatten. Diese Tatsache scheint aber auszuschließen, daß es sich um Skelette von Soldaten der römischen Garnison oder von Mönchen handelt. Es können danach nur die sterblichen Überreste der Verteidiger von Masada sein.

Hatten ihre Kameraden sie während der Belagerung in diese Höhle gebracht? Das ist schwerlich glaubhaft. So bleibt nur die Möglichkeit, daß die pietätlosen römischen Soldaten sie nach dem Sieg dorthin geworfen hatten.

An keiner anderen Stelle Masadas stießen wir auf weitere Skelette. Wir machten noch an verschiedenen Stellen Probeanschnitte, wo man derartige Funde vermuten konnte, aber immer ohne Erfolg. Dabei besteht durchaus die Möglichkeit, daß wir einige Gruben mit Leichen übersehen haben. Aber ich glaube, daß unsere Grabungen im großen und ganzen unsere frühere Ansicht bestätigt haben, wonach die römischen Soldaten, die Masada einige Jahrzehnte nach dem dramatischen Ereignis besetzt hielten, das gesamte Gebiet von menschlichen Überresten säuberten. So waren also, abgesehen von den fünfundzwanzig in der Höhle und den drei Skeletten in der Palastvilla, keine körperlichen Spuren der letzten Verteidiger Masadas vorhanden. Dafür aber haben sie die bewegenden Worte des Josephus bis heute am Leben erhalten:

Denn die Männer umarmten ihre Frauen und Kinder und gaben ihnen mit Tränen in den Augen einen langen Abschiedskuß; doch im gleichen Moment vollendeten sie, was sie beschlossen hatten, als ob sie von den Händen anderer exekutiert würden; und es gab keinen anderen Trost für sie als die Einsicht, daß diese Hinrichtung notwendig war, um dem Elend, in dem sie unter ihren Feinden würden leben müssen, zu entgehen.

Bei allen archäologischen Ausgrabungen gibt es immer mindestens einen Besucher, der, nachdem man ihm alle Grabungsstätten und Funde gezeigt hat, die Frage stellt: ›Und was war denn nun Ihre allerwichtigste Entdeckung?‹ Diese Frage kann ich nur schwer beantworten, da jede archäologische Entdeckung ihre besondere Bedeutung hat. Die Bauten, die Wandmalereien, die Mosaiken haben größten Wert für das Studium der Architektur der Herodianischen Epoche und des Charakters von Masada sowie des Königs Herodes. Die Münzen und Ostraka sind von Interesse für gewisse paläographische und historische Studien. Die Tausende von Gefäßscherben, die Steingefäße, Leder- und Stroharbeiten, Kosmetikfläschchen, der Schmuck und vor allem die Schriftrollen bedeuten für die Erforschung der jüdischen Archäologie in der Periode des Zweiten Tempels einen unschätzbaren Wert.

Wenn ich aber eine einzige Entdeckung herausgreifen soll, so möchte ich auf einen Fund verweisen, der vom archäologischen Standpunkt aus nicht ganz so interessant sein mag, der aber jeden in Masada faszinierte, die professionellen Archäologen ebenso wie die freiwilligen Mitarbeiter. Dieser Fund stammte von einer der strategisch wichtigsten Stellen Masadas, nahe am Tor, das zum ›Wasserpfad‹ führt, und unweit jenes Ortes zwischen den Vorratsgebäuden und dem Verwaltungsbau, wo sich alle nördlichen Pfade des Gipfels treffen.

Die verstreuten Skelettknochen in der Höhle.

Charakteristisch für die Ruinen der öffentlichen Bauten Masadas war der hier
gezeigte Anblick: verkohlte Balken und Asche, hier in einem der Vorratsräume.

Eine Gruppe von Freiwilligen — einer unter ihnen ist, um auch das zu erwähnen, im Privatleben Elefantendompteur — räumte hier gerade den Schutt weg, als sie elf kleine Ostraka fanden, die sich von allen anderen in Masada unterschieden. Auf jedem fand sich ein einziger Name, jeder anders als der nächste, obwohl alle von der gleichen Hand geschrieben zu sein schienen. Auch die Namen waren seltsam, eher wie Spitznamen, so zum Beispiel ›Mann aus dem Tal‹ oder *Yoav* (Joab). Joab scheint zwar als Name ganz gewöhnlich zu sein, aber gerade während der Zeit des Zweiten Tempels gab es ihn ausgesprochen selten. Sicherlich war er dem Betreffenden verliehen worden, weil er sich durch besondere Tapferkeit auszeichnete.

Während wir noch dabei waren, die Ostraka zu prüfen, überfiel uns plötzlich der ungewöhnliche Gedanke: ›Könnte es sein, daß wir hier die allerletzten Überreste der Verteidiger Masadas entdeckt haben?‹ Josephus schreibt unmittelbar nach der Stelle, die wir vorhin zitierten:

Nach dem Los bestimmten sie dann zehn Männer, die die übrigen erschlagen sollten! Jeder legte sich neben seiner Frau und seinen Kindern nieder und breitete dann die Arme um sie. So boten sie ihre Nacken denen, die nach Losentscheid die traurige Pflicht erfüllen mußten. Und als diese Zehn ohne Furcht alle getötet hatten, warfen auch sie das Los, um herauszufinden, wer derjenige sein sollte, der die anderen neun töten und danach sich selbst umbringen mußte.

Vielleicht die letzten der Verteidiger?

Sollten wir wirklich jene Ostraka gefunden haben, die sie zum Losen benutzt hatten? Das werden wir kaum je mit Sicherheit erfahren. Die Möglichkeit wird allerdings durch die Tatsache unterstrichen, daß eines der elf Ostraka den Namen ›Ben Yair‹ trug. Die einfache Aufschrift ›Ben Yair‹ konnte sich zu diesem außergewöhnlichen Zeitpunkt auf niemanden anderen als Eleazar Ben Yair beziehen. So ist es auch nicht unwahrscheinlich, daß diese letzte Gruppe aus seinen zehn Befehlshabern bestand, die, nachdem der Beschluß vollständig in die Tat umgesetzt war, als letzte übrigblieben und dann auch unter sich das Los werfen mußten.

Zum Schluß noch ein Wort über Ben Yair und das vernichtende Feuer, das die Helden von Masada in den Tod geleitete. Oftmals waren wir ja während der Ausgrabungen seinen Spuren begegnet.

Ben Yair und seine Kameraden hatten in heroischer Haltung den Tod der Sklaverei vorgezogen und ihren bescheidenen Besitz in einem letzten Akt der Verachtung des Feindes verbrannt. Ihnen verdanken wir es, daß Masada zu einem Beispiel verzweifelten Mutes, ja zu einem Symbol geworden ist, das die Herzen der Nachgeborenen in den vergangenen neunzehn Jahrhunderten zutiefst bewegt hat. Diese Geschehnisse zogen Wissenschaftler und Laien nach Masada, und ein israelischer Dichter sollte ausrufen ›Masada darf nie wieder fallen‹. Diese Worte sind zur Eidesformel der israelischen Rekruten geworden, und unsere Jugend wird dafür sorgen, daß Masada nie wieder fallen wird.

Der Name ›Ben Ya'ir‹ auf einer der elf Tonscherben. Es handelt sich dabei zweifellos um Eleazar Ben Ya'ir, den Befehlshaber der Zeloten in Masada.

Masada und Israel heute

Rekruten schwören den Eid auf dem Gipfel von Masada.

Briefmarkenserie der
israelischen Post zur
Erinnerung an die
Ausgrabung von Masada.

Die von der israelischen
Regierung ausgegebene
Erinnerungsmedaille
(beide Seiten).

Historische und archäologische Übersichtstabelle

Epoche	Zeit	Die Funde
Chalkäolothikum	4. Jahrtausend	Höhlen im Felsmassiv
Erster Tempel	10. bis 7. Jahrhundert v. Chr.	Einige Gefäßscherben
Hasmonäer	103—40 v. Chr.	Münzen des Alexander Jannäus
Herodes der Große	40—4 v. Chr.	Festungsbauten, Paläste, Vorratsgebäude, Thermen, Zisternen, Münzen
Dynastie des Herodes und römische Statthalter	4 v. Chr. bis 66 n. Chr.	Hunderte von Münzen, Anbauten, Einbauten
Der große Aufstand	66—73 n. Chr.	Unterkünfte, rituelle Bäder, Synagoge, Schriftrollen, Ostraka, Münzen und Hausrat
Nach dem Aufstand	73—111 n. Chr.	Münzen der römischen Garnison, einige wenige Umbauten
Byzantinische Epoche	5.—6. Jahrhundert	Kapelle, Mönchszellen

16 Masadas Geschichte im Licht der Funde

Während unserer beiden Grabungskampagnen, die insgesamt elf Monate dauerten, wurden von uns 97% der bebauten Fläche Masadas ausgegraben. Obwohl Masada damit noch nicht alle Geheimnisse entlockt sind, können wir doch bereits mit Hilfe der archäologischen Funde die wichtigsten Abläufe seiner Geschichte rekonstruieren.

Die archäologischen Zeugnisse für die Geschichte Masadas

Wie unsere Grabung zeigte, war Masada schon im Chalkäolithikum, im 4. Jahrtausend v. Chr., bewohnt. Die Überreste seiner frühesten Bewohner legten wir in einer der kleinen Höhlen im unteren Teil des südlichen Felsvorsprungs frei: Pflanzen- und Textilreste, Matten und Scherben chalkäolithischer Gefäße. Das Masada jener Zeit darf aber noch keineswegs als geschlossene Siedlung bezeichnet werden, da es sich hier lediglich um ein paar jener für diesen Zeitraum typischen Höhlenbewohner gehandelt haben wird, die in der judäischen Wüste lebten.

Die ersten Bewohner

Was spätere Epochen anbetrifft, so fanden wir auf der mittleren Terrasse der nördlichen Palastvilla einige Scherben aus der Zeit des israelischen Königtums. Baureste, die dieser Zeitspanne zugeschrieben werden könnten, waren allerdings nicht vorhanden. So darf man vielleicht aus den Scherben schließen, daß sich auch damals nur ab und zu einige wenige Menschen hier aufhielten.

Eines unserer Grabungsziele hatte darin bestanden, die Bauten, die laut Josephus ›Jonathan der Hohepriester‹ errichtet haben sollte, aufzufinden, sie genau zu datieren und jenen ›Jonathan‹ zu identifizieren. Bei diesem Unterfangen hatten wir aber leider nur teilweise Erfolg. So stießen wir auf keinerlei Baureste, die mit Sicherheit der Zeit vor Herodes zugeschrieben werden könnten. Außerdem paßte kein Scherbenfund in die präherodianische Epoche. Andererseits entdeckten wir einige Münzen aus der Zeit des Alexander Jannäus (darunter die älteste Münze Masadas überhaupt). Wir können daher heute sagen, daß alle Bauten und Zisternen, die vor Herodes hier angelegt worden waren, wohl als das Werk des Königs Alexander Jannäus anzusprechen sind. Mithin darf man vielleicht in ihm jenen ›Jonathan den Hohenpriester‹ sehen, wie er von Josephus genannt wird.

Wer war ›Jonathan, der Hohepriester‹?

Wenn wir auch bei der Lösung dieses Problems nur teilweise erfolgreich waren, so wurden wir durch die Ausgrabung der Bauten des Herodes, seiner Paläste, Versorgungs- und Festungsanlagen voll entschädigt. Nunmehr steht fest, daß das Masada des Herodes eine Zitadelle war, von einer Kasematten-Mauer umgeben. Im Westteil befand sich sein großer Palast mit Wohn-,

Dienst- und Verwaltungsräumen. An der Nordecke gleich unterhalb der Mauer lag an den Fels geschmiegt seine private Palastvilla. Hinzu kommen noch eine Anzahl kleinerer Paläste oder Villen, die Herodes für seine Familie und hohen Beamten erbauen ließ. Den größten Teil der Nordseite hatten dagegen umfangreiche Vorratsgebäude mit langen, schmalen Räumen eingenommen. Auch die Thermen, der Verwaltungsbau und das ›Wohnhaus‹ waren in diesem Bezirk angelegt worden.

Um das Bild des herodianischen Masada abzurunden, sei noch das erstaunliche System der Wasserversorgung erwähnt, durch das die von Wolkenbrüchen stammenden Wassermassen aus den Wadis über Aquädukte in eine Reihe von Zisternen geleitet wurden, die man am Nordwesthang aus dem Fels gehauen hatte. Diese Zisternen wurden von unserer Expedition allerdings nicht ausgegraben.

In der Epoche zwischen Herodes und dem großen jüdischen Aufstand gegen die Römer war Masada ständig besiedelt. Das bezeugt zunächst Josephus, der mitteilt, daß die römische Garnison in Masada vernichtet und der Ort zu Beginn der Rebellion von Menahem erobert worden sei. Zwar konnten wir aus dieser Periode keine bestimmten Bauten ausmachen, aber andere Funde, vor allem Hunderte von Münzen aus der Zeit des Archilaos und des Agrippa sowie der römischen Statthalter, bestätigten, daß Masada auch damals bewohnt war.

Was nun das Masada der Zeloten betrifft, so können wir zusammenfassend sagen, daß diese vor allem in den Räumen der Kasematten-Mauer lebten, in die sie Trennwände eingezogen hatten. Daneben hatten sie vorwiegend Öfen und Abstellvorrichtungen aufgeführt. Als Neuankömmlinge hier keinen Platz mehr fanden, wurden neue Unterkünfte errichtet, vor allem in der Nähe der Kasematten-Mauer. Als Wohnungen für die Befehlshaber hatten offenbar die Paläste gedient. Während dieser Zeit waren fast keine neuen öffentlichen Gebäude erstellt worden. Als Werkstätten und Bäckereien benutzten die Zeloten einfach die Mauertürme. Dennoch fügten sie einige Bauten hinzu, so besonders für religiöse Zwecke, wie rituelle Bäder, eine Religionsschule und eine Synagoge, aber auch da benutzten sie zum größten Teil bereits vorhandene Räume. Einige der Herodianischen Anlagen, so vor allem die Vorratshäuser, wurden von den Zeloten unverändert weiter verwendet, da sie ihren Bedürfnissen entsprachen. Andere, wie die Palastvilla und die nur schmückenden Bauteile, mußten als willkommenes Baumaterial für das südliche *mikwe*, für die Sitzreihen der Synagoge, für Tische usw. herhalten. Etwa vorhandene luxuriöse Fußböden aus Holz wurden herausgerissen und namentlich im Endstadium der Belagerung als Brennmaterial verwertet. Es hat übrigens ganz den Anschein, daß Teile der Palastvilla bereits weitgehend verfallen waren, als die Zeloten nach Masada kamen.

Die umfangreichen Ansammlungen von ›Pfennigen‹ (*prutot*) — Bronzemünzen — aus der Zeit des Aufstandes, die wir vor allem in den öffentlichen Bauten, wie dem südlichen *mikwe*, den nördlichen Vorratsgebäuden, dem westlichen Palast und den Bäckereien entdeckten, deuten darauf hin, daß das Leben in Masada auf Gemeinschaftsbasis mit zentralistischer Planung und

Kontrolle organisiert war. Diese Münzen und Ostraka wurden wahrscheinlich als Bons für die Nahrungsmittelrationierung und Dienstleistungen innerhalb der gesamten Gemeinschaft verwendet.

Alle öffentlichen Gebäude erweckten den Eindruck, als seien sie von einer einzigen riesigen Feuersbrunst vernichtet worden, wie sie der Beschreibung des Josephus entsprechen würde. Einige solcher Anzeichen fanden sich auch in den Wohnräumen der Zeloten, wo sich in den Aschenhaufen teilweise noch Reste ärmlichen Hausrats erhalten hatten.

Brandspuren bestätigen die Angaben des Josephus

Zur römischen Besatzung nach dem Aufstand bemerkt Josephus nur, daß General Silva eine Garnison eingerichtet habe, macht aber leider keine genauen Angaben über die Mannschaftsstärke oder die Dauer des Aufenthalts. Nunmehr steht jedoch fest, daß die Römer mindestens vierzig Jahre in Masada zubrachten. Den Beweis dafür liefern die Münzen, die wir auf dem Gipfel sowie im großen römischen Lager am Fuß der Westseite fanden. Dieses war das Lager des Silva, dessen innerer Teil — wie unsere Grabung ergab — nach der Eroberung ausgebaut worden war.

Hinsichtlich der Besiedlung während der byzantinischen Epoche haben unsere Untersuchungen folgendes ergeben: Nach dem starken Erdbeben, welches das ganze Gebiet erschüttert und die meisten Gebäude auf dem Gipfel Masadas vernichtet hatte, hatten sich dort Mönche niedergelassen. Deshalb fanden sich die Grundmauern ihrer Zellen hoch oben auf Bergen von Trümmern und Steinen, die die Überreste der römischen Garnison und der letzten Verteidiger von Masada deckten. Die Ausgrabung der römischen Lager und der riesigen Zisternen bleibt der Zukunft vorbehalten. Aber sicherlich wird auch diese Arbeit eines Tages in Angriff genommen werden.

Besiedelung nach dem Erdbeben, in byzantinischer Zeit

Luftaufnahme von Masada nach Südosten. Silvas Lager F rechts im Vordergrund, darüber das kleinere römische Lager E mit einem Teil der Umwallung. In der Mitte des Westhangs von Masada die römische Rampe.

17 Die Gegenseite

Wir haben fast unseren gesamten Bericht nur der Festung Masada, dem Fels mit seinen Bauten, Befestigungsanlagen und den letzten Verteidigern, gewidmet, ohne auf die Umgebung einzugehen. Der Grund ist nicht darin zu suchen, daß etwa nur die Überreste auf dem Gipfel von archäologischem Interesse wären oder die Bewunderung für den Heldenmut der Zeloten uns zu dieser Ausschließlichkeit gedrängt hätte, sondern es liegt uns vor allem daran, von der Grabung zu berichten, und diese war auf den Felsgipfel beschränkt.

Es gibt nun allerdings kaum ein eindrucksvolleres Zeugnis für den Mut der Verteidiger als die Ruinen der römischen Lager und Belagerungsbauten rings um Masada. Sie zeigen, daß die Römer die Schwierigkeiten richtig einschätzten, die sie bei der Eroberung der Festung mit den 960 Zeloten erwarteten. Die römischen Überreste sind gut erhalten, was teils auf die Trockenheit der Wüste, teils aber auch auf die Abgelegenheit zurückzuführen ist, die eine Besiedelung ausschloß. Auf diese Weise wurden die Bauten davor bewahrt, als Steinbrüche mißbraucht zu werden. Die heute noch vorhandenen Ruinen gehören mit zu den besten Beispielen römischer Belagerungsbauten.

Allerdings wurde bisher nur eines dieser Lager von Shmaryahu Guttman teilweise ausgegraben und restauriert. Die Grundrisse der Lager sind andererseits schon von so bekannten Archäologen wie Schulten, Hawkes, Richmond und anderen in großen Zügen untersucht worden. Dazu brauchten sie keine Ausgrabungen vorzunehmen, denn die Lager waren ausgesprochen gut erhalten. Noch die heutigen Luftaufnahmen zeigen ihre Anordnung recht deutlich. Unsere Expedition nahm nur an einem oberflächliche Ausgrabungen vor; sie galten jedoch nicht den Bauresten, sondern den Gefäßtypen. Wir brauchten sie für den Vergleich mit den Tongefäßen vom Gipfel, welche die römischen Soldaten nach der Eroberung benutzt hatten. Daher sehen wir uns außerstande, von uns aus früheren Beschreibungen der römischen Belagerungsbauten etwas hinzuzufügen.

Die bisherigen Untersuchungen sind natürlich keineswegs zufriedenstellend. Die genannten Gelehrten verbrachten meist nur kurze Zeit an Ort und Stelle. So nur ist zu erklären, daß Schulten, Richmond und Guttman drei voneinander abweichende Grundrisse für ein und dasselbe Lager (Lager A) vorlegen. Da die Unterschiede beträchtlich sind, könnten nur detaillierte Grabungen den wahren Grundriß zutage bringen. Dennoch können wir uns ein allgemeines Bild von den militärischen Anstrengungen der Römer machen.

Belagerungsbauten rund um Masada nur kurz untersucht

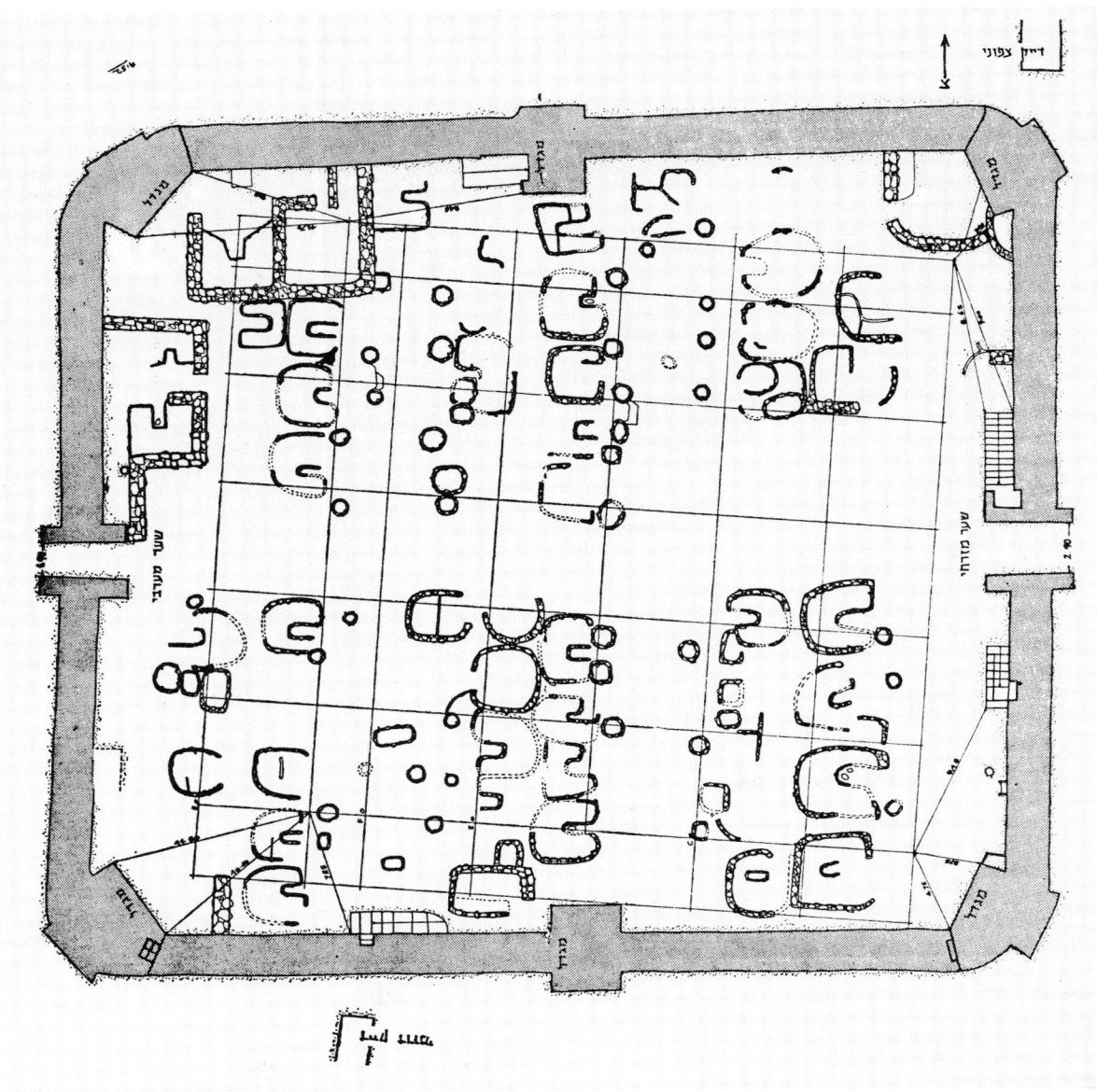

Grundrisse vom Römerlager A
1 Guttmans Grundriß
2 Richmonds Grundriß
3 Schultens Grundriß

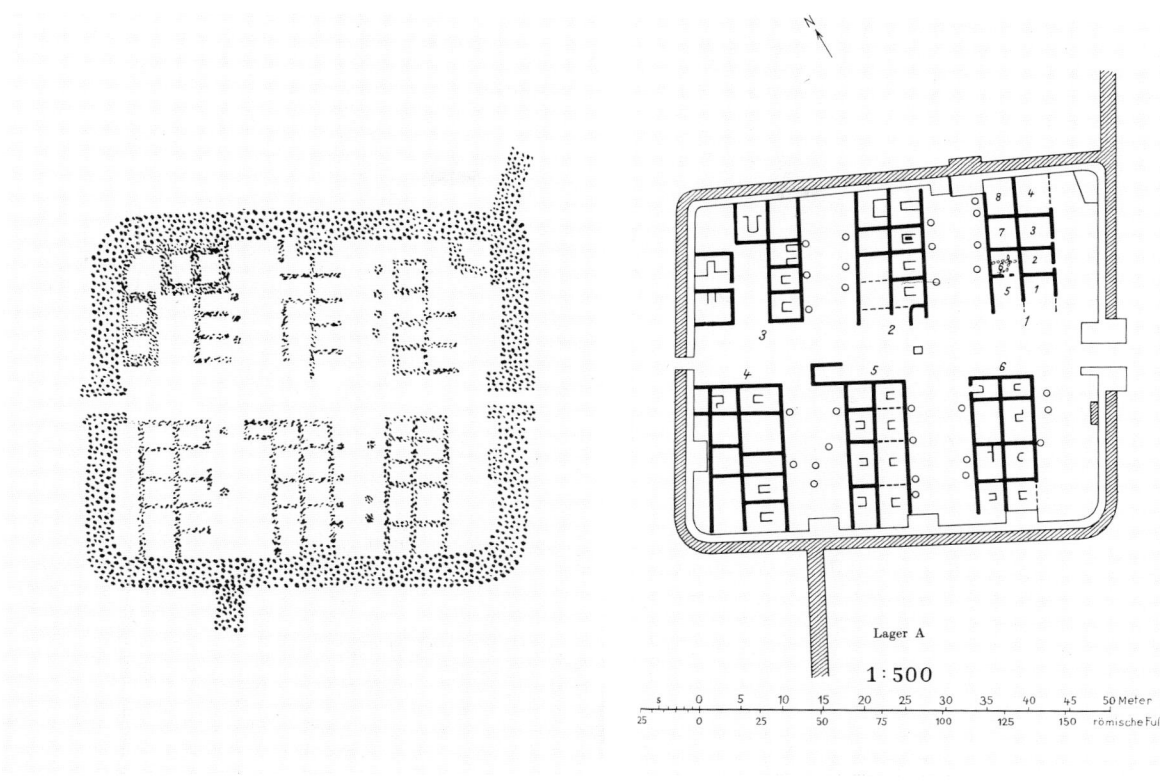

Lager A

1:500

```
  5    0    5    10   15   20   25   30   35   40   45   50 Meter
 25    0        25        50        75       100       125      150   römische Fuß
```

2   3

Außerdem erklären und ergänzen die Schriften des Josephus das, was heute noch steht.

Im folgenden kurzen Abriß werden wir mit den Lagern und dem Belagerungswall beginnen und mit den Bauten enden, die letztlich die Eroberung ermöglichten. Hören wir zunächst Josephus über ›die Gegenseite‹:

Nach dem Tode des Bassus (Provinzstatthalter) folgte Flavius Silva als Provinzstatthalter von Judäa. Er stellte fest, daß das ganze Land unterworfen war bis auf einen einzigen Rebellenherd. Er rief seine an verschiedenen Plätzen stationierte Armee zusammen und beschloß, gegen dieses Widerstandsnest vorzugehen. Das war die Festung Masada . . . Der römische General führte sein Heer gegen Eleazar und jene Sicarii, die mit diesem zusammen das Fort Masada besetzt hielten. Das umliegende Land unterwarf sich sofort und erhielt an verschiedenen Stellen römische Garnisonen. Auch baute er (Silva) eine Mauer, die fast die ganze Festung umschloß, damit keiner von den Belagerten entkommen könnte. Die Mauer wurde von seinen Männern bewacht. Sein Lager legte er an einem Platz an, der für die Belagerung am günstigsten schien. Es war die Stelle, wo sich der Festungsfelsen dem nächsten Berg am meisten näherte. Dennoch war es schwierig, die Versorgung sicherzustellen; denn nicht nur die Nahrungsmittel mußten von weit her herangeholt werden — was den (gefangenen) Juden, die damit beauftragt waren, große Not bereitete —, sondern auch das Wasser mußte dem Lager aus weiter Entfernung zugeführt werden, da es in der Nähe keine Quelle gab.

Umseitig: Luftaufnahme von Masada und den umliegenden römischen Lagern, die mit Buchstaben bezeichnet sind. Links im Bild Norden.

Als ich diese Stelle bei Josephus las, mußte ich an unsere eigenen Schwierigkeiten denken, die wir beim Einrichten unseres Lagers zu überwinden hatten.

Die Worte des Josephus lassen den grundsätzlichen Plan des Generals
Silva und die Probleme, die er zu lösen hatte, deutlich erkennen. Bevor wir
aber die Belagerungsbauten beschreiben, müssen wir uns folgende Frage vorlegen: Welches militärische Ziel verfolgte Silva? War er etwa gezwungen,
seine Pläne im Verlaufe der Ereignisse abzuändern? Mit anderen Worten:
Glaubte Silva vielleicht, daß er die Verteidiger Masadas durch die Belagerung
bezwingen werde, und war er nur an der Einnahme der Festung interessiert?
Oder verfolgte er die Absicht, komme was da wolle, alle Belagerten, tot oder
lebendig, zu fangen?

Wie mir scheint, lassen die Worte des Josephus sowie die Planung der
Lager und der Belagerungsanlagen keinen Zweifel an der Beantwortung dieser Frage. Silva wußte, daß die Verteidiger von Masada zu den mutigsten,
eifrigsten und hartnäckigsten Leuten gehörten, die je einer römischen Armee
getrotzt hatten. Ihre kämpferischen Fähigkeiten waren bekannt. Da Silva
außerdem darüber orientiert war, daß sie über ziemliche Mengen an Wasser
und Nahrungsmitteln verfügten, konnte er kaum annehmen, daß die Belagerung allein sie auf die Knie zwingen werde. Das hätte zuviel Zeit in Anspruch
genommen. Wegen der klimatischen Bedingungen mußte die Eroberung Masadas auf jeden Fall vor Beginn des glühendheißen Sommers beendet sein.
Daraus folgt aber, daß Silva von vornherein einen Angriff auf die Festung
vorhatte.

Warum verwandte er dann soviel Energie auf die Einkreisung Masadas,
indem er eine fast 3500 m lange Belagerungsmauer erbauen ließ? Die Ant-
wort gibt Josephus in den eben zitierten Worten: Die Mauer sollte verhindern,
daß von den Belagerten jemand entkommen konnte: sicher war gerade das
Silvas Hauptanliegen. Wie hoch auch der strategische Wert der Festung Masada für die römische Armee anzusetzen ist, was wirklich zählte, waren die
960 Männer, Frauen und Kinder auf dem Gipfel, die die Ruhe des Römischen
Reiches störten. Judäa war unterworfen. In Rom hatten sie ihren Triumph-
bogen errichtet. Nur hier (nach der Einnahme von Herodion und Machäros)
bedrohte noch eine Handvoll Rebellen die Macht Roms. Sie wurden als doppelte Gefahr empfunden. Einmal konnten sie Masada als Basis für Ausfälle
gegen Siedlungen und römische Garnisonen benutzen, zum anderen, und das
scheint der wichtigere Gesichtspunkt, konnte allein das Vorhandensein der
Zeloten den Aufstand erneut auflodern lassen, dessen Funken noch schwel-
ten – wie es sechzig Jahre später der Aufstand des Bar Kochba zeigte. Man
kann sich also die strikten Befehle von Titus in Rom an Silva in Palästina gut
vorstellen, die besagten, daß das ›Rebellennest‹ zu beseitigen sei, und zwar um
jeden Preis und ohne Verzögerung. Und es ist sicher kein Zufall, daß die
Eroberung Masadas in Rom nicht gefeiert wurde und auch in den Annalen
der Zeit keine Erwähnung fand. Nach offizieller römischer Sprachregelung
war Judäa nämlich schon drei Jahre zuvor erobert worden und Münzen mit
der Aufschrift *Judaea Capta* bereits im Umlauf.

Der Aufwand, mit dem man den Wall um Masada anlegte, erregt noch

Die römische Münze mit der Aufschrift ›Judaea Capta‹. Die Darstellung zeigt einen triumphierenden römischen Legionär und eine jüdische Gefangene unter einer Palme.

heute unsere Bewunderung. Sogar fast unzugängliche Hänge hatte man nicht ausgelassen. Der 2 m breite Wall wurde im östlichen Teil noch durch zwölf Türme in Abständen von 80—100 m verstärkt. Ebenso eindrucksvoll sind die acht um den Fuß der Festung verteilten Lager. Sie zeichnen sich in der Landschaft so klar ab, daß man vom Flugzeug oder Gipfel aus denkt, sie seien eben verlassen worden. Die Lager hatten drei Aufgaben zu erfüllen: als Quartiere für die Truppen zu dienen, Überblick über mögliche Fluchtwege zu gewähren und Verteidigungsbastionen gegen etwaige kurze Überfälle zu sein. Dementsprechend waren sie angelegt. Es gab zwei große und sechs kleine, die großen (B) im Osten und (F) im Westen. Diese letzteren befanden sich außerhalb der Umwallung, die sich also zwischen ihnen und der Festung erhob. Lager B mißt 135 m mal 170 m und Lager F 125 m mal 150 m. Beide sind in der Größe und dem Grundriß dem klassischen Legionslager sehr ähnlich. Ohne Zweifel lag hier der schlagkräftigste Teil der Zehnten Legion *(Fretensis)*, ungefähr eine Hälfte im B-, die andere im F-Lager. Nach dem Bericht des Josephus befand sich das Hauptquartier des Oberbefehlshabers Silva im Lager F.

Die Lage der römischen Feldlager

Dieses liegt nördlich von der Angriffsrampe, aber ihr so nahe, daß Silva von diesem günstigen Platz aus nicht nur den Kampfverlauf leicht verfolgen, sondern, wenn er wollte, auch mit Eleazar sprechen konnte. (Die Akustik ist hier so gut, daß wir uns vom Gipfel herab mit den Leuten unterhielten, die einen Teil dieses Lagers ausgruben.) So konnten wir uns vorstellen, wie Belagerer und Belagerte im Sinne ›psychologischer Kriegführung‹ an diesem Frontabschnitt Flüche und Beschimpfungen ausgetauscht hatten.

Das große Lager B im Osten von Masada. Im Hintergrund ein Bus
auf der zur Jugendherberge führenden Straße.

217

Für den Archäologen stellt das Lager insofern ein besonderes Problem dar, als bei Errichtung eines kleineren Lagers (F 2) an seiner Nordwestecke Teile der ursprünglichen Anlage zerstört worden sind. Daraus ergibt sich, daß F 2 später anzusetzen ist, aber die Wissenschaft ist sich in der genaueren Datierung nicht einig. So vermuten einige Gelehrte, daß hier die römische Garnison unmittelbar nach der Eroberung Masadas untergebracht war, andere halten die Entstehung für wesentlich später. Danach soll F 2 Teil des palästinensischen Limes aus der Zeit des Diokletian sein, also gegen 300 n. Chr.

Gefäße und Münzen verhelfen zur Datierung des Lagers F

Wie ich schon erwähnte, gruben wir nur kurze Zeit wegen der Tongefäße im Lager F, aber da wir nun schon einmal da waren, wollten wir auch gleich die Datierung von F 2 feststellen. Es ergab sich, daß es unmittelbar nach dem Fall Masadas von der römischen Garnison benutzt worden war. Alle Scherben und Münzen stammten aus der Zeit des letzten Jahrzehnts des 1. Jahrhunderts und dem Beginn des 2. Jahrhunderts n. Chr.

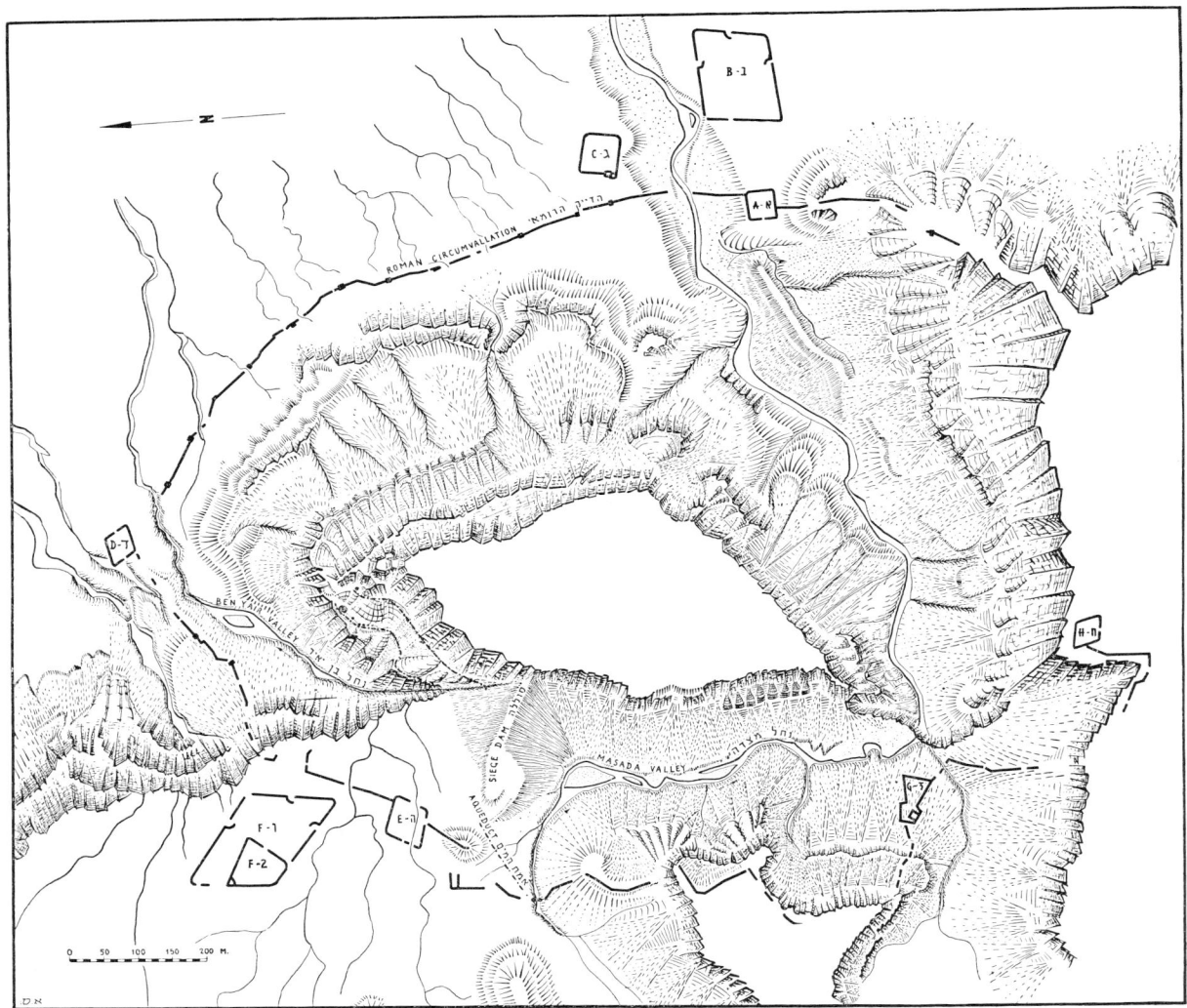

Karte von Masada und seiner Umgebung. Eingezeichnet sind die römischen Lager, die Umfassungsmauer und der herodianische Aquädukt.

Die beiden großen Lager B und F sind einander sehr ähnlich. Sie haben vier Tore, eines an jeder der vier Seiten, in die die beiden Straßen des Lagers münden: die Ost-West- und die Nord-Süd-Verbindung. An der Ost-West-Straße *(via praetoria)* lag das Hauptquartier, die Nord-Süd-Achse war die Straße der Truppenkommandeure *(via principalis)*. Die Tore römischer Lager führten im allgemeinen die folgenden Bezeichnungen: *porta praetoria* (Vordertor) und *porta decumana* (Hintertor), so genannt nach der zehnten Einheit der Legion, die dort ihren Standplatz hatte. Diese beiden Tore verband die *via praetoria*, während die *via principalis* die *porta principalis dextra* (rechtes Tor) mit der *porta principalis sinistra* (linkes Tor) verband.

Die Tore waren durch innere Barrieren *(claviculae)* geschützt, die sich vom Eingang aus nach innen verschmälerten anstatt sich, wie bei den späteren hadrianischen Lagern zur Zeit des Bar Kochba, nach außen zu erweitern, was wir z. B. bei den Lagern um Nahal Hever feststellten.

Die Hauptbauten und ihre Lage im Zentrum ließen sich besonders bei Lager B genau bestimmen: so vor allem der Kommandostand *(praetorium)* mit seinem großen zentralen Hof und dem Refektorium *(triclinium)*, das an drei Seiten steinerne Bänke hatte und zwölf Menschen aufnahm; ferner Kultplätze und Anlagen für zeremonielle Anlässe; die Tribüne *(tribunal)* in den Maßen 3 m mal 3 m und fast 1 m hoch, mit einer Plattform für den Befehlshaber, der dort Paraden abnahm oder zu seinen Truppen sprach; die Altäre für die Opfer der Legion *(arae)*; dann schließlich das ›Vogelschau-Observatorium‹ *(auguratorium)*, von dem aus die Priester den Vogelflug auf gute und schlechte Vorzeichen hin, oder auch die Sterne, beobachteten. Diese Lager hatten ferner einen Markt *(forum)* und ein Schatzhaus *(quaestorium)*.

Am meisten fielen an den großen wie den kleineren Lagern in Masada Hunderte von ›Quartieren‹ *(contubernia)* auf, von denen jedes acht bis neun Soldaten aufnehmen konnte. Was man heute von diesen Zeltunterkünften sieht, sind niedrige Geröllmauern, etwa 90 cm bis 1,20 m hoch. Darüber wurden an Pflöcken befestigte Zelte aufgespannt. Auf diese Weise hatten die Römer in Masada das Problem der Truppeneinquartierung gelöst. Unsere eigene Erfahrung mit Zelten läßt vermuten, daß wohl auch die Römer von Zeit zu Zeit unter den Winterstürmen gelitten haben werden. In Übereinstimmung mit römischen Armee-Gepflogenheiten befanden sich die Lager meist am Abhang eines Hügels, wo sie den Sturzbächen besonders ausgesetzt waren. Jedes Zelt hatte Essens- und Schlafeinrichtungen. Das Innere war meist wie ein *triclinium* angelegt — Steinbänke, auf denen die Soldaten schliefen und während der Mahlzeiten saßen. Einige gut erhaltene *triclinia* gruben wir im Lager F aus. Die Feuerstellen in der Umgebung der Zelte zeigten an, daß das Essen neben den Zelten zubereitet worden war. Die kleinen Lager unterscheiden sich von den großen schon durch ihre Lage. Alle, außer C, sind mit dem Belagerungswall verbunden. Demnach hatten sie als Wachlager gedient, von denen aus der Wall und alle umliegenden taktisch wichtigen Stellen überblickt werden konnten.

So kontrollierte das Lager A möglicherweise den Fluchtweg durch das Wadi Sebbeh (Nahal Masada), während Lager D den Ausgang des Wadi

Luftaufnahme nach
Westen. Oben rechts
das Lager F mit dem
eingebauten kleineren
Lager F 2,
links davon Lager E.

Nimrein (Nahal Ben Yair) überwachte. Von dem einzigen — außer den beiden großen — außerhalb der Mauer gelegenen Lager C aus konnte man sicher den Anfang des ›Schlangenpfades‹ übersehen. Außerdem war es offenbar auf Grund der Terrainbeschaffenheit weiter von der Umzingelungsmauer weg und näher zum Lager B hin errichtet worden, damit es diesem großen Lager Schutz bieten konnte. Die gleiche Aufgabe hatte Lager E für das große Lager F. Abgesehen davon überwachte es den westlichen Zugang zu Masada und lag vom Standpunkt der Belagerer aus an der strategisch wichtigsten Stelle: Von da aus konnte man den Belagerten den Zugang zu den Zisternen im westlichen Abhang verwehren. Die Position der Lager G und H mutet zunächst merkwürdig an. Nach unserer Grabung auf dem Gipfel haben wir aber auch dafür eine Erklärung. Im Kapitel über den südlichen Teil der Kasematten-Mauer deuteten wir an, daß an dieser Stelle im Notfall der Auf- und Abstieg möglich war. Lager G war nun (im Südwesten) so ausgerichtet, daß von ihm aus Bewegungen der Belagerten an dieser Stelle verhindert werden konnten. Lager H befand sich genau gegenüber der Südspitze Masadas auf dem Vorgebirge im Süden von Wadi Sebbeh (Nahal Masada), ein idealer

Bänke in einem der aufgemauerten Unterbauten eines römischen Zeltes.

Ausguck auf den gesamten südlichen Bereich. Von ihm aus konnte man sogar auch das Plateau auf dem Gipfel überblicken.

Die Lager A, D, G und H konnten je fünf *centuriae* Hilfstruppen fassen, also insgesamt 2000 Mann. Die Lager C und E waren für je 1000 Mann berechnet, so daß innerhalb der Lager, einschließlich der Legion, allein 9000 Mann untergebracht werden konnten. Rechnet man den Kampftruppen die nach Tausenden zählenden jüdischen Gefangenen zu, so dürfte die gesamte Belagerungsarmee mit 15 000 Mann nicht zu hoch angesetzt sein. Nach Josephus waren die Gefangenen beim Wasser- und Nahrungsmitteltransport eingesetzt und halfen zudem bei den Bauarbeiten.

In der Umgebung der römischen Lager hatten sich Händler und eine Menge ›Volks‹ niedergelassen. Die Ruinen ihrer kümmerlichen Hütten sind überall, vor allem aber neben den Lagern E und F, sichtbar. Sie hatten meist zwei, bisweilen drei ›Zimmer‹, die offensichtlich auch zum Teil aus Zelten mit Steinfundamenten bestanden hatten. Wir fanden Fragmente nabatäischer Gefäße in großen Mengen in den Ruinen dieser Bauten wie in den Lagern, so daß wohl der Schluß erlaubt ist, viele der Händler und wahrscheinlich auch ein

Blick von einer Kasematte auf die römischen Lager A *(rechts)*, B *(Mitte)* und C *(links)*.
Der Basaltmörser im Vordergrund wurde in diesem Raum an der Ostseite der Mauer gefunden.

Fragment einer nabatäischen Schale, wie wir sie sowohl
auf dem Gipfel wie in den römischen Lagern fanden.

Teil der Hilfstruppen seien Nabatäer gewesen. Ihre Gefäße wurden nicht nur
in den kleinen Lagern, sondern auch in den Quartieren der späteren römischen
Garnison auf dem Gipfel gefunden. (Die Entdeckung dieser Tonware ist von
großem archäologischen Interesse, weil nunmehr diese Gefäße in ihrer klassischen Form bis in die siebziger Jahre des 1. Jahrhunderts n. Chr. belegt sind.)

Als die große Wallmauer stand, die nach den Lagern gebaut worden war,
hatte General Silva die erste Planungsstufe erreicht. Nun nahte der Zeitpunkt
für den Angriff; denn die Verteidiger von Masada waren umzingelt.

Gegenüber: Die beherrschende Position von Lager H.
Von da aus überblickt man den Südteil des Gipfels von Masada.

Die Rampe (Sturmbrücke)

Die Rampe, die die Römer am westlichen Abhang von Masada als Sturmbrücke so anlegten, daß sie unmittelbar nördlich des Westtores bis hin zur Kasematten-Mauer aufstieg, ist zweifellos eines der bemerkenswertesten römischen Belagerungswerke, das sich bis in unsere Tage erhalten hat. Die vergangenen Jahrhunderte haben ihm kaum zugesetzt. Josephus schreibt darüber:

> Wie schon erwähnt, umgab der Römerfeldherr Silva den ganzen Platz mit einer Mauer, so daß keiner von den Belagerten mehr entkommen konnte. Nunmehr ging er an die Belagerung selbst, obwohl er nur einen Platz fand, der die geplante Erdaufschüttung ermöglichte. Hinter dem Turm, der den von Westen her zum Palast und zum oberen Teil des Berges führenden Pfad beherrschte, erhob sich ein breiter Fels, der einen starken Vorsprung bildete und 300 Ellen unter dem höchsten Teil Masadas lag. Er hieß ›der weiße Felsvorsprung‹. Silva besetzte ihn und befahl den Soldaten, Erde heranzuschaffen. Die Leute arbeiteten eifrig, und bald erhob sich ein Damm von 200 Ellen, der aber noch nicht hoch und fest genug war, um die Belagerungsmaschinen aufzunehmen, so daß ein weiterer Aufbau aus Quadersteinen aufgeführt werden mußte, der 50 Ellen hoch und 50 Ellen breit war.

Die weiße Farbe der Rampe hat alle bisherigen Besucher Masadas überrascht. Das verwendete Baumaterial stammte eben größtenteils vom ›weißen Felsvorsprung‹, der sich bis heute an der von Josephus beschriebenen Stelle erhebt.

Die Maßangaben des Josephus stimmen
Die Maßangaben von Josephus sind außerordentlich korrekt, falls er die Entfernung von der Höhe des Westrandes von Masada bis zum trockenen Flußbett unten als Meßpunkte für den Abstand von Gipfel und Boden gewählt hat. Die tatsächliche Entfernung zwischen der Basis der Rampe und der Kasematten-Mauer beträgt etwa dreiundsiebzig Meter. Wie man heute noch sehen kann, erreicht die Rampe die Kasematten-Mauer nicht ganz, sondern endet etwa achtzehn Meter tiefer. Auch dieses Merkmal entspricht der Beschreibung des Josephus. Die gesamte Länge der Erdaufschüttung liegt bei 196 m, während ihre größte Breite in der Nähe der Festung ungefähr die gleiche Zahl ausmacht.

Der Aufstieg zum Gipfel ist heute vermittels der Rampe leicht, da am oberen Ende ein Fußpfad angelegt wurde. Wenn man diesen Weg hinaufklettert, sieht man zur Linken Holzreste und Pfahlspitzen aus der weißen Erde herausragen. Es handelt sich dabei sicher um die Rippen des Holzgerüstes, das während der Aufschüttung das Erdreich am Abgleiten hindern sollte. Von der großen Plattform auf der höchsten Rampenerhebung ist heute nichts mehr zu bemerken. Ihre Steinquadern werden seit langem unten im Wadi liegen.

Der Belagerungsturm auf der Rampe
Die Erdaufschüttung sollte an ihrer höchsten Stelle einen Belagerungsturm tragen, ferner einen Rammbock mit einem Katapult-Überbau. Auch diese Belagerungsmaschinen hat Josephus beschrieben:

Die Belagerungsmaschinen waren so ähnlich wie jene, die einst Vespasian und später Titus konstruiert hatten. Es wurde noch ein Turm von sechzig Ellen Höhe errichtet,

Gegenüber: Die römische Rampe vom Gipfel aus. Im Hintergrund in der Mitte und links das Lager unserer Expedition. In der linken Bildhälfte unser Lastenaufzug.

Blick auf Masada nach
Südosten nach Abschluß
der Grabung. Rechts
die römische Rampe,
die fast bis zum Gipfel
reicht.

der vollkommen mit Eisenplatten gepanzert war und aus dem die Römer Wurf-speere und Steine schleuderten. Die auf der Mauer kämpften, mußten sich vor diesen Waffen bald zurückziehen und konnten nicht mehr wagen, ihre Köpfe über die Mauer zu heben. Gleichzeitig ließ Silva einen großen Rammbock bereitstellen und gegen die Mauer richten. Häufige Schläge brachten, wenn auch mit Mühe, die Mauer schließlich zum Bersten.

In unserem Abschnitt über die Funde in den westlichen Kasematten-Räumen berichteten wir bereits über Hunderte von weißen Katapult-Geschossen, die ungefähr die Größe einer Grapefruit hatten. Damit erhalten die Aussagen des Josephus eine weitere Bestätigung, obwohl er, im Gegensatz zur Belage-rung von Jerusalem und von anderen Städten, in Masada nicht persönlich zu-gegen war. Das erklärt auch, warum sein Bericht an dieser Stelle relativ kurz und trocken ausfällt und er keine Details über die Katapulte, den Rammbock und die Gegenaktionen der Verteidiger mitteilt. Zur Verdeutlichung der Sach-lage sei hier aus dem Bericht über die Belagerung Jerusalems zitiert:

Der Bericht des Josephus von der Belagerung Jerusalems

Alle Legionen verfügten über außerordentlich kunstvolle Kriegsmaschinen, aber alle übertraf die 10. Legion. Sie hatte Maschinen für den Abschuß von Wurfspeeren und andere für Steinschleudern, so daß sie damit nicht nur die Ausfälle bekämpfte, sondern die Juden auch von der Mauer vertreiben konnte. Die Steine wogen ein Talent (etwa 40 Pfund) und flogen zwei Stadien und weiter (360 m). Vor ihnen konnte man sich nicht nur in den vorderen Reihen, sondern auch weiter hinten nicht mehr schützen. Die Juden konnten die Steine hören, wenn sie angeflogen kamen, aber sie sahen sie vor allem auch, denn da sie weiß waren, glänzten sie. So riefen die Turm-wächter, sobald die Schleudermaschine in Gang gesetzt wurde. Sie schrien ihnen in ihrer Muttersprache zu: ›Der Stein kommt!‹ Jene, auf die gezielt war, rannten dann weg und warfen sich zu Boden. Da dieser Wachdienst eingerichtet war, konnten die Steine nicht soviel Schaden anrichten. Aber die Römer sannen auf ein Gegenmittel. Sie färbten die Steine schwarz, so daß sie nicht mehr vom Abschuß her beobachtet werden konnten. Auf diese Weise erreichten die Römer mit gutem Erfolg ihre Ziele. Jedesmal kamen viele durch einen einzigen Schuß um.

Wahrscheinlich übertreibt Josephus bei der Gewichtsangabe der Stein-geschosse, aber alle anderen Einzelheiten treffen wohl auch auf Masada zu.

Was unternahmen nun die Verteidiger auf dem Gipfel, während unten die Rampe angelegt wurde? Sicher hatten sie versucht, die Bauarbeiten mit allen nur erdenklichen Mitteln zu stören. Aber da sich die Römer auf eine einzige Stelle konzentrierten, konnten die Belagerten an einer so schmalen Front un-möglich wirksamen Gegendruck ausüben, zumal die Römer ihre Leute unter gezieltem ›Deckungsfeuer‹ arbeiten ließen — wie sie es auch bei ihrem Vor-gehen in Jerusalem getan hatten. Wie unsere Grabung an einigen strategisch wichtigen Stellen des Gipfels erbrachte, war es den Zeloten nicht möglich ge-wesen, ihre ›Rollsteine‹ einzusetzen, da diese Teile gar nicht angegriffen wor-den waren. Wahrscheinlich hatten sie im westlichen Teil einige dieser Steine schon zum Einsatz gegen die Römer gebracht, aber nicht mit dem erforder-lichen durchschlagenden Erfolg. So konnten die Römer schließlich ihre Rampe vollenden, ihre Belagerungsmaschinen nach oben bringen und jene verhäng-nisvolle Bresche in der Kasematten-Mauer erzielen.

Diese Bresche war das Werk des Rammbocks, der vom Inneren des Belage-
rungsturmes aus bedient und an der Mauer direkt über der Erdaufschüttung
angesetzt worden war. Unsere Ausgrabungen haben gezeigt, daß an dieser
Stelle bis auf den heutigen Tag die Mauer fehlt. Unmittelbar nach dieser
Aktion unternahmen die Verteidiger den verzweifelten Versuch, die Bresche
zu schließen. Damit hatten die Römer offensichtlich nicht gerechnet, wie aus
dem Bericht des Josephus hervorgeht. Er schildert diese Vorgänge äußerst
genau:

Die Verteidiger schließen die Bresche in der Kasematten-Mauer

Aber die Sicarii im Innern der Festung führten in Eile eine zweite Mauer auf, die
den Belagerungsmaschinen widerstehen sollte. Sie bestand aus elastischem Material
und war gegen die furchtbaren Stöße nicht so anfällig wie die erste Mauer. Sie war
folgendermaßen gebildet: Längsseits wurden große Balken aneinandergefügt, einer
eng neben dem anderen. So entstanden zwei Reihen mit einem Zwischenraum, der
mit Erde ausgefüllt wurde. Damit das Erdreich zwischen den Balkenreihen durch
eine weitere Aufstockung nicht nachgäbe, wurden die Balken untereinander verbunden. Diese Konstruktion erwies sich tatsächlich als wirkungsvoll gegen die Stöße,
da sie das Material nur fester zusammenrüttelten und so den Bau eher stärkten. Als
Silva das bemerkte, kam er zu dem Schluß, daß er dieser Mauerkonstruktion wohl
am besten mit Feuer beikommen könne. So befahl er den Soldaten, sie mit großen
Fackeln zu beschießen. Natürlich fing die Mauer Feuer, da sie im wesentlichen aus
Holz bestand. Sie brannte bald lichterloh, da sie doch verhältnismäßig lose gefügt
war.

Jetzt aber trat ein, was wir am Anfang des Buches schilderten, als wir über
die klimatischen Verhältnisse Masadas und die ständig wechselnden Windböen
sprachen. Hier noch einmal Josephus:

Zu Beginn des Feuers erwies sich der Nordwind als ungünstig für die Römer, denn
er drückte die Flammen nach unten und in ihre Richtung, so daß sie schon am Erfolg
zweifelten, zumal sie befürchten mußten, daß die Belagerungsmaschinen Feuer fangen
könnten. Da drehte sich mit einem Male der Wind, wie auf göttliches Geheiß. Der
Wind wurde zum Südwind und trieb das Feuer gegen die Mauer, die bald vollkommen in Flammen stand. Die Römer kehrten voll Freude in ihr Lager zurück,
da Gott zu ihren Gunsten eingegriffen hatte. Sie beschlossen, ihre Feinde am nächsten
Tag anzugreifen. Während der Nacht aber stellten sie die Wachen besonders sorgfältig auf, damit niemand von den Juden unentdeckt entkommen konnte.

18 Der Untergang

Nun folgte auf dem Gipfel von Masada jenes schreckensvolle Ende. Es scheint daher angezeigt, an dieser Stelle die in alle Einzelheiten gehende Beschreibung des Josephus wiederzugeben:

Der Bericht des Josephus von der Einnahme Masadas

Eleazar aber dachte weder selbst an Flucht, noch hätte er sie den anderen gestattet. Nun da er sah, daß die Mauer niedergebrannt war und keine Möglichkeit zur Rettung oder Verteidigung übrigblieb, sich aber zugleich vor Augen führte, wie die Römer mit ihnen, ihren Kindern und Frauen verfahren würden, faßte er den Entschluß, daß sich alle umbringen sollten. Nach seinem Urteil war das das Beste, und so rief er die tapfersten seiner Gefährten zusammen, um sie mit folgenden Worten zu dieser Handlung zu ermutigen: ›Meine großherzigen Freunde, da wir schon vor langer Zeit beschlossen haben, niemals Sklaven der Römer zu werden oder uns irgend jemandem außer Gott zu unterwerfen, müssen wir diesen Entschluß nun in die Tat umsetzen. Laßt uns keine Schande über uns bringen, indem wir uns jetzt nicht nur in Sklaverei begeben, sondern uns auch unerträglichen Strafen aussetzen, wo wir doch zu einer Zeit, da noch keine Gefahr damit verbunden war, uns nicht unterwarfen. Ich bin der Ansicht, daß die Römer mit uns erbarmungslos umgehen werden. Wir waren doch die ersten, die gegen sie revoltierten, und sind nun auch die letzten, die noch gegen sie kämpfen. Ich kann es nicht anders denn als besondere Gnade Gottes ansehen, ruhmreich und in Freiheit das Leben beschließen zu dürfen. Vielen wurde sie nicht zuteil. Es ist offensichtlich, daß wir morgen in der Hand des Feindes sein werden. Aber noch steht es uns frei, zusammen mit unseren liebsten Freunden ruhmvoll zu sterben. Daran können uns auch unsere Feinde um keinen Preis hindern, so gern sie es wohl möchten. Es ist uns ja verwehrt, sie im Kampfe zu besiegen. Damals, als wir begannen, um unsere Freiheit zu kämpfen, und zunächst von unseren eigenen Leuten übel behandelt wurden, um dann von den Feinden eine noch schlimmere Behandlung erdulden zu müssen, hätten wir die Absicht Gottes erkunden und erkennen müssen, daß er sein einst geliebtes Volk zu vernichten gedachte. Dann wären wir in seiner Gunst geblieben. Wäre Gott weniger unzufrieden mit uns gewesen, so hätte er nicht mit Gleichmut den Untergang so vieler geschehen lassen oder seine heilige Stadt dem Feuer und der Zerstörung durch unsere Feinde ausgeliefert. Wir hegten die schwache Hoffnung, uns allein in die Freiheit gerettet zu haben, da wir uns keiner Sünden wider Gott bewußt waren und auch an denen der anderen nicht teilzuhaben glaubten. Gott hat uns nun überzeugt, daß unsere Hoffnung umsonst gewesen ist, da er uns in solche Not gebracht hat, die über alle unsere Erwartungen geht. Diese Festung, die unüberwindbar schien, kann uns nicht retten. Zwar haben wir noch Überfluß an Lebensmitteln, große Mengen Waffen und andere notwendige Dinge, aber Gott selbst beraubte uns der Hoffnung. Das Feuer, das auf unsere Feinde niederging, wandte sich nicht von selbst plötzlich gegen unsere Mauer, sondern es war das Werk des göttlichen Zorns über unsere Sünden, die wir wider unsere eigenen Landsleute begangen haben. Die Strafe für unsere Sünden aber sollen uns nicht die Römer auferlegen, sondern Gott, indem wir selbst Hand an uns legen; denn diese Strafe wird milder sein als die unserer Feinde. Lieber sollen unsere Frauen sterben, ehe sie geschändet werden, und unsere Kinder, ehe sie die Knechtschaft gekostet haben. Und dann, wenn wir sie getötet haben, wollen wir uns gegenseitig den gleichen ehrenvollen Liebesdienst erweisen. Nur so können wir uns die Freiheit, das schönste Denkmal für uns, erhalten. Doch zuvor wollen wir unser Geld vernichten und die Festung anzünden; denn ich bin sicher, daß es den Römern mißfallen wird, wenn sie weder unserer Leiber noch unseres Besitzes habhaft werden können. Nur unsere Vorräte mögen unberührt bleiben, denn diese werden nach unserem Tode Zeugnis dafür ablegen, daß wir nicht aus Mangel unterlegen sind, sondern aus freiem Entschluß den Tod der Sklaverei vorgezogen haben.‹

Eleazars Entschluß

So sprach Eleazar. Aber nicht alle Soldaten pflichteten ihm bei. Einige zwar waren ihm eifrig zu Willen, ja sie waren voll Freude, da sie diesen Tod herbeisehnten. Wer jedoch von weicherer Sinnesart war, dem taten die Frauen und Familien leid. Ihr eigener Tod schien den Männern unausweichlich, und traurig blickten sie sich an. Mit Tränen in den Augen gaben sie Eleazar zu verstehen, daß sie nicht seiner Meinung seien. Als Eleazar sah, daß die Leute Furcht hatten und seinem ungeheuerlichen Ansinnen nicht gewachsen waren, befürchtete er, daß sie durch ihr Wehklagen und ihre Tränen jene erweichen könnten, die ihm voll Mut zugehört hatten. So ließ er nicht nach, sie weiter zu ermuntern, raffte sich nochmals auf, sammelte Argumente, um ihren Mut zu stärken, und hielt dann eine anfeuernde Rede über die Unsterblichkeit der Seele. Mit bewegter Stimme, unverwandt die Weinenden anschauend, sagte er: ›Ich habe mich also sehr geirrt, als ich glaubte, gemeinsam mit heldenhaften Männern um die Freiheit zu kämpfen, mit Männern, die entschlossen sind, entweder ehrenvoll zu leben oder zu sterben. Ich sehe jetzt, daß ihr nicht besser seid als alle anderen, daß ihr nicht mehr Mut und Heldentum habt, sondern Angst vor dem Tode.

Eleazar beschwört seine Gefährten, tapfer zu sterben

... Ist es nicht eine Schande für uns, daß wir geringer denken als die Inder, daß wir durch unsere Feigheit die Gesetze unseres Landes, die der Menschheit erstrebenswert erscheinen, schmachvoll mit Füßen treten? Gesetzt aber den Fall, wir wären mit anderem Gedankengut aufgezogen worden und man hätte uns gelehrt, das irdische Leben des Menschen sei sein höchstes Glück, der Tod dagegen ein Unglück, so verlangte unsere jetzige Lage doch, daß wir dieses Unglück mutig ertragen, da es der Wille Gottes ist und eine Notwendigkeit, daß wir sterben müssen. Denn es scheint, daß Gott dies Urteil über das ganze jüdische Volk gesprochen hat. Wir müssen sterben nach seinem Willen, weil wir vom Leben nicht den richtigen Gebrauch zu machen wußten. Glaubt ja nicht, daß ihr euch selbst oder den Römern eure jetzige Lage zuzuschreiben habt und daß dieser Krieg alle ins Verderben gerissen hat. Das steht nicht in ihrer Macht, sondern eine stärkere Kraft ist hier eingeschritten, der es gefallen hat, sie als Sieger über uns triumphieren zu lassen. Waren es denn römische Waffen, mit denen die Juden von Caesarea erschlagen wurden? Nein, im Gegenteil, sie waren nicht im mindesten zur Rebellion bereit, sondern feierten das Fest des siebenten Tages und rührten keine Hand gegen die Bürger von Caesarea, da warfen sich jene Bürger auf sie und durchschnitten ihnen und ihren Frauen und Kindern die Kehle, und das alles, ohne der Römer zu achten, die erst zu unseren Feinden wurden, als wir von ihnen abfielen. Da werden nun einige sagen, daß die Bürger von Caesarea schon immer gegen die Juden unter ihnen gewesen seien und die Bürger nun eben nur den günstigen Augenblick zur Rache genutzt hätten. Was aber sollen wir über die Unseren in Scythopolis sagen, die gar wegen der Griechen einen Krieg gegen uns begannen? Gegen die Römer aber schlossen sie sich uns nicht an. Auf die unmenschlichste Art wurden sie mit ihren Familien umgebracht, gerade von den Landsleuten, denen sie Waffenhilfe geleistet hatten. Welchen Nutzen hatten sie von ihrer Hilfe? Das Verderben, vor dem sie die anderen hatten bewahren wollen, fiel auf sie, als hätten sie selbst es ihnen antun wollen. Es würde zu lange dauern, wollte ich all das Verderben aufzählen, das über uns gekommen ist: denn ihr wißt, daß es nicht eine syrische Stadt gab, die nicht ihre jüdischen Einwohner erschlagen hat. Sie waren ebenso schlimme Feinde wie die Römer. Denkt an Damaskus, dessen Einwohner nicht den mindesten Vorwand vorbringen konnten und die dann ihre Stadt mit dem Blut von 18 000 Juden, Frauen und Kindern, befleckten. Denkt an die Zahl derer, die in Ägypten erschlagen wurden, 60 000 sagt man uns, wurden gefoltert und getötet. Freilich fielen sie in einem fremden Land, ohne daß sie irgendwo vor ihren Feinden Schutz finden konnten. Wir aber, die wir Krieg gegen die Römer anfingen, hatten wir nicht Hoffnung auf einen großen Sieg? Unsere Waffen, Wälle und Festungen waren wohl vorbereitet, und unser Mut kümmerte sich nicht um die Gefahren, als es um die Freiheit ging. All das ermutigte uns, einen Aufstand gegen die Römer zu wagen. Doch unsere großen Hoffnungen erwiesen sich als trügerisch. Alles ward uns genommen, alles fiel in die Hände der Feinde, so als ob unsere anfängliche Rüstung nur dazu geschaffen worden sei, um den Sieg der Römer noch herrlicher zu machen, anstatt jenen zugute zu kommen, die diese gewaltigen Vorbereitungen getroffen hatten. Die Toten sind glücklich zu preisen, denn sie starben im Kampf um die Freiheit, ohne Verrat an ihr zu üben. Aber wer vermöchte nicht Mitleid mit denen zu empfinden, die sich nun in der Gewalt der Römer befinden? Wer möchte nicht lieber sterben, als dieses Elend zu teilen? Unter schweren Foltern mit Feuer und Peitschenhieben sind viele gestorben. Manche wurden wilden Tieren zum Fraß vorgeworfen und halbtot ihnen wieder entrissen, um ein zweites Mal dem Gelächter der Feinde in der Arena ausgesetzt zu werden. Doch am schlimmsten ergeht es wohl jenen, die den Tod herbeisehnen, doch zum Leben gezwungen werden. Wo ist unsere große Stadt, die Hauptstadt des Judenvolkes, von

Mauern, Türmen und Festungsanlagen beschützt, mit Waffen gefüllt und von tapferen Männern besetzt? Wo ist die Stadt, die Gott selbst zur Wohnstätte auserwählte? Sie ist zerstört bis auf die Grundmauern. Nur das Lager der Zerstörer erinnert noch an sie. Armselige Greise wühlen in der Asche des Tempels, und ein paar Weiber sind am Leben, um dem Frevel der Feinde zu dienen, zur Schande für uns. Wer kann dieser Dinge gedenken und sich noch des Sonnenlichtes erfreuen, selbst wenn er gefahrlos leben könnte? Wer haßt sein Land so sehr oder ist so lebensgierig oder so feige, daß er nicht darüber betrübt wäre, noch am Leben zu sein? Ich wünschte, wir alle wären umgekommen, noch ehe wir die Zerstörung der heiligen Stadt erleben mußten, ehe der Feind den heiligen Tempel entweihte. Die Hoffnung, wir könnten uns später an unseren Feinden rächen, hielt uns am Leben. Aber jetzt müssen wir einsehen, daß Rache nicht mehr möglich ist. Nun, da wir allein sind in der Not, laßt uns einen Tod in Ehren nicht länger hinausschieben! Laßt uns doch Mitleid haben mit uns selbst, mit unseren Frauen und Kindern, solange wir noch Mitleid zeigen können. Wir sind geboren, um zu sterben, wie auch jene sterben müssen, die wir gezeugt haben. Selbst die Glücklichsten unseres Volkes haben nicht die Macht, dem Tode zu entgehen. Verhöhnung, Sklaverei und der Anblick, wie unsere Frauen und Kinder in die Knechtschaft weggeschleppt werden, sind keine natürlichen Übel, die es unter den Menschen zu ertragen gilt; nur jene, die den Tod der Sklaverei und dem Elend nicht vorziehen und in Feigheit verharren, müssen sie erdulden. Mit großem Mut sind wir gegen die Römer aufgestanden, wir wollten uns ihnen nicht unterwerfen. Wer kann sich nun ihre Wut nicht vorstellen? Wenn sie uns lebendig fangen, wehe den jungen und kräftigen Männern, die Foltern lange durchzustehen vermögen! Elend auch die Alten, die wegen ihrer Bejahrtheit die Qualen nicht werden ertragen können! Der Vater wird die Stimme des Sohnes vernehmen, die um Hilfe schreit, und seine Hände werden gebunden sein. Laßt uns zum Schwert greifen, solange unsere Hände noch frei sind, mögen sie uns zu einer letzten ruhmvollen Tat dienen. Laßt uns sterben, bevor wir Knechte unserer Feinde werden müssen. Laßt uns mit unseren Frauen und Kindern als freie Menschen aus der Welt scheiden. Das verlangt unser Gesetz von uns, das erbitten auch unsere Frauen und Kinder von uns. Gott selbst hat es uns auferlegt. Die Römer dagegen brennen nur darauf, daß keiner von uns sterbe und wir alle in ihre Hände fallen möchten. Wir wollen uns beeilen und unseren Feinden die Freude verderben, uns in ihre Gewalt zu bekommen. Wir wollen ihnen ein Beispiel geben, das sie zwingt, über unseren Tod zu staunen und unseren Entschluß zu bewundern.‹

Der Tod ist dem Elend der Sklaverei vorzuziehen

Eleazar wollte in seiner Ermutigung noch fortfahren, aber sie schnitten ihm das Wort ab und beeilten sich, ihr Werk zu vollbringen. Alle schienen von unüberwindlicher Kraft und heiliger Besessenheit erfüllt. So wollte einer den anderen übertreffen und ihm ein Vorbild an Mut und edlem Verhalten sein. Keiner wollte als letzter sterben. Übergroß war ihr Eifer, Frauen, Kinder und sich selbst zu töten! Auch als sie nun zur Tat schritten, verließ ihr Eifer sie nicht, wie man vielleicht glauben könnte, sondern sie hielten an ihrem Entschluß fest, in dem Eleazars Worte sie bestärkt hatten. Ihr schreckliches Tun beeinträchtigte ihre Liebe und Freundschaft nicht, denn sie hatten eingesehen, daß sie ihren geliebten Nächsten keinen größeren Dienst erweisen konnten. Denn die Männer und Frauen umarmten ihre Kinder und gaben ihnen mit Tränen in den Augen einen langen Abschiedskuß; doch im gleichen Augenblick vollendeten sie, was sie beschlossen hatten, so als ob sie von den Händen anderer exekutiert würden; und es gab keinen anderen Trost für sie als die Einsicht, daß diese Hinrichtung notwendig war, um dem Elend, in dem sie unter ihren Feinden würden leben müssen, zu entgehen. Keiner der Männer zögerte, seine Pflicht zu tun, jeder tötete seine nächsten Angehörigen. Wie unermeßlich war das Elend, das sie überkommen hatte, wenn sie den Zwang, ihre eigenen Frauen und Kinder zu töten, noch als das geringste Übel empfanden. Kaum konnten sie den Schmerz über ihr Tun ertragen und sie empfanden das als Unrecht, was sie taten. Keine Sekunde wollten sie die Erschlagenen überleben und trugen daher in aller Eile ihre Habe zusammen und verbrannten sie. Nach dem Los bestimmten sie dann zehn Männer, die die übrigen erschlagen sollten. Jeder legte sich neben seiner Frau und seinen Kindern nieder und breitete dann die Arme um sie. So boten sie ihre Nacken denen, die nach Losentscheid die traurige Pflicht erfüllen mußten. Und als diese zehn ohne Furcht alle getötet hatten, warfen auch sie das Los unter sich, um herauszufinden, wer derjenige sein sollte, der die anderen neun töten und danach sich selbst umbringen mußte. Sie alle vertrauten darauf, daß keiner hinter dem anderen zurückstehen werde im Handeln wie im Erleiden. So boten denn die neun ihre Nacken dar, und der letzte warf noch einen Blick auf die Gefallenen, ob einer seiner Hilfe bedürfe, damit er ihm den letzten Streich versetze. Als er sah, daß alle tot waren, legte er Feuer an den Palast, durchbohrte sich mit seinem Schwert und fiel neben den Seinen zu Boden. So hatten sie alle den Tod gefunden in der Absicht, daß keiner von ihnen überlebe und lebend in die Hände der Römer fiele.

Eine alte Frau aber und eine Verwandte des Eleazar, die alle anderen Frauen an Wissen und Gelehrsamkeit überragte, verbargen sich zusammen mit fünf Kindern in einem unterirdischen Gemach. Sie hatten sich mit Wasser versorgt und versteckten sich, als die anderen sich zum Tod entschlossen. Die Zahl der anderen aber betrug 960, Frauen und Kinder eingerechnet. Dieses Unheil trug sich am fünfzehnten Tag des Monats (Xanthicus) Nisan zu.

Die Römer rechneten immer noch damit, daß es am Morgen zu einer Schlacht kommen werde. Sie überbrückten den Zwischenraum zwischen der Rampe und der Mauer mit Leitern und gingen zum Angriff über. Sie trafen jedoch auf keinen Feind, vielmehr herrschte überall eine beklemmende Stille, nur das Wüten des Feuers war zu vernehmen. Zunächst konnten sie sich nicht erklären, was geschehen war. Sie erhoben ihr Kampfgeschrei wie kämpfende Widder, um jemanden aus der Festung zu locken. Die Frauen hörten es und traten aus ihrem Verlies. Sie erzählten den Römern, was geschehen war und wie sich alles zugetragen hatte. Die jüngere Frau beschrieb alle Einzelheiten, alles, was gesagt worden war und was man getan hatte. Die Römer aber konnten das Geschehene nicht fassen und beachteten die Frau daher kaum.

Sie bemühten sich, das Feuer einzudämmen und arbeiteten sich schnell zum Palast durch. Sie fanden schließlich die vielen Toten, aber obgleich es ihre Feinde gewesen waren, kam kein Gefühl des Triumphes auf. Sie konnten nicht anders, als die Entschlußkraft und kalte Todesverachtung bewundern, die diese Menschen bei ihrer Tat gezeigt hatten.

Die Bewunderung der Römer für diese Tat

Auf einem Stich von Tipping sind die drei Terrassen der Palastvilla
und die römische Rampe zu erkennen.

19 Die Pioniere

Masada ist heute bekannter als je zuvor, bekannter sogar als in seiner Blüte-
zeit unter Herodes. Da der Aufstieg nun keinerlei Schwierigkeiten mehr
bereitet, wird Masadas Zauber in den kommenden Jahren sicher zahllose Besucher anlocken. 125 Jahre hat es jedoch gedauert, seine Geheimnisse aufzudecken. Den Anfang machten zwei Reisende, die den von den Arabern es-
Sebbeh genannten Fels als das historische Masada identifizierten.

Die beiden Reisenden waren der amerikanische Gelehrte Edward Robinson
und sein Gefährte E. Smith. Zwar besuchte Robinson selbst Masada nicht, aber
nach seinem Besuch in Ein Gedi 1838 schrieb er:

*Die ersten
Masada-Reisenden*

> Meine Aufmerksamkeit wurde vor allem auf eine Ruine gelenkt, welche die Araber
> Sebbeh nennen. Sie liegt südlich von hier auf einem pyramidenförmigen Felsen, der
> gleich unterhalb von Wadi es-Seyal steil aus dem Meer emporragt. Der abgeplattete
> Gipfel des einsam hochragenden Felsens bildet eine kleine Ebene, die offensichtlich
> unerreichbar ist. Darauf liegen nun jene Ruinen, von denen wir so überrascht waren.
> Als wir sie mit dem Teleskop näher untersuchten, konnte ich im nordwestlichen Teil
> Reste eines Gebäudes erkennen und auch weiter östlich Spuren weiterer Bauten aus-
> machen . . . Spätere Nachforschungen haben ergeben, daß hier das alte und be-
> rühmte Fort von Masada lag . . .

In einer Fußnote fügt Robinson hinzu:

> Den ersten Hinweis darauf, daß dieses Sebbeh mit Masada identisch sein könnte,
> verdanke ich meinem Gefährten Mr. Smith . . .

Das Verdienst, das antike Masada erkannt zu haben, kommt also E. Smith zu.

Zur Erklärung der Ruinen im Nordwesten unterbreitete Robinson einen
Vorschlag, der sich als richtig erweisen sollte, dem aber spätere Gelehrte nicht
folgten. Er schreibt:

> Die jetzt noch sichtbaren Baureste im Nordwesten und die von den Arabern
> beschriebenen Säulen sind höchstwahrscheinlich die Überreste vom Palast des
> Herodes.

Ferner bemerkt er:

> . . . Es ist kaum zu bezweifeln, daß künftige Reisende, die diesen Ort besuchen
> werden, weitere und deutlichere Spuren seiner einstigen Größe finden.

Letztere Bemerkung veranlaßte den amerikanischen Missionar S. W. Wolcott und den englischen Zeichner Tipping, Masada zu besuchen und Zeichnungen anzufertigen. Wolcotts Beschreibung — die erste seit Josephus — soll

hier, mit den Zeichnungen Tippings illustriert, eingehender wiedergegeben werden:

Der Felsen von Sebbeh liegt der Halbinsel gegenüber. Eine zwei oder drei Meilen breite Untiefe oder Sandbank, die von Norden nach Süden verläuft, trennt ihn vom Ufer. An der über die Felskette hinausragenden Nordseite springt der Fels vor. Von den Bergen im Süden wird das Felsmassiv durch das tiefe, von steilen Felswänden umgebene Wadi Sinein getrennt. Zwischen den niedrigeren Hügeln im Westen und dem Fels liegt ein kleineres Wadi. So entsteht seine vollkommene Insellage. Wir ließen uns am westlichen Fuß des Berges nieder und begannen nach einer kleinen Ruhepause den Aufstieg, der sich ohne Schwierigkeiten vollzog, wenn wir uns auch gelegentlich auf allen Vieren fortbewegen mußten. So überwanden wir auch die steilste Stelle der Erdaufschüttung, die noch vorhanden ist. Dies ist die einzige Stelle, an der man den Fels heute noch erklimmen kann. Den Zugang im Osten, den Josephus beschreibt, gibt es offenbar nicht mehr. Seine Schilderung von der Höhe des Berges ist übrigens keineswegs übertrieben. Man braucht starke Nerven, um vom Felsrand aus den Blick in die Tiefe zu ertragen. Die höchsten Erhebungen des Felsmassivs liegen im Norden und Südwesten. Zur Südostecke hin fällt das Plateau leicht ab. Seine Ausdehnung von Nord nach Süd schätzten wir auf drei Viertel einer Meile, die Breite auf eine Drittelmeile. Außer auf dem Grund einiger offener Zisternen fanden wir keine Anzeichen von Vegetation. Nähert man sich dem Fels von Westen, so erblickt man nahe der Nordseite den ›weißen Felsvorsprung‹, wie Josephus ihn so treffend bezeichnet. Von dieser Stelle aus wurde die Festung zunächst belagert und schließlich gestürmt, und eben hier stiegen wir hinauf. Sowohl vor als auch nach dem Aufstieg bemerkten wir ›die Mauer, die König Herodes rund um den Gipfel aufführte‹. In ihren unteren Teilen ist sie gut erhalten. Ihre Farbe ist vom gleichen dunklen Rot wie der Fels, obwohl es doch heißt, sie sei aus ›weißem Stein‹ gewesen. Zerschlägt man jedoch den Stein, so stellt sich heraus, daß er wohl ursprünglich weißlich war und erst im Laufe der Zeit von der Sonne gebräunt wurde.

Aus den noch aufrecht stehenden Grundmauern konnten wir die von Josephus beschriebenen Bauten nur in groben Umrissen erkennen. Die langen, parallel angeordneten Räume waren wohl Vorratshäuser oder Militärunterkünfte und haben kaum als private Wohnräume gedient. Die Bauweise der Mauer und Gebäude war die gleiche. Die Mauern bestanden aus roh behauenen Steinen, die offenbar am Ort gebrochen und lose aneinandergelegt worden waren, wobei man die Zwischenräume mit kleinen Steinen gefüllt hatte. So entstand der Eindruck von Steinpflaster-Technik. Zunächst dachten wir, daß es sich hierbei kaum um Bauten aus der Zeit des Herodes handeln könnte, aber daran kann einfach kein Zweifel bestehen. Dieser Stein ist von besonders dauerhafter Qualität. Spuren älterer Bauten fanden wir nicht. Zudem handelte es sich um das am Ort einzig zugängliche Material. Am Ende des Aufstiegsweges befindet sich eine Ruine aus der Neuzeit, die im wesentlichen aus einem Tor von rechteckigen behauenen Steinen mit einem Spitzbogen besteht. Weitere Baureste, die aus der gleichen Zeit stammen könnten, sahen wir nicht. Daneben liegt ein kleiner Bau mit einer runden Nische in der Ostwand des Hauptraumes. Vierzig oder fünfzig Fuß (12—15 m) unterhalb des nördlichen Gipfels liegen die Grundmauern eines runden Turmes, zu dem wir aber nicht abzusteigen versuchten. Daneben sind weißgerahmte Öffnungen in den Fels gehauen, die möglicherweise zu heute verdeckten Zisternen gehört haben. An der Südwestseite des Felsens fanden wir eine bereits ausgegrabene Zisterne, die im oberen Teil der Südwand ähnliche Öffnungen hatte und an der Nordseite eine Reihe Stufen aufwies, damit man in die Zisterne hinabsteigen

Tippings Ansicht vom Südende des Masada-Felsens. Die Personen stehen nahe beim römischen Lager H, über ihnen, links im Bild, das römische Lager G.

konnte. Die Wände sind noch immer mit weißem Verputz überzogen, den wir sogleich als Schreibfläche benutzten. Sie ist etwa fünfzig Fuß (15 m) tief, hundert Fuß (30 m) lang und vierzig Fuß (12 m) breit.

Die übrigen Zisternen, die wir sahen, waren nicht groß, manche von ihnen sind noch immer von Gewölben überspannt. Die Oberfläche des Felsplateaus bedeckten Gefäßscherben. Daneben interessierten uns aber am meisten die Überreste am Fuße des Felsens. Josephus schreibt, daß der römische Feldherr ›um das gesamte Fort eine Mauer baute‹. Vom Felsgipfel aus konnten wir ihren gesamten Verlauf verfolgen, am besten allerdings an den ebenen Stellen. Überall dort, wo sie auf eine Erhebung traf, kam sie an deren höchstem Punkt wieder zum Vorschein. In Abständen wurden auch die Mauern der römischen Lager sichtbar. Sie waren in der Art angelegt, wie es Josephus in seinem Kapitel über das römische Heer- und Lagerwesen beschreibt. Die Hauptlager hatten sich gegenüber der Nordwest- und der Südostecke des Felsen befunden. Ersteres ist jenes, in dem Josephus den römischen Feldherrn Quartier beziehen läßt. Die Anlagen sind von oben im Umriß so deutlich wahrnehmbar, als seien sie erst vor kurzem verlassen worden. Danach untersuchten wir auch einige

Stellen der Mauer. Wir stellten fest, daß ihre Breite sechs Fuß (1,80 m) beträgt und daß sie in der gleichen Art wie die Gipfelumwallung angelegt ist, nur etwas weniger sorgfältig. Natürlich ist sie zusammengestürzt, war aber wohl nie sehr hoch gewesen. Sie vermittelte uns einen realistischen Eindruck von der Belagerung und dem entsetzlichen Blutbad, das an diesem Ort angerichtet worden war. Zugleich zeugten die römischen Anlagen aber auch von der Hartnäckigkeit, mit der die Römer die Unterwerfung der Welt betrieben. Durch diese Hartnäckigkeit waren sie imstande, mitten in der Wüste derartige Belagerungsbauten aufzuführen und — das muß ich hinzufügen — eine solche Festung zu bezwingen. Unten fanden wir einen runden Stein, wohl eines der Katapultgeschosse. Von der Gipfelmauer aus warfen wir einige Steine in Richtung zum Toten Meer. Keiner traf die einstigen römischen Linien, sie schlugen meist in einer Entfernung von einer halben Meile oder mehr auf. Einige allerdings kamen ihrem Ziel ziemlich nahe, nachdem sie zwischendurch an verschiedenen Stellen aufgeprallt waren. Nun hatte ich den Wunsch, eine Bergumwanderung zu unternehmen. Wie stiegen bis zu einer Stelle ab, die immer noch einige hundert Fuß über dem Meeresspiegel lag. Das Wadi im Westen des Felsmassivs liegt auf dieser Erhebung. Ich ging dieses Wadi entlang nach Süden und stellte fest, daß die Südgrenze des Felsens eine Schlucht ist, über die man absteigen kann, wenn auch an sehr steilen Felsabhängen. Die Südwestecke des Felsens bildet eine Art Bastion. Ihr gegenüber fällt die eine Seite des Wadis schräg ab. Hier stieg ich nun vorsichtig hinunter. Als ich den Abgrund erreicht hatte, war ich an drei Seiten von steil aufragenden Felswänden umgeben, über mir schwebten drohend schroffe Felszacken, im Talbett lagen herabgebrochene Blöcke. Eine Stunde nach Verlassen des Zeltes hatte ich die Ostseite des Felsens noch immer nicht erreicht. Da vernahm ich plötzlich Schreie unserer Araber auf dem Fels hinter mir. Sie riefen mir zu, daß ich umkehren solle. Den Grund entdeckte ich bald selbst: Drei wild aussehende, mit Stöcken bewaffnete Beduinen kamen auf mich zu und bettelten um ein Bakschisch. Glücklicherweise versuchten sie nicht, ihre Forderung durchzusetzen. Aber immerhin mußte ich meine Beobachtungen in diesem Gebiet abbrechen. Im Grunde war das aber gar nicht so schlimm, denn die Umgehung hätte wahrscheinlich viel länger gedauert, als ich angenommen hatte, und wäre auch viel zu anstrengend gewesen. Einer der interessantesten Aspekte von Sebbeh ist wohl, daß man von dort aus das Tote Meer vollkommen überblicken kann. Es liegt dann in seiner ganzen Länge und Breite vor einem. Wir breiteten unsere Karte aus und waren von ihrer Richtigkeit bis auf wenige Einzelheiten überrascht. Die Halbinsel erscheint dem Auge als flache Sandbank und steht in eindrucksvollem Gegensatz zu den ringsum kühn aufragenden Bergen. Trotz leichter Wellenbewegung erscheint das Tote Meer vollkommen still und eben. Wir blieben bis zum 15. März in Sebbeh. Unseren Arabern bereiteten wir am letzten Tag mit einem auf dem Felsgipfel geschossenen Beden ein Fest. Unsere Nahrungsmittel gingen zur Neige. Man hatte uns gesagt, daß es in der Nähe Wasser gebe, wir konnten dann aber nur Regenwasser aus den Felsvertiefungen bekommen. Damit fand Josephus eine weitere Bestätigung, der schreibt, daß Wasser und Lebensmittel der römischen Armee aus weiter Entfernung zugeführt werden mußten.

Der soeben beschriebene, bemerkenswerte Ort bestätigt nun jenen Bericht über Masada, den wir im *Jüdischen Krieg* finden. Wir dürfen versichern, daß heutige Untersuchungen das Zeugnis eines antiken Schriftstellers niemals glänzender bestätigt haben als in diesem Fall. Josephus muß sich persönlich genau mit dem Platz vertraut gemacht haben. Entweder hat er ihn vor oder nach dem Fall seines Landes besucht, und in diesem wie in anderen Fällen, die uns überliefert sind, erweist er sich als Kenner der Tatsachen, über die er schreibt. Er war ein guter Beobachter auch der Einzelheiten und berichtet zuverlässig, wie es bei den antiken Schriftstellern meist der Fall ist. Im Gegensatz zu modernen Reisenden kannte Josephus die gewaltigen Gipfel der Alpen nicht, und er verwendet daher bei Höhen- und Tiefenangaben in Palästina übertrieben wirkende Worte. Wer nun aber auf dem Weg nach Palästina etwa in der Schweiz haltgemacht hat, wird für die Beschreibung dieser Berge bereits seinen Vorrat an übertreibenden Sätzen erschöpft haben. Wenn Josephus von Abgründen spricht, die dem kühnsten Verstande Schrecken einjagen, und von ›Tiefen, die das Auge nicht durchdringen kann‹, so schreibt er wie jemand, der Steilhänge von nur tausend oder zwölfhundert Fuß gesehen hat. Es wäre ungerecht, ihm das zum Vorwurf zu machen. Auf jeden Fall müssen Masada und seine Überreste zur Bestätigung der Angaben des Verfassers des *Jüdischen Krieges* herangezogen werden.

Wolcott und Tipping haben vieles in Masada richtig gedeutet (obwohl nicht alle ihrer Vorschläge von späteren Wissenschaftlern akzeptiert worden sind), so z. B. den ›Leuchtberg‹ (den weißen Felsvorsprung), die den Gipfel umziehende Mauer und die Vorratsgebäude. Außerdem identifizierten sie den ›runden Turm‹ und die anstoßenden ›Becken‹, das große Becken, die römische Umfassungsmauer sowie die Lager. Sogar Silvas Hauptquartier im Lager F wurde von ihnen richtig erkannt. Zudem stellten sie fest, daß die Beschreibung des Josephus äußerst genau ist. Es ist wirklich erstaunlich, in welchem Maße jene ersten Pioniere über einige der wichtigsten Punkte Masadas schon damals durchaus richtige Feststellungen trafen.

Von den Beschreibungen der vielen Forscher und Expeditionen, die Wolcott folgten, möchte ich vor allem diejenigen zitieren, die unser Wissen bereichert haben. Hier sei zuerst die Expedition des amerikanischen Marineoffiziers J. W. Lynch genannt, der über Boote verfügte, um das Tote Meer zu erforschen. Am 29. April 1848 schickte er ein paar seiner Mitarbeiter nach Masada, während er selbst in seinem Lager zurückblieb. Dann:

Die Beschreibungen weiterer Forscher

... feuerten wir gegen Mittag auf See den berühmten Toten zu Ehren einundzwanzig Salutschüsse vom schweren Geschütz am Bug der ›Fanny Mason‹ ab.

Gegen Abend kehrten seine Männer von Masada zurück, und ihre Eindrücke legte er in seinem Buch nieder. Obwohl sie fälschlicherweise den ›Römeraufstieg‹ an der Nordseite von Masada für den ›Schlangenpfad‹ hielten, waren sie die ersten, die die ›Öffnungen‹ im nordwestlichen Steilhang — die sie nicht erreicht hatten — für Wasserreservoirs ansahen. Außerdem hatten sie das ›rechteckige Gebäude‹ erkannt:

... vierzig oder fünfzig Fuß tiefer (12—15 m), auf einer zweiten Felsplatte, (sahen wir) die Grundmauern einer rechteckigen Einfriedung. Ein Mauerdreieck stieß an die Mauern des ›Runden Turmes‹ und an die Westseite der Einfriedung an. Es bestand keine Möglichkeit, hinunterzusteigen und diese Ruinen zu untersuchen.

Wie Wolcott und Tipping hatten sich offenbar auch die Offiziere der Expedition Lynch damit vergnügt, von der Felsklippe aus Steine hinabzuwerfen:

Zum Vergnügen warfen die Offiziere Steine über den Felsrand hinab und beobachteten, wie sie wirbelnd und mehrfach aufschlagend über 1200 Fuß tief hinunterrasten. Die Steine entwickelten dabei eine erschreckende Geschwindigkeit, weit höher als die, welche seinerzeit Silvas Wurfgeschosse gehabt haben konnten.

Noch die freiwilligen Mitarbeiter unserer Expedition verbrachten häufig ihre Freizeit damit, Steine den Abhang hinabrollen zu lassen und dann vergnügt zu beobachten, wie sie am Boden in Stücke sprangen.

Der Bericht F. de Saulcys über Masada

Im Januar 1851 besuchte der französische Gelehrte F. de Saulcy Masada, aber auch er verlegte den ›Schlangenpfad‹ fälschlicherweise nach Norden. Er stieg über die römische Rampe hinauf, die er auch richtig erkannte, aber das byzantinische Tor schrieb er irrtümlicherweise Herodes zu. Obwohl er den verhältnismäßig einfachen westlichen Aufstieg gewählt hatte, rief er auf dem Gipfel aus: ›Dem Himmel sei Dank! Wir sind mit heilen Gliedern angekommen!‹

De Saulcy nahm in der Kapelle — wie bereits erwähnt — Ausgrabungen vor, um Mosaiken zu entdecken. Im übrigen hielt er den Bau für einen Palast. Hier seine Ausführungen:

Einige umherliegende rote, weiße und schwarze Steinwürfel lassen vermuten, daß die Halle mit Mosaik ausgelegt ist. Ich besteche meine Beduinen mit dem Versprechen eines Bakschisch, und während ich die Grundrisse der verschiedenen Räume zeichne und Belly eine Skizze vom ganzen Bau anfertigt, wird der Schutt vom Boden entfernt, und es kommt ein hübsches Mosaik mit Knotenmuster ans Licht. Unglücklicherweise ist alles zerbrochen; daher glaube ich auch, daß ich mir keine Vorwürfe zu machen brauche, wenn ich einige Proben mitnehme.

Aus dem Bericht geht nicht klar hervor, wie viele ›Proben‹ de Saulcy mitnahm, aber Tatsache ist, daß von dem Fußboden kaum etwas übriggeblieben ist. De Saulcy hielt dann die Vorratsgebäude für die Bauten aus der Zeit des Jonathan und ausgerechnet das große Schwimmbecken für ein Vorratshaus. In Anbetracht der Tatsache aber, daß er nur zwei Stunden auf dem Gipfel

Teil des Mosaikfußbodens im Hauptraum der byzantinischen Kapelle.

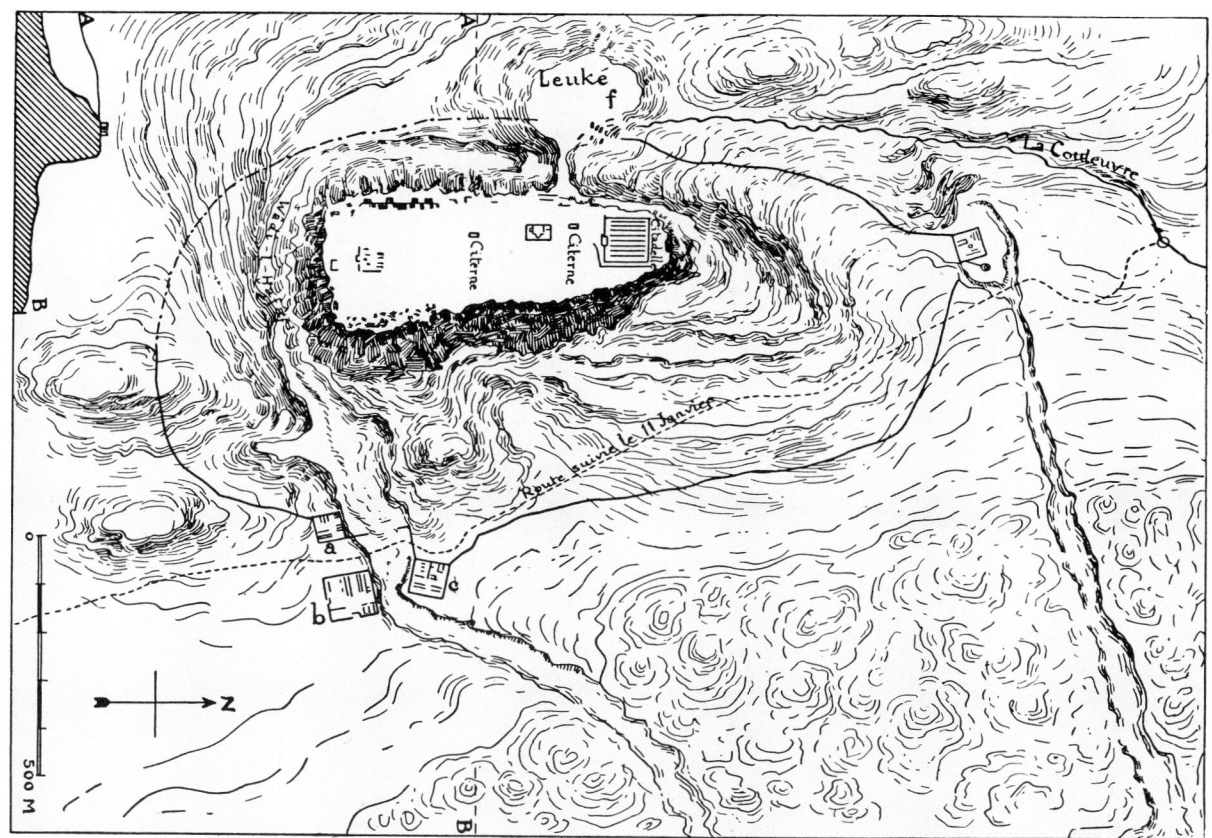

De Saulcys Karte von Masada — die erste, die gezeichnet wurde.

verbrachte, sind seine Ergebnisse nicht schlecht. Schließlich verdanken wir ihm
die erste Veröffentlichung einer Karte von Masada und den römischen Lagern,
die allerdings noch sehr ungenau ist. 1852 kam dann der holländische Gelehrte
und Marineoffizier Van de Velde nach Masada, 1854 publizierte er seine Eindrücke. Seine Veröffentlichung fügt dem bis dahin bekannten wenig hinzu,
aber immerhin identifizierte er als erster die christliche Kapelle.

Als nächster Gelehrter soll E. Guillaume Rey genannt werden, der Masada
am 24. Januar 1858 besuchte. Er veröffentlichte ebenfalls eine Karte, die allerdings schon wesentlich genauer als die de Saulcys ist. Er wies zwar de Saulcys
Annahme, daß die Kapelle ein Palast gewesen sei, zurück, setzte dagegen aber
nur die Theorie, daß es sich um ein Bad aus Herodianischer Zeit gehandelt
habe. Die Vorratsgebäude hielt er für Truppenunterkünfte. Sehr interessant
ist dagegen, daß er die obere Terrasse, auf der er Mosaikreste des Fußbodens
fand, richtig erklärte und mit jenem Palast des Herodes in Verbindung brachte,
den Josephus beschreibt. Außerdem berichtigte er de Saulcys Meinung, daß
das byzantinische Tor herodianisch sei, nur schrieb er es dann der arabischen
Epoche zu. Auch er hielt das große Becken für ein Vorratsgebäude.

1863 veröffentlichte der deutsche Gelehrte F. Tuch ein Buch über Masada,

Diese Aufnahme von den Vorratsgebäuden vor der Ausgrabung macht deutlich, warum Tristram die parallel zueinander verlaufenden Mauern für Verteidigungslinien im Nahkampf halten konnte.

in dem er den Bericht des Josephus mit den Beschreibungen der Reisenden bis zu seiner Zeit verglich. Obwohl er Masada selbst nicht besuchte, ist sein Buch ein Wendepunkt in der Quellenanalyse über die Geschichte Masadas.

Dann kam H. B. Tristram in den Jahren 1864 und 1871 nach Masada. Seine Eindrücke schildert er in den Büchern *Land of Israel* und *Land of Moab*. Tristram bestieg Masada von Westen her, und er muß wohl die Beschreibungen seiner Vorgänger über den schwierigen Weg übertrieben gefunden haben, denn er bemerkt sarkastisch: ›. . . Eine englische Lady würde das mühelos schaffen . . .‹ Tristram stellte Messungen an, kam aber auf die falsche Höhenangabe von 660 m über dem Toten Meer:

Die Eindrücke H. B. Tristrams

> Wir maßen die Höhe des Berges barometrisch und stellten fest, daß sie genau 2200 Fuß, von der Höhe des Toten Meeres gemessen, beträgt.

Vergeblich versuchte er, zum ›Runden Turm‹ und dem ›rechteckigen Bau‹ abzusteigen, brachte aber seine Verwunderung über diese ›Befestigungsanlagen‹ zum Ausdruck:

> Es ist schwer einzusehen, welchem strategischen Zweck diese Wallanlagen gedient haben könnten. Sie müssen mit einem ungeheuren Arbeitsaufwand errichtet worden sein, waren aber doch völlig nutzlos, wenn die Festung eingenommen wurde.

Bei sorgfältigerer Lektüre von Josephus und selbst Robinson hätte er die richtige Erklärung finden können. So aber blieb das fast hundert Jahre später israelischen Jugendlichen vorbehalten.

Interessanterweise stellte auch Tristram die erstaunlichen akustischen Verhältnisse zwischen dem Felsenkliff und dem Fuß des Berges fest, die wir im Zusammenhang mit der römischen Belagerung erwähnt haben:

> Als ich an der höchsten Stelle im Norden um einen Felsvorsprung herumging, konnte ich aus schwindelnder Höhe (etwa 450 m hoch) nach vorn und nach beiden Seiten Ausschau halten. Die Luft war hier so rein, und sie übertrug den Ton so erstaunlich gut, daß ich mich mit meinen Freunden im Lager unten unterhalten konnte und die Barometer- und Beobachtungswerte mit ihnen austauschte.

Den archäologischen Problemen gegenüber blieb dieser sonst so versierte Wissenschaftler hilflos. Obwohl die Vorratsgebäude mit ihren parallel angeordneten Mauern schon von seinen Vorgängern beschrieben worden waren, schildert er sie folgendermaßen:

> . . . von dieser Mauer zweigen einundzwanzig Mauern ab, oder genauer gesagt, Haufen roh behauener Steine, die zum größten Teil in Furchen nebeneinander liegen . . . Ich habe keine andere Erklärung für diese Ansammlung von Mauerwerk, als daß es sich um Brustwehren zum Schutz beim Nahkampf gehandelt haben muß.

Zwar identifizierte auch er die christliche Kapelle, datierte sie aber ins Mittelalter. Während seines zweiten Besuches änderte er seine Meinung und hielt sie dann für eine Synagoge. Wie dem auch sei, die Landschaft hat ihn nicht minder fasziniert als die Ruinen. Wir stimmen ihm gern zu:

> Wenn man vom Gipfel herabschaut, breitet sich das Tote Meer wie auf der Landkarte aus . . . Es ist dies ein Anblick voll tiefen Ernstes und einsamer Größe, der auf der Welt nicht seinesgleichen hat.

Umseitig: Masada von Norden nach Süden. Links der ›Schlangenpfad‹, der in Höhe der Vorratsgebäude endet.

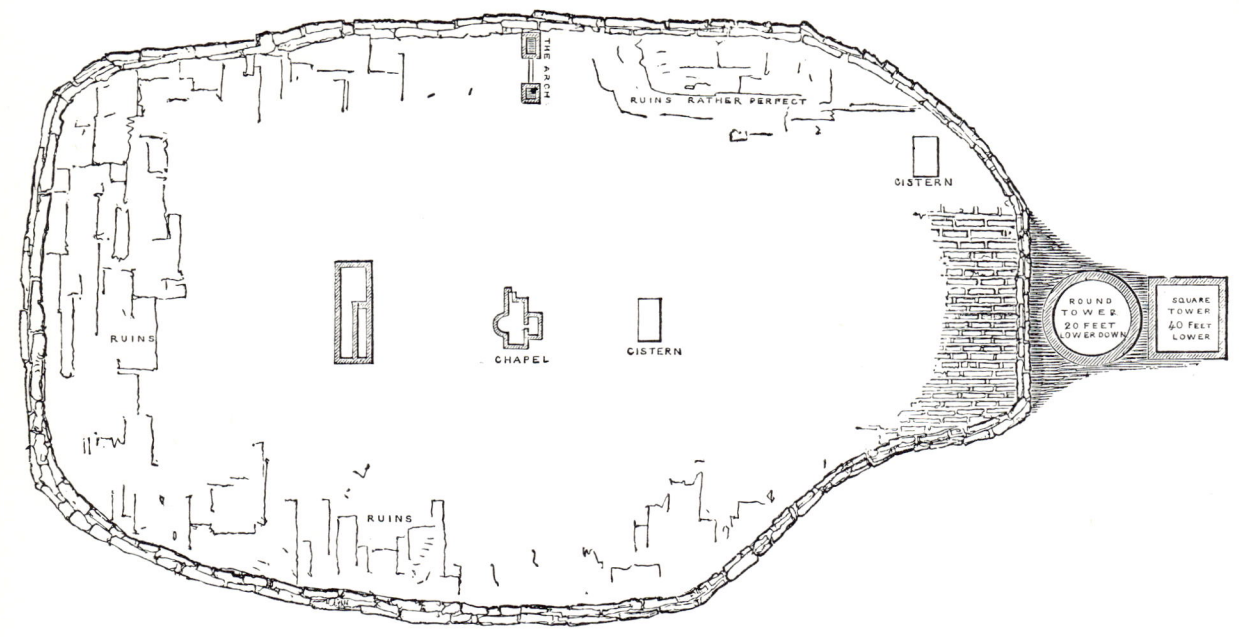

Masada-Karte von Tristram. Die mittlere und die untere Terrasse sind richtig wiedergegeben. Alles übrige scheint er aus der Erinnerung eingezeichnet zu haben.

Seine Karte von Masada scheint Tristram allerdings nur aus dem Gedächtnis angefertigt zu haben ...

Einen wichtigen Schritt in der Erforschung Masadas bedeuteten dann die ›Erkundungen in Westpalästina‹, die im Auftrag des *Palestine Exploration Fund* (der jetzt sein hundertjähriges Bestehen feiert) durchgeführt wurden. Die Leitung hatten Kitchener, Warren und Conder. Warren verdanken wir die Wiederentdeckung einiger Abschnitte des ›Schlangenpfades‹. Er war der erste, der 1867 Masada an der Ostseite erstieg. Seine Beschreibung ist so lebendig, daß wir sie hier zitieren wollen:

Die Beschreibung
Warrens

Unsere Leute (d. h. die drei Beduinen) waren noch nie auf dem Gipfel gewesen. Da wir uns auf der falschen Seite befanden, überlegten wir, ob wir das Fort im Süden umgehen sollten, um auf den richtigen Pfad zu gelangen, oder ob wir uns nach Norden wenden sollten. Schließlich aber ließen wir uns von den Umständen leiten. Wir stellten fest, daß wir nach Umgehung einer Erhebung direkt auf der Ostseite weniger Schwierigkeiten haben würden. Als wir etwa die halbe Höhe erreicht hatten, sahen wir unmittelbar über uns eine Art ausgehauenen Pfad. Wir waren so erschöpft, daß uns die Abkürzung höchst willkommen erschien, obwohl sie zweifellos Gefahren barg. Nun arbeiteten wir uns den Pfad hinauf, der weniger schwierig als vielmehr gefährlich zu begehen war, denn das Gestein ist hier so gebildet, daß es horizontal aus dem Massiv herausragt und frei über dem Abgrund schwebt. Jeden Augenblick also kann der Stein, auf dem man steht, überkippen und einen in die Tiefe reißen.

Plötzlich verschwand einer der Beduinen um einen Felsblock. Ich schöpfte sogleich

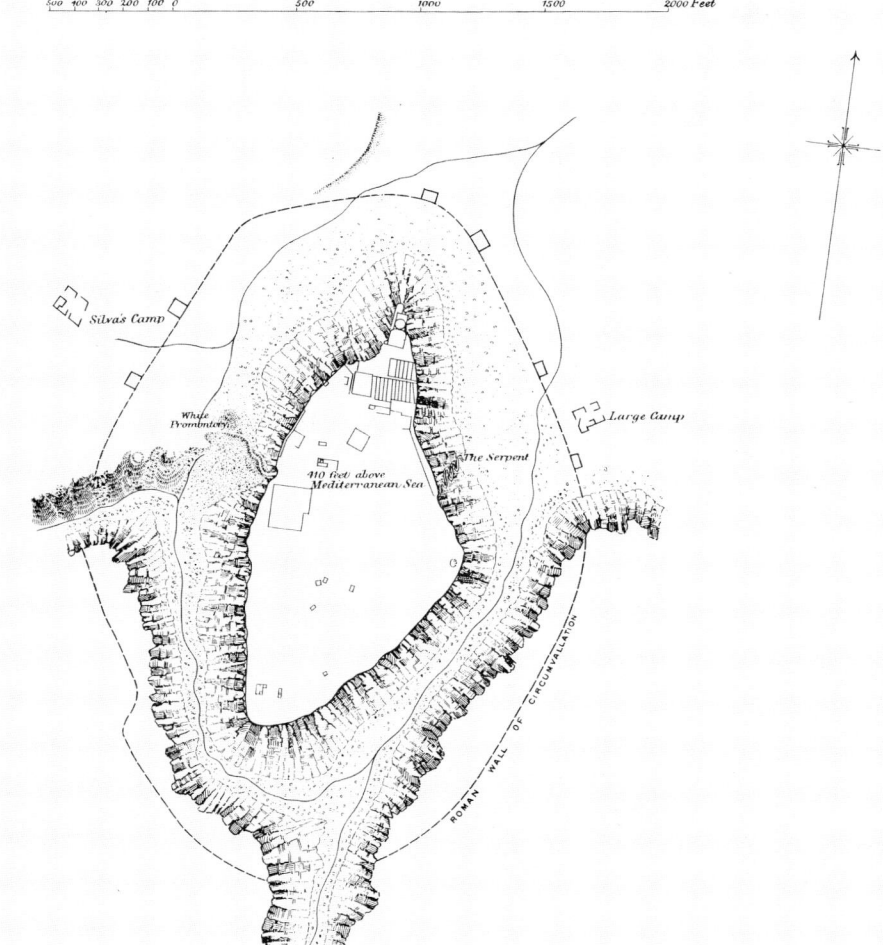

MASADA.

General Plan.

Scale

500 400 300 200 100 0   500   1000   1500   2000 *Feet*

Silva's Camp

White Promontory

410 feet above Mediterranean Sea

The Serpent

Large Camp

ROMAN WALL OF CIRCUMVALLATION

Karte von Conder: Masada und die römischen Lager. Der ›Schlangenpfad‹ ist nur durch die Beschriftung *The Serpent* angedeutet.

Verdacht, ging ihm nach und ertappte ihn dabei, wie er aus der ihm anvertrauten Wasserflasche trank. Sie war bereits halb leer. Als wir uns dem Gipfel näherten, sahen wir aufrecht stehende Mauerteile vor uns, etwa fünfzehn Fuß (4,50 m) hoch. Von einem Pfad war nun nichts mehr zu sehen, wir überwanden aber dennoch die restliche Steigung, indem wir die kleinsten Lücken und Unebenheiten im Mauerwerk als Haltepunkte benutzten. Ein falscher Schritt hätte hier den Tod bedeutet. Um 5.20 Uhr kamen wir auf dem Gipfel an, nachdem wir mit dem Anstieg um 2.20 Uhr begonnen hatten. Wir brachen in Hochrufe aus, die von unten widerhallten, und stellten fest, daß wir genau in der Mitte an der Ostseite der Festung den Gipfel erreicht hatten. Ob der Pfad, den wir benutzten, der von Josephus beschriebene ›Schlangenpfad‹ ist, geht aus der Übersetzung Whistons leider nicht hervor. Aber es ist doch äußerst wahrscheinlich, daß damit unser gefährlicher Pfad im Osten gemeint ist.

Anschließend diskutiert Warren die Meinungen seiner Vorgänger, soweit sie die Lage des ›Schlangenpfades‹ betreffen, und ist schließlich mit seiner eigenen Entdeckung höchst zufrieden, da ›sie in einem kleinen Bereich dazu beigetragen hat, die Beschreibung des jüdischen Historikers zu bestätigen‹.

Was nun die Karten von Masada anbelangt, so führte Conder, der im Auftrag der ›Erkundungen‹ 1875 einen ganzen Tag lang in Masada blieb, den entscheidenden Wendepunkt herbei. Die Wetterbedingungen, unter denen er sich dort aufhalten mußte, erinnern lebhaft an das, was wir selbst erlebt haben:

Mit prismatischem Kompaß und Vermessungsschnur führten wir eine Übersichtsvermessung durch und stellten auch von der Kapelle einen Plan her. Außerdem verzeichneten wir die Lage der römischen Lager. Dabei kam ein ziemlich starker Wind auf, der unsere Arbeit erschwerte. Ich war enttäuscht, daß ich nicht zum ›Turm‹ an der Nordspitze absteigen konnte (es handelt sich dabei um die mittlere Terrasse der Palastvilla – Y. Y.), aber es wäre bei dem starken Wind siebzig Fuß hoch am Steilhang ein zu großes Wagnis gewesen, obwohl ich Leitern und Seile für diesen Zweck bei mir hatte.

Auch Leutnant Conder rühmt die Genauigkeit des Josephus:

Wenn man sich dem Fels mit den Ruinen nähert und dann zum Plateau hinaufsteigt, wundert man sich vor allem über die Genauigkeit der Beschreibung des Josephus.

Conder entdeckte die Ruinen des großen Gebäudes im Westen (des Westpalastes), und er war es auch, der vorschlug (irrtümlicherweise, wie wir heute wissen), sie mit dem von Josephus beschriebenen Palast des Herodes zu identifizieren. Conders Karten, im Rahmen der ›Erkundungen‹ publiziert, nähern sich bereits der Wiedergabe der Wirklichkeit.

Die römischen Lager wurden zuerst von dem berühmten Gelehrten A. v.

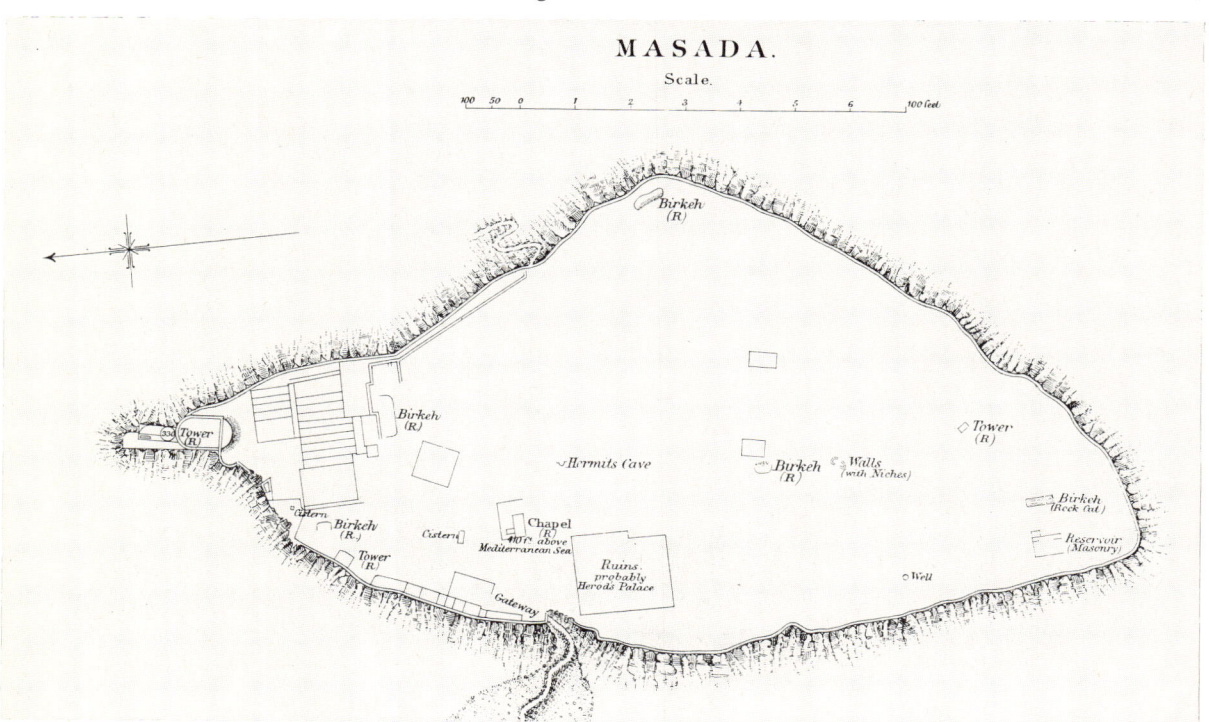

Eine weitere Karte Conders: Die Palastvilla ist zum größten Teil falsch wiedergegeben, wie sich aus dem Vergleich mit der Lageskizze ergibt, die von unserer Expedition vorgelegt wird.

Domaszewski untersucht, der zusammen mit seinem Kollegen R. E. Brünnow im Jahre 1909 im dritten Band der monumentalen Publikation *Die Provincia Arabia* Studien über Masada veröffentlichte. Sein besonderes Interesse galt dem Prätorium in Lager B und Lager C. Seine Karte beruht auf der Masada-Karte Reys, allerdings brachte er einige Korrekturen an.

A. v. Domaszewski über Masada

1905 war der deutsche Wissenschaftler G. D. Sandel in Masada, und ihm verdanken wir nicht nur die Identifizierung der ›Höhlen‹ an der Nordwestseite des Felsens als Wasserspeicher, sondern auch die richtige Erkenntnis, daß diese durch Kanäle gespeist wurden, die Regenwasser zuführten. Diese und andere wichtige Erkenntnisse gerieten aber mit der Zeit in Vergessenheit und wurden erst viel später von israelischen Jugendlichen erneut entdeckt.

Die Erforschung der römischen Lager wurde durch eine gründliche Studie von Christopher Hawkes vom *British Museum* (1929 in der Zeitschrift *Antiquity* veröffentlicht) wesentlich vorangetrieben. Er stützte sich auf Luftaufnahmen der *Royal Air Force* aus den Jahren 1924 und 1928. (Einer der damaligen Piloten las im *Observer* über die geplanten Ausgrabungen in Masada und beglückwünschte mich zu dieser Arbeit. Ich habe mich über seinen Brief sehr gefreut.) Aber auch diese Studie war nicht vollständig. Wie ich schon im Kapitel über die römischen Lager schrieb, können verläßliche Angaben erst dann gemacht werden, wenn die Lager ausgegraben und kartographisch erfaßt sind. Dennoch sollten die gründlichen Untersuchungen von Shmaryahu Guttman und Professor Richmond erwähnt werden.

Dagegen ist es sicher keine Übertreibung, wenn man das Verdienst der am weitesten in die Zukunft weisenden Studien dem deutschen Gelehrten Adolf Schulten zuschreibt, der 1932 einen ganzen Monat lang in Masada verweilte.

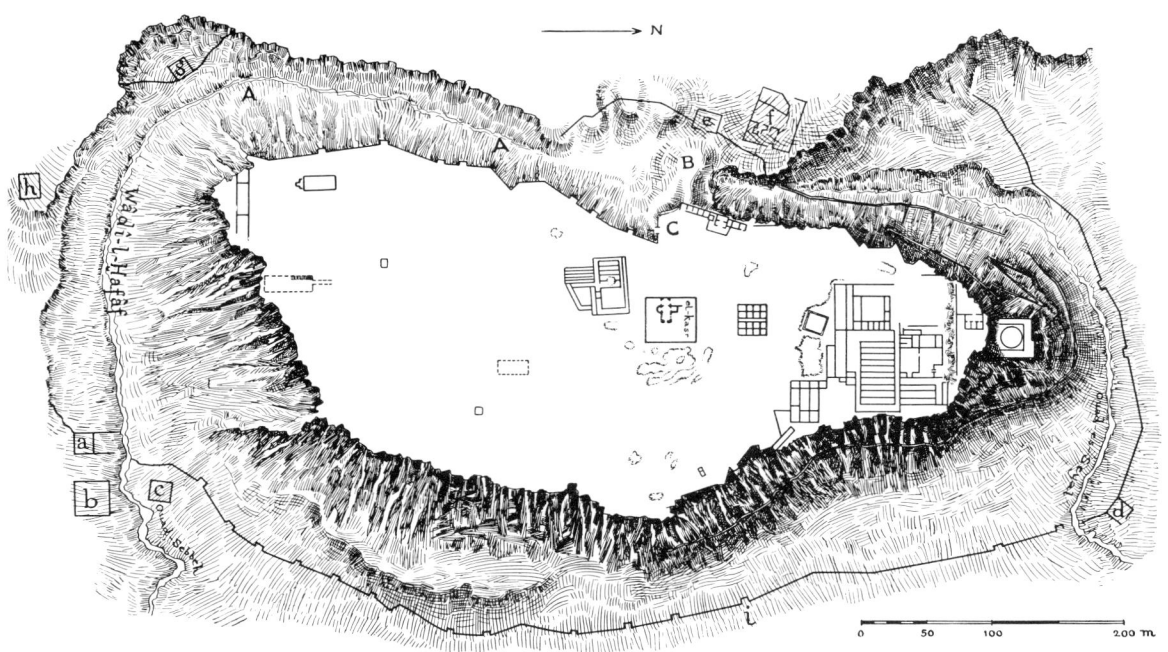

Die Karte von Rey; unter Einbeziehung einiger Korrekturen von Domaszewski.

Seine Karten dürfen als Grundstock für künftige Arbeiten gelten. Ich fand als Leiter einer Expedition, die sich insgesamt elf Monate, d. h. länger als Silva, in Masada aufhielt, die Beschreibung Schultens von der Organisation seiner Expedition äußerst aufschlußreich. Ich glaube, daß sie auch den Leser interessieren wird, der unsere Schwierigkeiten bereits kennengelernt hat:

Die Expedition von Schulten Wir wohnten in 4 Zelten, und zwar 2 Wochen auf der Ostseite von Masada, am Westwall des Lagers B und am Rande des tiefen *wādi sebbe*, 2 Wochen auf der Westseite auf dem ganz ebenen Bauplatz der Römer dicht beim römischen Damm. Der Proviant kam jede Woche einmal von Jerusalem, das Wasser wurde täglich von 2 Eseln geholt, jeden Tag etwa 70 Liter, und zwar während des Lagerns auf der Ostseite aus dem 10 km entfernten *wādi sejāl*, während des Lagerns im Westen aus dem nahen *wādi sebbe*. Unsere Nahrung bestand aus Reis und Konserven von Fleisch und Gemüse, ferner Apfelsinen und Brot, das freilich bald austrocknete. Getrunken wurde abgekochtes Wasser und der vorzügliche Wein von Sarona bei Jaffa. Die Leute lebten von Reis, Bohnen, Linsen, getrockneten Feigen und Brot. Den köstlichen Kaffee der Levante haben wir wie sie reichlich genossen und damit manchen Beduinen bewirtet. Kolossal war der Verbrauch von Zigaretten, und ich sah, daß der Araber noch mehr raucht als der Spanier. Der Hinweg wurde von Jerusalem bis zur Jordanmündung im Auto, von dort bis Masada mit dem Motorboot des Herrn Frank zurückgelegt, während das Gepäck auf 10 Eseln zulande über Hebron ging. Den Rückweg nahmen wir in 12 Stunden teils zu Fuß, teils zu Esel, die Wüste Juda durchquerend, über Hebron ... Ich darf sie als eine der glücklichsten, aber auch als die anstrengendste aller meiner Kampagnen bezeichnen.

Nahezu vorbehaltlos stimme ich allen Worten Schultens zu, ganz besonders aber den Schlußsätzen seiner Einleitung:

Man kann den künftigen Erforscher der Burg um seine Aufgabe beneiden; denn sie mannigfaltig und interessant und allein schon die herrliche Fernsicht reicher Lohn.

Schulten hat wesentlich zur Erforschung Masadas beigetragen, obwohl ihm einige grundsätzliche Irrtümer unterlaufen sind. Er war es nämlich, der Robinsons Vorschlag ablehnte, den ›hängenden Palast‹ des Josephus mit den Ruinen im nördlichen Felsmassiv zu identifizieren. Statt dessen machte er sich Conders Ansicht zu eigen, der nur dürftig begründet hatte, warum es der westliche Palast sein sollte. Andererseits hatten Schulten und Conder darin recht, daß sie dessen Baureste als die eines Palastes bezeichneten. Wir hatten zunächst den westlichen Palast ›Schultens Palast‹ genannt, im Unterschied zu Herodes' Palast im Norden, mußten diese Bezeichnung aber aufgeben, da eines Tages ein Besucher fragte, ob Schulten Zeitgenosse oder Vorgänger des Herodes gewesen sei!

Schulten lehnte auch Warrens richtige Lokalisierung des ›Schlangenpfades‹ ab. Zudem hielt er die nördlichen Bauten für Bastionen, die mit dem ›Schlangenpfad‹ in Verbindung gestanden hätten, der nach seiner Meinung dort endete.

Mitglieder israelischer Jugendbewegungen verlockten der Zauber Masadas und Schultens Untersuchungen, den Gipfel zu besteigen und die Nachforschungen fortzusetzen. Ihnen verdanken wir neben einigen Korrekturen an Schultens Ergebnissen vor allem die eigentliche Wiederentdeckung des ›Schlangenpfades‹, des nördlichen Palastes und der Wasserversorgungsan-

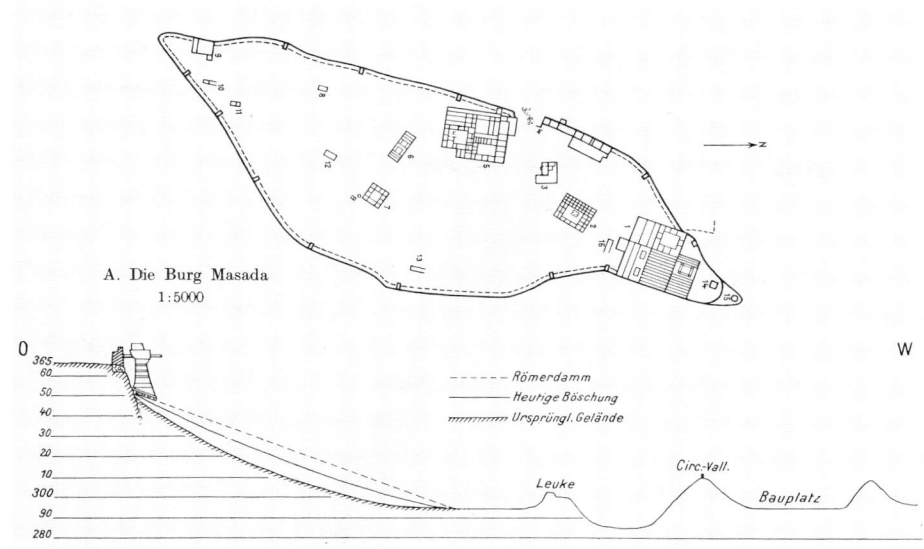

Plan Masadas und Querschnitt der römischen Rampe von Schulten.

lagen. Die Einzelheiten des Wassersystems, insbesondere der Kanäle, erarbeitete Azaria Allon vom Kibbuz Beth Hashita. Die erste, 1953 erschienene Publikation mit Grundrissen der Bauten an der Nordspitze des Masada-Felsens sowie ihre Gleichsetzung mit dem von Josephus beschriebenen Palast des Herodes ist das Verdienst Misha Livnehs vom Kibbuz Ma'ayan Baruch.

Der größte Dank jedoch gebührt Shmaryahu Guttman vom Kibbuz Na'an. Er hat Masada zu einer Attraktion für die israelische Jugend gemacht. Jahrelang widmete er seine Zeit, Energie und Erfindungskraft dem Studium von Masada. Er war nicht nur der erste, der 1954 den ›Schlangenpfad‹ richtig beschrieb, sondern er ließ ihn auch instand setzen, grub das Tor aus, an dem der Pfad endet und führte im Römerlager A Grabungen durch. Daneben trieb er die Erforschung der herodianischen Wasserversorgungsanlagen voran. Schließlich war er es auch, der die wissenschaftlichen Institutionen in Israel immer wieder aufforderte, in Masada Ausgrabungen zu veranstalten.

So wurden in den Jahren 1955/56 im Auftrag der *Israel Exploration Society*, der Hebräischen Universität und der Altertümerverwaltung Erkundungsexpeditionen ausgeschickt, deren Organisation in den Händen von J. Aviram von der *Israel Exploration Society* lag. Leiter dieser Expeditionen waren die Professoren N. Avigad, M. Avi-Yonah, Dr. Y. Aharoni und die Herren I. Dunayevski und S. Guttman. Obwohl sich diese Expeditionen nur zweimal je zehn Tage in Masada aufhielten, erkundeten sie doch den größten Teil des nördlichen Palastes und konnten verschiedene frühere Vermutungen bestätigen. Darüber hinaus gelang es ihnen, einige die Vorratsgebäude und die westlichen Ruinen betreffende Fragen zu beantworten. I. Dunayevski, der dann als Architekt an unserer Expedition teilnahm, zeichnete unter Benutzung von Luftaufnahmen eine neue Karte Masadas. Aber selbst diese mußte nach Abschluß unserer Arbeit in einigen Punkten geändert werden.

Umseitig: Masada aus der Luft von Osten nach Abschluß der ersten Grabungskampagne. Vorn der gewundene ›Schlangenpfad‹ und in der Mitte das Tor, in das er mündet.

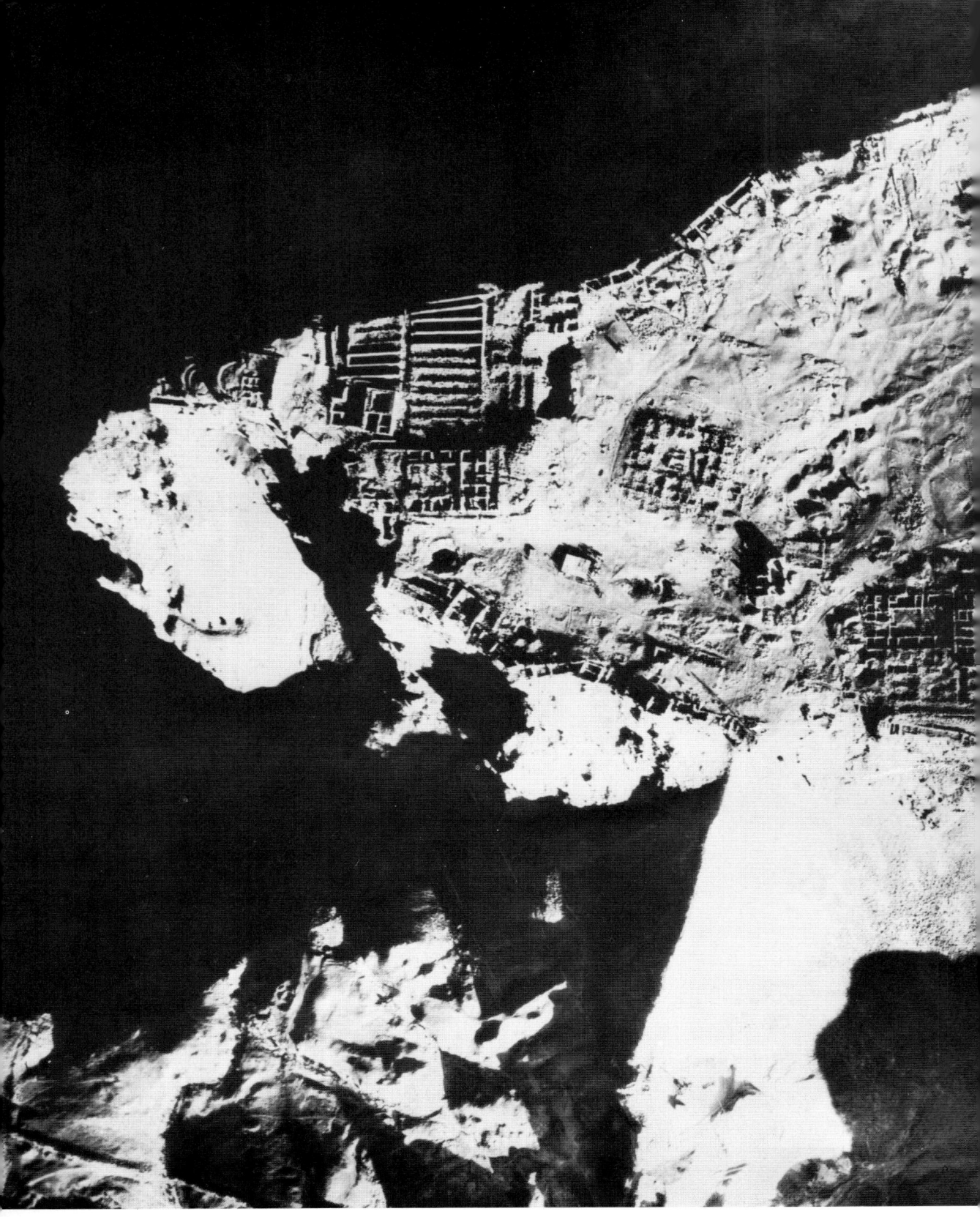

Diese eindrucksvolle Luftaufnahme von Masada wurde nachmittags von Westen aufgenommen, als die Sonne schon sehr tief stand. Die Bodenunebenheiten des Plateaus kommen gut heraus.

APPLICATION FORM

Family name .... Given name(s) ....

Present address ....

.... Tel. no. ....

Forwarding address after Masada (if different from above) ....

....

Nationality .... Age .... Male/Female

Profession ....   Present occupation ....

Business address ....

Education: elementary / secondary / vocational / university

If you have previously worked on an archaeological dig, state

where .... for how long ....

Priority will be given to applicants with knowledge or experience in any of the following capacities (please underline where relevant):

Masonry (building) — drawing — restoration — nursing — conservation of antiquities — surveying — plumbing — pottery — electricity — mechanics — secretarial — engineering — architecture — ....

Languages (speaking) ....

Please underline the desired work-period(s) in the list below:

Period 1 — Fri., 27 Nov., 64 — Fri., 11 Dec., 64

Period 2 — " 11 Dec., 64 — " 25 Dec., 64

Period 3 — " 25 Dec., 64 — " 8 Jan., 65

Period 4 — " 8 Jan., 65 — " 22 Jan., 65

Period 5 — " 22 Jan., 65 — " 5 Feb., 65

Period 6 — " 5 Feb., 65 — " 19 Feb., 65

Period 7 — " 19 Feb., 65 — " 5 Mar., 65

Period 8 — " 5 Mar., 65 — " 19 Mar., 65

Period 9 — " 19 Mar., 65 — " 2 Apr., 65

Should the desired period be full-up, please put me down for period .... (from .... to ....) as an alternative.

My parents' permission is enclosed (for applicants between 17–18).

I undertake to perform all duties assigned to me in the excavation as well as my share of camp duties and to abide absolutely at all times by the expedition's rules of discipline.

I know that the expedition will provide me only with food and lodgings and that all other expenses, including my fare, will be borne by me.

I shall make no claims against the expedition and not hold it responsible in any way in case of damage to myself* or to my property.

I know that photography is forbidden at Masada and shall not bring a camera with me. Moreover, I undertake not to publish anything connected with the excavations in any form whatsoever, not to lecture on the Masada discoveries anywhere and not to communicate any information regarding the excavations to the press, TV, radio or otherwise.

I have carefully read the informative letter received with this application form, & fully understood its contents.

To the best of my knowledge I suffer from no disability or chronic or contagious disease which might interfere with my duties on the expedition or affect the health of other members.

Date ....   Signature ....

* All volunteers will be insured by the expedition against accidents occuring in the course of their work on the dig.

20 Unsere freiwilligen Helfer

Zweifellos beruht der Erfolg unserer Grabung zu einem wesentlichen Teil auf der Mitarbeit unserer freiwilligen Helfer. Ohne ihre Einsatzfreudigkeit hätten wir bei der uns zur Verfügung stehenden Zeit niemals soviel erreicht.

Sicher waren nicht alle aus den gleichen Motiven gekommen, die uns zu der Expedition veranlaßt hatten, aber ich bin überzeugt, daß Masada sich nach ihrer Heimkehr in seiner gesamten archäologischen, historischen und nationalen Bedeutung ihrem Bewußtsein ebenso eingeprägt hat, wie es aus unserem Leben nicht wegzudenken ist.

Die freiwilligen Helfer hätten eigentlich ein eigenes Buch verdient. Im vorliegenden Rahmen kann ich jedoch nur einige wenige — wahllos herausgegriffen — erwähnen, um anzudeuten, wie Masada auf die verschiedenartigsten Menschen wirkte. Ein älteres Ehepaar aus Haifa zum Beispiel, das an die frühen zionistischen Palästinaeinwanderer vom Anfang unseres Jahrhunderts erinnerte, war überglücklich, trotz seines Alters mitmachen zu dürfen. Obwohl beide recht gebrechlich wirkten, suchten sie sich stets die schwerste Arbeit aus. Im Gegensatz zu anderen war es ihnen völlig gleichgültig, ob sie Funde vorweisen konnten oder nicht. Die bloße Teilnahme am großen Masada-Unternehmen bedeutete ihnen bereits alles.

Unvergeßlich ist mir das junge Mädchen aus London, das sein Atelier verlassen und sich uns schon zu Beginn der ersten Grabungskampagne angeschlossen hatte. Ursprünglich wollte das Mädchen nur vierzehn Tage bleiben, kehrte dann aber erst am Ende der Saison nach London zurück, um zu Beginn der zweiten Kampagne wiederum aufzutauchen und gleichfalls bis zum Schluß mitzuarbeiten. Alle Kosten trug sie selbst. Als ich sie schwere Steinblöcke schleppen sah, wollte ich sie zu leichterer Arbeit überreden. Sie lehnte strikt ab. Mein Erstaunen darüber schien sie nicht zur Kenntnis zu nehmen. Später nannte sie mir den Grund: Gerade diese schwere Arbeit gab ihr das Gefühl, etwas zu tun, was 2000 Jahre lang kein anderer unternommen hatte.

Es gab noch drei weitere Frauen, die von Anfang bis Ende beider Kampagnen mitarbeiteten. Die eine war eine Hausfrau aus Haifa. Die andere kam aus einem Kibbuz. Nur um an unserer Grabung teilnehmen zu können, hatte sie nicht nur frühere Urlaubstage zusammengespart, sondern sich sogar welche auf Vorschuß genommen. Diese beiden Frauen arbeiteten härter als alle anderen, so daß auch die ausdauerndsten Männer nicht mitkamen. Mit unermüdlichem Eifer rückten sie den Geheimnissen von Masada zu Leibe und brachten es auf

Gegenüber: Bewerbungsformular für die freiwilligen Helfer für die Teilnahme an der zweiten Grabungskampagne. Nach der Aufnahme erhielten die Freiwilligen einen besonderen Ausweis.

diese Weise fertig, mehr als alle anderen freizulegen. Auch die dritte der Frauen, eine dänische Krankenschwester, war beispielhaft in ihrem Fleiß. Nach einer vollen Tagesarbeit half sie in ihrer Freizeit dem Expeditionsarzt. Die Expeditionsärzte waren ebenfalls freiwillige Mitarbeiter, die sich alle vierzehn Tage ablösten. Die dänische Krankenschwester blieb während der ganzen ersten Kampagne bei uns. Ich übertreibe bestimmt nicht, wenn ich diesen drei Frauen und der jungen Dame aus London einen beträchtlichen Anteil am Erfolg der Grabung zuschreibe.

Freiwillige aus vielen Ländern Viele unserer freiwilligen Helfer stammten aus England. Einer davon war Kapitän in der *Royal Navy*. Nachdem er sich entschlossen hatte, seinen Jahresurlaub bei uns zu verbringen, flog er nach Lod und kam von dort direkt nach Masada. Ohne sich sonst in Israel umgesehen zu haben, kehrte er nach Abschluß seines vierzehntägigen Urlaubs per Flugzeug direkt zu seiner Einheit nach England zurück. Wie von einem britischen Marineoffizier nicht anders zu erwarten, arbeitete er ausgezeichnet und fand seine außerberufliche Tätigkeit einfach faszinierend. Allerdings begegnete ihm ein Zwischenfall, der nichts mit Archäologie zu tun hatte. Unser Photograph Aryeh Volk, ein ausgezeichneter Fachmann auf seinem Gebiet, der bereits meine Hazor-Ausgrabung mitgemacht hatte, verlangt bei seiner Arbeit vollkommene Stille. Jeder, der ihn kennt, weiß, daß ihn dann schon ein Vogelzwitschern stören kann. Dabei kommt es nicht selten zu temperamentvollen Ausbrüchen. Unser Kapitän hatte davon natürlich keine Ahnung. Als unser Photograph nun gerade Fundstücke des Kapitäns aufnehmen wollte, begann der Engländer mit einem Freund eine Unterhaltung. Das ärgerte Volk, so daß die beiden aneinandergerieten. Nachdem sich die Gemüter schließlich wieder beruhigt hatten, setzten sich die beiden zur Versöhnung zusammen. Während ihrer Unterhaltung ergab sich, daß der Kapitän vor der Gründung des Staates Israel auf einem britischen Schiff gedient hatte, das zum Aufbringen von Haganah-Schiffen mit sogenannten illegalen Einwanderern eingesetzt war. Es stellte sich heraus, daß der Photograph als ›illegaler‹ Einwanderer ausgerechnet auf dem Schiff gewesen war, das der Kapitän auf See gestellt hatte. Und natürlich wurden die beiden gute Freunde.

Zwei weitere englische Helfer schlossen sich unserer Expedition aus pädagogischen Gründen an. Ein Beamter aus London schrieb uns, daß er gern selbst kommen würde, aber auch seinen sechzehnjährigen Sohn mitbringen möchte, von dem er wußte, daß er noch nicht das geforderte Alter erreicht hatte. Er erklärte jedoch: ›Ich möchte meinem Sohn zeigen, daß man nicht nur für Entgelt arbeiten kann, sondern daß die Freude an der Zusammenarbeit mit jungen Menschen aus anderen Ländern Belohnung genug ist. Daneben wird es auch seiner Erziehung nützen.‹ Selbstverständlich wurden beide angenommen, und zweifellos wird das Masada-Erlebnis an dem Jungen nicht spurlos vorübergegangen sein. Nebenbei bemerkt hat auch er nicht unwesentlich zum Gelingen der Grabung beigetragen. Ich glaube nicht, daß an irgendeiner archäologischen Grabung je Menschen mit so vielen verschiedenen Berufen teilgenommen haben: Fahrer, Psychologen, Pathologen, Studenten, Mannequins, Gemeindeangestellte, Photographen (als Ausgräber), Priester,

Die Berufe der Freiwilligen

Vagabunden, Geologen, Lehrer, Psychotherapeuten, Drogisten, Apotheker, Bergarbeiter, Verleger, Professoren, Schafhirten, Bauern, Schauspieler, Architekten, Künstler, Bibliothekare, Radiotechniker, Manager, Geschäftsleute, Bildhauer, Hausfrauen, Gärtner, Kellner, Butler, Rechtsanwälte, Leiter von Reisebüros, Arbeiter, Piloten, Buchhalter, Reklamefachleute, Ärzte, Töpfer, Zeichner, Physiker, Zahnärzte, Reiseleiter, Bankiers, Bauunternehmer, Krankenschwestern, Restaurateure, Sekretärinnen, Buchhalter, Soldaten, Hebammen, Drucker, Historiker, Filmdirektoren, Zimmermädchen, Instrumentenbauer, Elefantendompteure und — Archäologen.

Eines Morgens bemerkte ich auf meinem Rundgang zarte Hände, die sich mit einem Felsbrocken abmühten. Diese Hände gehörten einem bekannten Londoner Arzt, einem Spezialisten aus der Harley Street, der mit seiner Tochter auf zwei Wochen zu uns gekommen war. Ich sah sofort, daß er in seinem Leben kaum jemals schwere Handarbeit verrichtet hatte, und versuchte ihm daher eine leichtere Tätigkeit aufzudrängen. Aber davon wollte er nichts hören. ›Entweder es macht mich zunichte, oder es wird noch etwas aus mir‹, sagte er. Zu seiner und unserer großen Freude war es gerade ihm vorbehalten, einige Tage später eine seltene Schriftrolle zu finden.

Wie ich bereits erwähnte, bewegten nicht alle die gleichen ideellen Motive. Als Beispiel sei hier ein französisches Ehepaar angeführt, das mir schon nach dem Bewerbungsschreiben interessant schien. Als Beruf hatte der Mann ›Taxifahrer‹, seine Frau ›Zimmermädchen‹ angegeben. Im allgemeinen pflegte ich mich nur selten für die harten Lebensbedingungen bei uns zu entschuldigen, denn jeder war ja im voraus gewarnt worden. Da es sich aber um Franzosen handelte, fühlte ich mich veranlaßt, zumindest ein Wort zu unserer Verpflegung zu sagen. Am ersten Morgen, nachdem sie mit einer neuen Gruppe angekommen waren, traf ich die beiden an der südlichen Kasematten-Mauer und brachte ein Wort der Entschuldigung für die einfache Verpflegung vor. ›Keine Entschuldigung bitte, Monsieur‹, meinte der Taxifahrer, ›wir sind doch hierhergekommen, um abzunehmen!‹ Sie hatten vollen Erfolg. Aber sogar dieses korpulente französische Paar, das zu einer Abmagerungskur zu uns gekommen war, verlor sein Herz an Masada. Gleich nach ihrer Rückkehr nach Frankreich baten sie mich um Auskunft, wann die nächste Grabungskampagne starten würde; denn ihr einziger Wunsch war, zurückzukehren, um auch weiterhin an den Ausgrabungen teilzunehmen.

An dieser Stelle soll auch noch eines freiwilligen Helfers aus Südafrika gedacht werden, der während der gesamten ersten Kampagne dabei war und bald zum Sprecher der freiwilligen Mitarbeiter beim Stab ernannt wurde. Später heiratete er dann eine amerikanische Freiwillige. Beide haben sich nun in der Nähe von Masada angesiedelt, er als Kustode des Grabungsplatzes und sie als Fremdenführerin.

Um nun auf die freiwilligen Mitarbeiter aus Israel zu kommen, so wußte die Jugend selbstverständlich alles über Masada. Die israelischen Jugendlichen kannten seine dramatische Geschichte bis in alle Einzelheiten und waren daher oft mit Jugendgruppen hierhergekommen. Alle wollten nun natürlich an der Grabung teilnehmen, und diejenigen, die wir annahmen, waren außerordent-

Die unterschiedlichen Motive der freiwilligen Helfer

Der Eifer der israelischen Jugend

lich fleißig. Ich wünschte, ihre Eltern hätten gesehen, mit welchem Eifer sie Wände putzten und den ›Fußboden schrubbten‹, wozu man sie zu Hause wohl kaum bringen konnte. Es war ein bewegender Anblick, die Jugend des neuen Israel zu beobachten, wie sie den Spuren der letzten jüdischen Verteidiger von Masada nachgingen.

Es fehlen mir die Worte, um die Erregung des jungen Mannes aus einem Kibbuz nördlich von Acre wiederzugeben, als er Fragmente einer Schriftrolle mit Teilen des *Leviticus* entdeckte. Es ist mir ebenso unmöglich, die Gefühle eines erst kürzlich eingewanderten jungen Burschen aus dem Kibbuz Nahal Oz unweit des Gaza-Streifens zu beschreiben, als er einen verkohlten Kochtopf fand. Er konnte sich offenbar in die Situation zurückversetzen, da die Zelotin vom Küchenherd weggerufen worden war, um den letzten Beschluß des Eleazar zu vernehmen. Das waren unvergeßliche Augenblicke für mich.

Auch unser Erlebnis — allerdings in anderem Sinne — mit einer Gruppe neuer Einwanderer aus Nordafrika verdient festgehalten zu werden. Ausgerechnet bei uns hatten sie ihre ersten Arbeitsstellen vom Arbeitsamt in Berscheba zugewiesen bekommen. Sie waren über nichts informiert worden. Sie kannten weder den Ort noch die Art ihrer Arbeit, weder die schwierigen Bedingungen, noch hatten sie über unsere Expedition etwas gehört. Es ist mir lebhaft in Erinnerung geblieben, wie sie ankamen. Zunächst hatte man ihnen einen falschen Weg gewiesen. So waren sie über den schwierigen ›Schlangenpfad‹ hinaufgelangt. Im besten Sonntagsstaat kamen sie keuchend auf dem Gipfel an, wobei sie krampfhaft ihre Koffer festhielten. Außerdem waren sie grenzenlos enttäuscht, denn ihnen war erzählt worden, daß sie ›in Masada‹ arbeiten sollten. ›Masada‹, zwar anders geschrieben, aber gleich ausgesprochen, heißt auf hebräisch ›Restaurant‹. Statt in ein komfortables Restaurant, waren die armen Kerle nun auf einen Felsen mitten in der Wüste verschlagen worden. Das hielten viele von ihnen einfach nicht aus und verschwanden. Aber denen, die blieben, bedeutete Masada bald genausoviel wie uns. Bald bildeten sie ein hervorragendes Team, und schließlich kam es so weit, daß viele sogar während der glühend heißen Sommermonate für Restaurierungsarbeiten dablieben, als die Grabung während der Hitze unterbrochen wurde. Einige von ihnen blieben ganz dort, um ihren Lebensunterhalt als Fremdenführer und Wächter zu bestreiten.

Die Disziplin   Referenzen hatten wir von den Bewerbern nicht verlangt — wir fragten lediglich nach Alter, Beruf, Gesundheitszustand und wie lange sie zu bleiben wünschten —, dennoch waren unter den Tausenden, die kamen, nur drei oder vier fehl am Platze. Wir schickten sie sofort nach Hause zurück. Die Disziplin war durchweg ausgezeichnet, obwohl wir keinen militärischen Drill auferlegten. Wir verlangten nur, daß sie morgens rechtzeitig aufstehen und zufriedenstellend arbeiten müßten, ansonsten könnten sie sich so benehmen wie sie wollten. Da wir nur einige Kilometer von der Grenze entfernt lagen, bedurfte es allerdings einer Sondergenehmigung, die unmittelbare Umgebung zu verlassen. Schließlich war es uns gleich, ob ihre Zelte schmutzig oder sauber waren, ob sie sich wuschen oder nicht — es war ihre und ihrer Kameraden Angelegenheit. Dieses System bewährte sich.

Ein besonderes Problem war natürlich die Freizeitgestaltung. Die Arbeit begann im Morgengrauen und endete um drei oder vier Uhr nachmittags. Allen Bewerbern hatten wir geraten, möglichst viele Bücher mitzubringen. Zusätzlich zu sonntäglichen Führungen in Masada selbst und der unmittelbaren Umgebung veranstalteten unsere Archäologen und ich Vorträge über Geschichte und Archäologie Masadas. Gelegentlich zeigten wir auch Filme, und Künstler aus Tel Aviv gaben kostenlos jede Woche eine Vorstellung. Aber selbst das konnte nicht alle Wünsche erfüllen. Die freiwilligen Helfer mußten letzten Endes selbst für Unterhaltung sorgen. Das aber wurde erschwert durch die Tatsache, daß hier Menschen verschiedenen Geschmacks und verschiedener Sprachen, Menschen verschiedener Kulturen, Interessen und Altersgruppen beisammen waren. Dessenungeachtet gründeten sie während der zweiten Kampagne ein eigenes Vergnügungskomitee, das sehr schnell Erfolge zu verzeichnen hatte. Bei einer der Veranstaltungen sagte ein Freiwilliger neben mir, er könne sich kaum einen Ort in der Welt vorstellen, an dem derart heterogene Gruppen zusammensitzen und sich so miteinander vergnügen könnten. Dabei war natürlich Masada das einigende Band. Ich erinnere mich besonders eines Abends — es war gerade *Hanukkah* (das makkabäische Fest der Lichter) während unserer zweiten Kampagne —, als eine Jugendgruppe aus einem Kibbuz am Fuße des Masada-Felsens einen Sketch aufführte. Jungen und Mädchen deklamierten aus den alten Chroniken Israels, und als sie zu den Geschehnissen von Masada kamen, erschienen auf dem Gipfel plötzlich brennende Fackeln. Wir aber standen im Dunkeln in den Ruinen der römischen Lager. Es bedurfte keiner großen Einbildungskraft, uns jenen Augenblick vorzustellen, als vor nunmehr 1900 Jahren die römische Zehnte Legion in ihren Lagern gestanden und von hier aus Masada in Flammen hatte aufgehen sehen. Für uns, die Söhne eines unabhängigen Israel, die auf ihrem eigenen Grund und Boden standen, waren diese Fackeln auf dem Gipfel Masadas Symbol unserer Freiheit.

Ich könnte weit mehr über die freiwilligen Helfer schreiben, aber schließlich gilt dieses Buch den archäologischen Entdeckungen von Masada. Wenn ich aber dennoch auf diese Männer und Frauen eingegangen bin, so deshalb, weil wir ohne sie und ihren Enthusiasmus niemals eine solche Leistung vollbracht hätten. Dieses Buch sei damit als Zeichen des Dankes meinen freiwilligen Mitarbeitern gewidmet.

Die Ausgrabung von Masada stieß in der ganzen Welt, besonders aber in Israel, auf großen Widerhall. Daher schien es gerechtfertigt, daß die Regierung Israels beschloß, die Bemühungen Tausender von Freiwilligen nicht in Vergessenheit geraten zu lassen. In Form einer Briefmarkenserie und einer Gedenkmünze wird zum Ausdruck gebracht, daß nach 125 Jahren mit unserer Unternehmung der Höhepunkt wissenschaftlicher Erforschung Masadas erreicht wurde. Alle freiwilligen Helfer erhielten gegen Ende der Ausgrabung die Medaille mit der kurzen, aber prägnanten Aufschrift: ›Dem freiwilligen Helfer!‹

Bibliographie

1   Flavius Josephus, *Jewish Antiquities, XIV; XV. The Jewish War, I; II; IV; VII.*
2   E. Robinson, *Biblical Researches in Palestine, II*, London, 1841.
3   S. W. Wolcott, *Bibliotheca Sacra, I* (Ed. E. Robinson), 1843, S. 62–67; vgl. auch: *The History of the Jewish War by Flavius Josephus*, A New Translation, by R. Traill, Manchester 1851.
4   J. W. Lynch, *Narrative of the US Expedition to the Jordan and the Dead Sea*, Philadelphia, 1849.
5   S. W. M. Van de Velde, *Syria and Palestine*, Edinburgh and London, 1854.
6   F. de Saulcy, *Round the Dead Sea and in the Bible Lands*, London, 1854.
7   E. G. Rey, *Voyages dans le Haouran et aux bords de la Mer Morte*, Paris, 1860.
8   R. Tuch, *Masada, die herodianische Felsenfeste nach Fl. Josephus und neueren Beobachtern*, Leipzig, 1863.
9   H. B. Tristram, *The Land of Israel*, London, 1865. *The Land of Moab*, London, 1873.
10 Capt. Warren, *Palestine Exploration Quarterly St.*, 1869, S. 146 ff.
11 C. R. Conder, *Survey of Western Palestine: Memoirs, III*, London, 1883.
12 G. D. Sandel, Am Toten Meer, *Zeitschrift des deutschen Palästina-Vereins*, 30, 1907.
13 R. E. Brünnow—A. v. Domaszewski, *Die Provincia Arabia, III*, Straßburg, 1909.
14 C. Hawkes, ›The Roman Siege of Masada‹, *Antiquity*, 3, 1929.
15 A. M. Schneider, ›Die byzantinische Kapelle auf Masada‹, *Oriens Christianus*, 6, 1931.
16 W. Borée, ›Masada nach der Eroberung durch die Römer‹, *Journal of the Palestine Oriental Society*, 13, 1933.
17 A. Schulten, ›Masada. Die Burg des Herodes und die römischen Lager‹, *Zeitschrift des deutschen Palästina-Vereins*, 56, 1933.
18 M. Avi-Yonah, N. Avigad, Y. Aharoni, I. Dunayevsky, S. Guttman: ›Masada, Survey and Excavations‹, 1955/56, *Israel Exploration Journal*, 7, 1957.
19 I. A. Richmond, ›The Roman Siege Works of Masada, Israel‹, *Journal of Roman Studies*, 52, 1962.
20 Y. Yadin, ›The Excavations of Masada‹, 1963/64, Preliminary Report, *Israel Exploration Journal*, 15, 1965.
21 S. Guttman, *With Masada* (hebräisch), Israel, 1964.
22 Y. Yadin, *The Ben-Sira Scroll from Masada*, Jerusalem, 1965.

Register zu den Abbildungen